向性，显示出应用性学科的性质。同时，管制经济学涉及经济、政治、法律、行政管理等方面的内容，这又决定了管制经济学是一门边缘性学科。

经济学是管制经济学的基础性学科。这是因为，管制经济学不仅要研究政府管制本身的需求与供给，包括需求强度和供给能力，而且要分析政府管制的成本与收益，通过成本与收益的比较，以确定某一政府管制的必要性。同时，管制政策的制定与实施也要以经济学原理为依据，如经济性管制的核心内容是进入管制与价格管制，进入管制政策的制定与实施要以规模经济、范围经济、垄断与竞争等经济理论为重要依据，以在特定产业或领域形成规模经济与竞争活力相兼容的有效竞争格局；而价格管制政策的制定则以成本与收益、需求与供给等经济理论为主要依据。对每一项社会性管制活动都要运用经济学原理，进行成本与收益分析，论证管制活动的可行性和经济合理性。

行政管理学与管制经济学具有直接的联系。因为管制的基本手段是行政手段，管制者可以依法强制被管制者执行有关法规，对他们实行行政监督。但是，任何管制活动都必须按照法定的行政程序进行，以避免管制活动的随意性。这就决定了管制经济学需要运用行政管理学的基本理论与方法，以提高管制的科学性与管制效率。

政治学是与管制经济学密切相关的一门学科，从某种意义上讲，管制行为本身就是一种政治行为，任何一项管制政策的制定与实施都体现着各级政府的政治倾向，在相当程度上包含着政治因素。事实上，管制一直是发达国家政治学研究的一个重要内容，管制是与政治家寻求政治目的有关的政治过程。

法学与管制经济学也紧密相关。这是因为，管制者必须有一定的法律授权，取得法律地位，明确其权力和职责；同时，管制的基本依据是有关法律规定和行政程序，管制机构的行为应受到法律监督和司法控制。这就使管制经济学与法学存在必然联系。

管理学与管制经济学也有较大的联系。管制者与被管制者之间通常存在着较为严重的信息不对称性，管制者如何引导被管制者尽可能地采取有利于社会公众利益的行为，这是一个复杂的多重博弈过程，要求管制者必须掌握管理学知识，具有较强的管理能力。

管制经济学的这种边缘性学科性质，需要学者进行跨学科的协同研究。事实上，发达国家就是从多学科对政府管制进行多维度研究的，并强调跨学科研究。

中国对管制经济学的研究起步较晚，据笔者所掌握的资料，最早介绍到中国的管制经济著作是施蒂格勒著的《产业组织和政府管制》（潘振民译，上海三联书店1989年版），在这部文集中，其中有4篇是关于政府管制方面的论文。随后，出版了日本学者植草益著的《微观规制经济学》（朱绍文、胡欣欣等译，中国发展出版社1992年版），这是介绍到中国的第一本专门讨论管制经济的专著，在中国有很大的影响。从20世纪90年代以来，国内学者在借鉴国外管制经济学的基础上，并结合中国实际，出版了许多论著，为管制经济学在中国的形成与发展奠定了基础。但从总体上说，中国对管制经济学的研究还处于起步阶段，在许多方面需要结合中国实际进行深入研究。

在计划经济体制下，中国不存在现代管制经济学所讲的管制问题，不能把计划理解为管制，不能把计划经济体制理解为传统管制体制。因为市场是对计划的替代，而管制是对市场失灵的校正和补充。管制是由法律授权的管制主体依据一定的法规对被管制对象所实施的特殊行政管理与监督行为。管制不同于一般的行政管理，更不同于计划。否则就没有必要讨论管制经济学在中国的发展，就没有必要讨论通过改革如何建立高效率的管制体制问题。从国际经验看，就垄断性产业而言，美国等少数发达国家主要以民营企业为经营主体，与此相适应，这些国家较早在垄断性产业建立现代管制体制。而英国、日本和多数欧洲国家则对垄断性产业曾长期实行国有企业垄断经营的体制，只是在20世纪80年代才开始对垄断性产业实行以促进竞争和民营化为主要内容的重大改革，并在改革过程中，逐步建立了现代管制体制。

中国作为一个从计划经济体制向市场经济体制过渡的转型国家，政府管制是在建立与完善社会主义市场经济体制过程中不断加强的一项政府职能。传统经济理论认为，自然垄断产业、公用事业等基础产业是市场失灵的领域，市场竞争机制不能发挥作用，主张直接由国有企业实行垄断经营，以解决市场失灵问题。在实践中，长期以来，中国对这些基础产业实行政府直接经营的管理体制。但是，新的经济理论与实践证明，国有企业垄断经营必然导致低效率，并强调在这些产业发挥竞争机制的积极作用。因此，从20世纪90年代以来，中国像世界上许多国家一样，对这些产业逐步实行两大改革，一是引进并强化竞争机制，实现有效竞争；二是积极推行民营化，一定数量的民营企业成为这些产业的经营主体，在这些产业形成混合所有制的经营主体，以适应市场经济体制的需要。这样，政府就不能用过去管理垄断性国有企业的方式去管理具有一定竞争性的混合所有制企业或民营企业，而必须实行政府职能转变，建立新的政府管制体制，以便对这些产业实行有效管制。同时，在经济发展的基础上，中国日益强调对环境保护、卫生健康和工作场所安全等方面的管制。这些都使政府管制职能表现出不断强化的趋势。为此，党的十三大明确提出，政府的四大基本职能是经济调节、市场监管、社会管理和公共服务，首次把市场监管（政府管制）作为一项重要的政府职能。

浙江财经大学是国内较早地系统研究政府管制经济学的高等学校，在政府管制领域承担了国家重大科技专项课题、国家社会科学基金和国家自然科学基金项目20多项、省部级研究项目50多项，在政府管制领域已出版了30多部学术著作，在《经济研究》等杂志上发表了一批高质量的学术论文，其中，一些成果获得了"孙冶方经济科学著作奖""薛暮桥价格研究奖""高等学校科学研究优秀成果奖（人文社会科学）"等。学校已形成了一个结构合理、综合素质较高、研究能力较强的研究团队。为适应政府管制经济学研究的需要，更好地为政府制定与实施管制政策服务，学校成立了跨学科的浙江财经学院政府管制研究院，其中包括政府管制与公共政策研究中心（浙江省社会科学重点研究基地）、管制理论与政策研究创新团队（浙江省重点创新团队）、公用事业管制政策研究所（学校与住房和城乡建设部合作研究机构）等研究平台。政府管制研究院的主要研究方向包括政府管制基础理论研究、垄断性行业管制理论与政策研究、城市公用事业政府管制理论与政策研究、社会性管制理论与政策研究、反垄断管制理论与政策研究、金融风险监管理论与政策研究、政府管制绩效评价理论与政策研究等。为系统出版学校教师在政府管制领域的学术著作，在中国社会科学出版社的大力支持下，我们将持续出版《政府管制研究系列文库》，这也是学校对外开展学术交流的窗口和平台。欢迎专家学者和广大读者对文库中的学术著作批评指正。

王俊豪<br>
2012 年元月于杭州

# 目　录

第一章　导论 ·················································································· 1

　　第一节　研究目的和意义 ······················································· 1
　　第二节　主要内容和重要观点 ················································ 2

第二章　商业银行会计监管与资本监管历史沿革和目标定位 ······ 8

　　第一节　商业银行会计监管制度历史沿革 ····························· 8
　　第二节　次贷危机以来银行会计监管制度变革 ····················· 22
　　第三节　商业银行会计监管制度目标定位与理论基础 ········· 24
　　第四节　商业银行资本监管政策历史沿革 ··························· 28
　　第五节　金融危机以来商业银行资本监管政策变革 ············ 35
　　第六节　商业银行资本监管政策的理论基础与目标定位 ····· 40

第三章　商业银行会计监管与资本监管冲突根源 ······················· 44

　　第一节　商业银行经营特征分析 ·········································· 44
　　第二节　商业银行会计监管与资本监管冲突理论分析 ········ 53
　　第三节　商业银行会计监管与资本监管冲突制度分析 ········ 59
　　第四节　商业银行会计监管与资本监管冲突案例分析 ········ 70
　　第五节　商业银行会计监管与资本监管冲突根源分析 ········ 92

第四章　商业银行会计监管与资本监管捆绑实施问题 ··············· 97

　　第一节　商业银行会计监管与资本监管捆绑的内涵 ············ 97
　　第二节　商业银行会计监管对资本监管的影响 ·················· 102

第三节　商业银行会计监管与资本监管捆绑实施
　　　　　　引发的问题 ………………………………………… 159

第五章　商业银行会计监管与资本监管冲突的化解策略 ………… 184

　　第一节　商业银行会计监管与资本监管捆绑实施可能
　　　　　　产生的破坏性 ……………………………………… 184
　　第二节　国际各方针对银行会计监管与资本监管冲突
　　　　　　问题采取的措施 …………………………………… 188
　　第三节　国际各方针对商业银行会计监管与资本监管
　　　　　　冲突问题尝试或讨论的其他方法 ………………… 224
　　第四节　商业银行会计监管与资本监管冲突化解
　　　　　　策略分析 …………………………………………… 238

第六章　我国商业银行会计监管制度应用对资本监管的
　　　　影响及对策 ……………………………………………… 254

　　第一节　我国商业银行会计监管制度与资本监管规范 ……… 254
　　第二节　我国商业银行会计监管制度的应用及影响 ………… 259
　　第三节　我国银行会计监管制度应用对监管资本
　　　　　　核算的影响 ………………………………………… 285
　　第四节　完善我国商业银行会计监管制度与资本监管
　　　　　　政策的建议 ………………………………………… 296

参考文献 ……………………………………………………………… 304

后　记 ………………………………………………………………… 317

# 第一章 导论

## 第一节 研究目的和意义

在现行监管制度框架内，上市商业银行受到会计监管与资本监管双重约束。会计监管是指商业银行编制财务报告要依据公认会计原则；资本监管是指商业银行管理资本要遵循认可的资本管理办法。会计监管与资本监管的目标定位在特定时期或特定情况下可能产生冲突，商业银行执行这些目标冲突和捆绑在一起的制度组合对金融市场可能产生额外的破坏性。20国集团华盛顿、伦敦和匹兹堡三次峰会与《美国紧急经济稳定法案》（2008）均关注"会计准则是否助推了金融危机的升级和扩散"问题。这说明，"会计监管与资本监管捆绑实施的破坏性"是备受关注的全球性议题。虽然也引起了学术界关注并涌现了一批研究资产价格持续下跌的内在原因及公允价值会计顺周期性问题的成果，但未见从会计监管与资本监管目标冲突和捆绑实施角度挖掘破坏性产生机理的文献，也鲜见关注两者有效协调方式的研究。本书研究上市商业银行会计监管制度与资本监管政策历史沿革和目标定位、两者捆绑实施引发的问题、冲突根源和化解策略以及我国相关问题等。

## 第二节　主要内容和重要观点

### 一　主要内容

第一章介绍本书的研究意义、主要内容、主要观点和政策建议，以及研究创新之处等。

第二章研究商业银行会计监管与资本监管历史沿革和目标定位。第一，界定商业银行"会计监管制度"和"资本监管政策"的内涵，前者是指与金融工具有关的会计监管制度，后者是指与资本充足率有关的资本监管政策。第二，追溯商业银行会计监管与资本监管政策产生、发展历程，阐述当前商业银行会计监管制度与资本监管政策的核心内容和基本特征。第三，梳理1929年美国经济大萧条以来商业银行会计制度与金融监管目标形成、发展、确立和调整的过程，阐述两者变革的经济和制度背景，揭示现行商业银行会计监管制度与资本监管政策的内在理念。本章的结论是：商业银行会计监管的目标是要求财务报告对投资者决策有用，资本监管的目标是确保个体银行具有充足的损失吸收能力，其目标定位存在一定差异。

第三章研究商业银行会计监管与资本监管冲突根源。第一，以美国商业银行整体情况数据为基础分析商业银行经营特征，指出资产负债错配和高杠杆率是其经营脆弱性根源。第二，从市场失灵和金融监管、社会功能和市场功能两个角度分析会计监管与资本监管冲突的理论基础，发现会计监管基于有效市场理论，资本监管基于市场失灵理论，它们的理论基础存在明显冲突，进一步分析还发现，商业银行承担了社会功能和市场功能，认为这是对它们实施双重监管的动因。第三，从制度层面分析商业银行会计监管与资本监管冲突问题，发现会计监管越来越多地要求报告资产的市场价值，因为资产是用来创造价值的，而资本监管越来越多地要求评估所有可能的风险，因为这是评价资本是否充足的基础。第四，分析巴塞尔委员会和欧盟对国际财务报告准则的专项评估报告，发现它们最关注公允价值和资产减值会计，因为前者引发银行收益和权益波动，后者导致危机期间确认大量损失，两者均会对监管资本产生较大影响。本章的结论是：会计监管机构制定市场运行规则，致力于通过增强市场透明度来提高市场运行效率，不与市场竞争主体产生经济联系，是中立者；资本监管者在金融市场正常运行时督促银行为可能发生的各种冲击储备资本，在冲击发生时对问题银行实施救助，与银行系统主体产生经济联系，是利益相关者；中立者和利益相关者的立场差异是商业银行会计监管与资本监管冲突问题的根源。

第四章研究商业银行会计监管与资本监管捆绑实施问题。第一，界定"双重监管"和"捆绑实施"的定义，前者是指上市商业银行既受到证券监管机构监管又受到金融监管机构监管，后者是指会计监管与资本监管这两种目标冲突并设有强迫实施机制的监管制度施加于同一主体。第二，以中国银行和英国巴克莱（Barclays）银行 2012 年财务报告和资本充足报告为基础分析监管资本核算调整财务报告数据的过程。第三，以美国、欧盟商业银行行业数据为基础分析金融资产计量、金融资产分类、金融资产减值和企业合并等会计监管制度对监管资本核算的影响程度：一是使收益波动增大，而且经济下行时的波动幅度远远大于经济上行时的波动，引发监管风险；二是给监管套利提供了空间，资本充足银行划归交易性资产类别多、资本不足银行划归持有至到期投资类别多，金融危机期间，欧盟商业银行资产重新分类金额占资产总额的 3.9%、占权益的 131%，可见其影响有时是显著的；三是对监管资本影响是非常显著的，如美国大型商业银行 2008 年数据显示，仅贷款减值损失对监管资本的影响就高达 –15.6%，其他金融减值的影响是 –1.77%，合计为 –17.37%；四是给监管套利提供了很大空间，可能会对监管资本产生较大影响。第四，以国际金融危机前后的案例事件为基础分析会计监管与资本监管捆绑实施的破坏性问题，主要有监管套利、监管容忍、顺周期性和会计准则独立性丧失等。本章的结论是：因为会计监管在许多方面对资本监管产生重要影响，两者捆绑实施诱发了多种破坏性问题。

第五章研究商业银行会计监管与资本监管冲突的化解策略。第一，从理论层面阐述了会计监管与资本监管捆绑实施的破坏性，如破坏市场信息、破坏市场诚信、破坏信息透明度、破坏会计准则独立性等；第二，梳理国际金融危机以来国际上各方关注的会计监管与资本监管冲突方面的问题，按照关注程度排序有公允价值、特殊目的主体并表、资产减值、信息披露和金融资产分类五个问题。第三，总结国际上各方应对这些问题已经采取的措施，包括非活跃市场境况下的公允价值应用指南、更严格的限制金融机构表外处理操作规范、基于"预期损失"模型的贷款减值核算规范、允许金融工具重新分类、增加金融工具信息披露等，已有研究表明，尽管上述措施允许使用内部数据对金融资产估值，也允许根据需要调整金融资产分类，这会大大地降低商业银行财务报告数据透明度，广大投资者也做出积极回应，这是一个值得进一步研究的问题。第四，综述国际上各方为化解会计监管与资本监管冲突讨论和尝试的其他方法，按照关注程度排序有双重列报、动态准备和按融资方式估值。第五，阐述会计监管与资本监管冲突问题的恰当化解策略，将国际上各方讨论、尝试和实施的各类冲突化解策略归类为"脱钩"和"协调"两种模式。前者定义为商业银行资本监管指标核定不基于财务报告数据或虽基于财务报告数据但可灵活选择和调整，后者定义为将资本监管目标嵌入会计监管制度中以使其符合资本监管规范要求。在全面总结国际各方实践经验教训的基础上发现如下规律：一是尽管"脱钩"模式在国际监管制度设计和少数国家监管实践中有不同程度的应用，但目前仍未成为化解冲突问题的核心策略，且具有金融危机期间被广泛关注而后逐渐淡出的基本规律；二是"协调"模式一直是化解冲突问题的核心策略，而且商业银行资本监管机构对这一策略的青睐度远远高于会计监管机构；三是以"协调"模式为核心、以"脱钩"模式为辅助的"混合"模式逐渐成为相关各方认可接受的策略选择。本章的结论是：各国法律一般将会计监管与资本监管捆绑在一起，因为政治家从以往经验中认识到了将两者"脱钩"的严重后果和沉重代价，在这一前提下，资本监管机构及商业银行就会有很强的积极性通过"协调"模式对会计监管施加影响，但也产生了一些负面影响，这是监管机构、实务界和学术界需要共同应对的问题。

第六章研究我国商业银行会计监管制度应用对资本监管的影响及对策。第一，梳理我国现行商业银行会计监管制度与资本监管政策，因为我国相关监管制度均与国际趋同，欧美等经济体商业银行会计监管与资本监管目标冲突、捆绑实施及其破坏性问题也在我国不同程度地存在，少数学者开始关注会计监管对资本监管影响问题并出现"脱钩"模式和"协调"模式孰优孰劣的讨论。第二，以我国16家上市商业银行数据为基础分析上市商业银行会计监管制度应用及影响，发现：在金融资产方面，资产总额中金融资产占比较高（98.18%），资产总额中应用公允价值计量的金融资产占比较低（7.11%），资产总额中应用公允价值且将计量结果计入当期损益的金融资产占比更低（1.65%）；公允价值计量金融资产中可供出售金融资产占比最高（76.71%），其次为公允价值计量且其变动计入损益金融资产（20.57%）；公允价值计量金融资产中债券投资占比最高（89.19%），其次为股权投资（4.06%）；持续公允价值计量资产中，第一层次占4.43%，第二层次占84.31%，第三层次占11.26%。在金融负债方面，负债总额中公允价值计量金融负债占比很低（1.98%），公允价值计量金融负债中指定为公允价值计量的金融负债占比较高（74.32%）；公允价值计量金融负债中，第一层次占0.96%，第二层次占72.49%，第三层次占26.55%。在影响所有者权益方面，可供出售金融资产的公允价值变动损益占所有者权益的1.89%，即对所有者权益的影响不足2%。在影响当期损益方面，公允价值变动损益对营业收入产生正面影响，占0.48%，金融资产减值损失对营业收入产生负面影响，占12.08%。第三，仍以16家上市商业银行数据为基础分析会计监管制度应用对核心一级资本项目的影响，从整体来看，在公允价值变动损益、可供出售金融资产公允价值变动损益和金融资产减值损失三个项目中，前两个项目分别对核心一级资本产生0.23%和1.97%的正面影响，而后一个项目则产生-5.65%的负面影响，三个项目的综合影响仍是负面的，为-3.46%。换言之，仅从数量上考察，在2014年我国16家上市商业银行会计监管制度应用导致它们的核心一级资本平均损失

3.46%。第四,在分析我国商业银行监管环境、监管状况和监管制度发展趋势的基础上,提出了将"协调为主、披露先行"作为我国应对商业银行会计监管与资本监管冲突的核心策略,并设计了全新的金融工具信息披露框架。本章的结论是:我国上市商业银行资产总额中金融资产占比较高但应用公允价值计量金融资产占比很低,因而对资本监管的影响较小,但随着我国商业银行进一步融入世界金融行业和我国会计监管制度与国际标准持续趋同,应用公允价值计量金融资产占比会持续提高,对资本监管的影响也会加大,但鉴于我国证券和金融监管机构在国务院统一指挥下实施监管工作,协调途径通畅、协调工作高效,应该建立"协调为主、披露先行"为核心的应对策略,运用科学有效的披露手段,化解商业银行会计监管与资本监管捆绑实施可能产生的潜在破坏性问题。

### 二 重要观点

第一,商业银行会计监管的目标是要求财务报告对投资者决策有用。资本监管的目标是确保个体银行具有充足的损失吸收能力,其目标定位存在差异。

第二,会计监管机构制定市场运行规则,致力于通过增强市场透明度来提高市场运行效率,不与市场竞争主体产生经济联系,是中立者;资本监管者在金融市场正常运行时督促银行为可能发生的各种冲击储备资本,在冲击发生时对问题银行实施救助,与银行系统主体产生经济联系,是利益相关者;中立者和利益相关者的立场差异是商业银行会计监管与资本监管冲突问题的根源。

第三,因为会计监管在许多方面对资本监管产生重要影响,两者捆绑实施诱发了多种破坏性问题,如监管套利、监管容忍、顺周期性和会计准则独立性丧失等。

第四,梳理国际各方应对银行会计监管与资本监管冲突问题实践探索经验发现,尽管"脱钩"模式在国际监管制度设计和少数国家监管实践中有不同程度的应用,但目前仍未成为化解冲突问题的核心策略,因为政治家从以往经验中认识到了将两者"脱钩"的严重后果和沉重代价,不得不选择将会计监管与资本监管捆绑在一起,在这一前提下，资本监管机构及商业银行就会有很强的积极性通过"协调"模式对会计监管施加影响，产生了一些负面影响，这是监管机构、实务界和学术界需要共同应对的问题。

第五，我国上市商业银行资产总额中金融资产占比较高但应用公允价值计量金融资产占比很低，因而从整体上看会计监管对资本监管的影响较小，但随着我国商业银行进一步融入世界金融行业和我国会计监管制度与国际标准持续趋同，应用公允价值计量金融资产占比会持续提高，对资本监管的影响也会加大；但鉴于我国证券和金融监管机构在国务院统一指挥下实施监管工作，协调途径通畅、协调工作高效，我们认为，"协调为主、披露先行"的策略是我国应对商业银行会计监管与资本监管冲突问题的最佳选择。

# 第二章 商业银行会计监管与资本监管历史沿革和目标定位

## 第一节 商业银行会计监管制度历史沿革

财务报告制度，又称为财务报告准则，是在市场经济发展推动下为解决委托—代理、信息不对称等问题而发展起来的。尽管商业银行因"流动性供给"和"期限转换"等特征而与众不同，但从基本经营目标观察，它们与普通营利组织并无差异，因而在全球主流财务报告准则发展和演进过程中并未形成一套在目标和理念上与众不同的"商业银行会计监管制度"。但是，毋庸置疑，商业银行会计监管制度有其特殊性。观察和分析商业银行资产负债表不难发现，除经营场所等少数有形资产之外，商业银行资产负债表中占据绝对比重的是各种约束收款权利或付款义务的契约合同，即金融工具。与其他类型资产比较，金融工具受市场影响和对市场影响的程度都很强，具有很高的市场敏感性。自20世纪90年代以来，在金融市场迅速发展和金融创新快速呈现的推动下，金融工具会计规范的演进和改革成为推动全球主流财务报告制度体系变革的核心力量，呈现出的显著特征是：经济或金融危机推动下的跨越式改革与市场发展和金融创新推动下的渐进式改革轮番上演，共同推动金融工具会计规范改革创新。

**一 金融工具的定义与内涵**

商业银行经营管理各类金融资产和金融负债，对于它们而言，商业银行会计制度与金融工具会计规范是几乎相同的概念。自20世

90年代以来，全球有较大影响的财务报告准则制定机构国际会计准则理事会（IASB）和美国会计准则委员会（FASB）在金融工具会计准则研究和制定方面付出很大努力，建立了比较健全的金融工具确认、计量、披露和报告的规范体系。

《国际会计准则第32号——金融工具：列报》（IAS32）界定的金融工具的定义是：形成一个主体的金融资产并形成另一个主体的金融负债或权益工具的合同。[①] 金融资产包括现金、另一主体的权益工具、合同权利、将以（或可以）主体权益工具结算的合同；金融负债包括合同义务和将以（或可以）主体本身权益工具结算的合同；权益工具是指证明在扣除所有负债后的主体资产中拥有剩余利益的合同。

金融工具种类繁多，分类方法多种多样。Wikipedia将金融工具分为现金工具和衍生工具两类。现金工具是指其价值可以直接通过市场确定的金融工具，包括市场交易的证券和借贷双方认可的贷款及存款；衍生工具是指其价值依附于一个或多个基础工具（如资产、指数、利率）的金融工具，包括交易所交易的衍生工具和柜台交易的衍生工具两类。

### 二　FASB金融工具会计规范发展梳理

在美国经济大萧条之后，新组建的证券交易委员会（SEC）一直在会计实务中，推行稳健政策；在金融工具会计计量实务中，贯彻历史成本原则、停止与公允价值或市场价格相关的会计实务。银行所持"投资证券"本来是按市场价格计量，但该实务也在1938年被废止。[②] 在此后三四十年中，金融工具计量主要使用基于成本的会计处理方法。但这种情况在20世纪70年代中期有所改观。1973年和1974年，许多证券遭遇市场价值大幅下跌，在1975年市场转暖之后，实务界不清楚是否可将已计提减值的证券恢复至先前的账面金额。为满足实务需要，美国财务会计准则委员会（FASB）发布SFAS12，要

---

① IASB, *International Accounting Standards* 32, *Financial Instruments: Presentation*, 2005, p.11.

② SEC, *Report and Recommendations Pursuant to Section 133 of the Emergency Economic Stabilization Act of 2008: Study on Mark–To–Market Accounting*, 2008, p.34.

求所有可交易权益证券按成本与公允价值孰低计量，但债务证券仍按摊余成本核算。基于历史成本的计量方法不适用于市场价值波动频繁的金融工具，这一事实已引起广泛关注。

20世纪80年代爆发的"储蓄和贷款危机"（以下简称"储贷危机"）进一步暴露了历史成本应用于金融工具计量的缺陷和不足。储蓄和贷款协会（以下简称"储贷协会"）通过储蓄账户和其他短期债务筹集资金，将其以长期（如30年）固定利率抵押贷款的形式发放给购买居住性房地产的借款人。对储贷协会而言，如果固定利率抵押贷款收益高于吸收存款或其他短期债务所发生的资金成本，就会有盈余；反之则发生亏损。因而，市场利率变动风险是储贷协会面对的最主要风险。如果存款或其他短期债务的资金成本高于固定利率贷款的收益，储贷协会只能坐以待毙，因为贷款收益是长期锁定不变的。另外，如果市场利率上升，储贷协会以前所发放的抵押贷款的市场价值也随之下降，因为市场会使用当前的市场利率贴现这些贷款的现金流入，而不是贷款发放时的市场利率。在20世纪70年代末至80年代初，美国受通货膨胀影响，市场利率逐年攀升，储蓄或短期债务融资的资金成本由7%上升到11%。[1] 许多储贷协会为吸收存款而支付的利息成本高于从固定利率抵押贷款所获得的利息收入。如果出售这些抵押贷款，储贷协会将蒙受更大损失，因为利率提高使这些贷款的市场价格已大大缩水。一些储贷协会所持抵押贷款的市场价值已低于其债务的市场价值，它们事实上已资不抵债。但是，在历史成本模式下，上述损失无法在储贷协会的财务报表中体现出来，监管部门和投资者无法察觉到这些金融机构偿债能力的实质性变化。更有甚者，一些偿债能力恶化的储贷协会为摆脱困境而冒险投资风险更大的工具，而这往往使其财务状况进一步恶化。有学者指出，如果在储贷行业使用"按市价计值"会计，监管机构和投资者就会及时发现这些金融机构的问题，及时采取措施，从而降低国家进行经济干预而产生的财政

---

[1] Salam, Ahmad W., "Congress, Regulators, RAP, and the Savings and Loan Debacle", *CPA Journal*, Vol. 64, No. 1, 1991.

损失。① 投资者也认识到，基于历史成本的金融机构财务报表不仅未能为监管部门和投资者发出预警，甚至误导投资者对这些金融机构的判断，因而强烈呼吁 FASB 重新考虑历史成本模式是否适合于金融机构。② 在全面分析了 20 世纪 70 年代证券市场波动和 80 年代储贷危机的经验和教训之后，SEC 确定了在金融工具计量实务中逐渐用公允价值会计取代历史成本模式的政策。时任 SEC 主席布里登（Breeden，1990）指出："SEC 认识到金融机构会计由历史成本模式转变为公允价值模式是一个艰巨的任务，我们当前正对这些问题进行研究，努力的目标是尽可能地取得恰当运用公允价值进行计量的财务报告。"③ 在 SEC 的推动下，FASB 开始着手制定使用公允价值计量金融工具的会计准则。1990 年 3 月和 1991 年 12 月，FASB 分别发布 SFAS105 和 SFAS107，主要解决金融工具公允价值计量信息的披露问题。1993 年 5 月，FASB 发布 SFAS115，将债务和权益证券投资划分为交易性的、可出售的和持有至到期的，要求对前两类应用公允价值计量；1997 年 6 月，FASB 又发布 SFAS130，解决资产和负债的公允价值计量变动绕过损益表直接计入权益的问题，为公允价值会计进一步拓展做好了铺垫。衍生金融工具的创新和发展对基于成本的计量模式提出了更大的挑战。这些工具通常只有很少或根本没有初始投资，但由于杠杆作用，其后续价值波动幅度很大。历史成本无法恰当地反映衍生工具的风险或后续价值变动。为应对这一新的实务需要，FASB 于 1998 年 6 月发布 SFAS133，要求所有衍生工具按公允价值计量并将其价值变动计入损益。2006 年 9 月，FASB 发布了 SFAS157，重新界定了公允价值定义，全面整理其公认会计原则中分散的公允价值计量指南，从而形成了统一的公允价值计量指南和披露框架。2007 年 2 月，FASB 发

---

① Franklin Allen and Elena Carletti, "Market – to – Market Accounting and Liquidity Pricing", *Journal of Accounting and Economics*, Vol. 25, Issues 2 – 3, August 2008, pp. 358 – 378.
② 黄世忠：《公允价值：面向 21 世纪的计量模式》，《会计研究》1997 年第 12 期。
③ Testimony of Richard C. Breeden, Chairman SEC, Before Committee of Banking, Housing and Urban Affairs of United States Senate on Issues Involving Financial Institutions and Accounting Principles, September 1990.

布了 SFAS159，允许选择对许多金融资产和金融负债应用公允价值计量，事实上给企业提供了一种扩大公允价值计量应用的选择权利。

从以上论述可以看出，经济或金融危机是金融工具会计监管体系改革的主要推动力之一。金融工具具有极强的市场敏感性，经济或金融危机对金融工具会计规范的影响通常是直接的、重大的。20 世纪 70 年代的股票市场波动暴露了用历史成本计量权益证券投资的局限性，80 年代的储贷危机引发了对"历史成本模式是否适合金融工具"的广泛讨论。之后，SEC 和 FASB 确立了逐步在金融工具计量实务中推广公允价值会计的基本原则，因为"金融工具的公允价值描述了市场对它们直接或间接包含的未来现金净流量现值的估计，所用的贴现率反映了现行利率和市场对现金流量可能发生风险的估计；公允价值信息能更好地使投资者、债权人和其他使用者评估一个主体的投资和财务策略的结果"。① 20 世纪 90 年代，衍生金融工具的迅速发展从根本上动摇了历史成本在金融工具计量实务中应用的基础。随着衍生工具应用不断增加，介入相关交易的金融机构越来越多，但历史成本模式无法反映这些工具价值的真实情况，使许多金融机构遭受了巨额损失，其中一家金融机构的衍生工具投资损失高达 10 亿美元。② 这些事件进一步增强了 SEC 和 FASB 在金融工具领域继续扩大公允价值计量应用的决心，使它们坚信"公允价值是金融工具最相关的计量属性，也是衍生工具唯一相关的计量属性"。③ 可见，美国"将扩大公允价值应用确定为金融工具会计的长期目标"④ 是在总结 30 多年来金融工具计量实务历史经验和教训基础上做出的审慎选择，既顺应了资本市场发展的需要，又显著提高了财务报告信息的决策价值。

### 三 FASB 金融工具会计规范主要内容

金融工具会计规范包括确认、计量、列报和披露等内容，但计量

---

① FASB, *SFAS*107, *Disclosures about Fair Value of Financial Instruments*, 1991.
② Thomas R. Weirich and Lynn E. Turner, "What's New in Derivative Regulation", *Journal of Corporate Accounting and Finance*, August 2008, pp. 1 – 16.
③ FASB, *SFAS*133, *Accounting for Derivatives and Hedging Activities*, 1998.
④ FASB, *SFAS*159, *Fair Value Option for Financial Assets and Financial Liabilities*, 2007.

环节是核心。根据 FASB 金融工具会计监管规范，对于金融工具而言，可以选择的计量属性有摊余成本和公允价值两种。金融资产或金融负债的摊余成本，是指该金融资产或金融负债的初始确认金额经过下列调整后的结果：扣除已偿还的本金，加上或减去采用实际利率将该初始金额与到期日金额之间的差额进行摊销形成的累计摊销额，扣除已发生的减值损失（仅适用于金融资产）。摊余成本的本质是适用于金融工具计量实务的历史成本。公允价值是指在计量日市场参与者之间的有序交易中，出售资产收到的或转让负债支付的价格。[①] 美国证券交易委员会（SEC）在 2008 年发布的一份研究报告中系统地整理了 FASB 发布的金融工具计量规范。[②] SEC（2008）按照金融资产或金融负债类别来整理美国公认会计原则（GAAP）中的金融工具计量实务，本章参照该报告的思路对 FASB 发布的金融工具计量规范进行梳理。

（一）权益证券

权益证券投资（如普通股票投资）的会计处理有多种形式。如果投资方的权益投资使其获得对被投资方控制权的，则要对被投资企业进行并表，依据被投资企业各项资产的性质进行不同的会计处理。如果投资方的权益投资使其对被投资方产生重大影响，则要对该权益证券按照"权益法"核算，但在"非暂时性减值"情况下可将其账面金额减计至公允价值，当然，该公司也有对该权益证券投资按公允价值计量的选择权。其他情况的权益投资，如果公允价值易于确定，均要按照公允价值进行会计处理，但权益证券投资的公允价值变动既可计入损益又可计入其他综合收益，取决于管理层对该权益证券投资的类别划分：如划分为交易性的，公允价值变动计入当期损益；如划分为可供出售的，公允价值变动计入其他综合收益，直到该投资被出售或发生非暂时性减值。划分为交易性的权益证券投资在极少情况下可以进行重新划分。公允价值不易确定的权益证券投资要按照成本核

---

[①] FASB, *SFAS*157, *Fair Value Measurement*, 2006.

[②] SEC, *Report and Recommendations Pursuant to Section 133 of the Emergency Economic Stabilization Act of 2008: Study on Mark–To–Market Accounting*, 2008, p. 34.

算，但是，在其估计公允价值的下降是非暂时性的情况下要进行减值处理。

（二）债务证券

债务证券投资会计核算依据管理层的管理模式也有多种形式。划分为"交易性的"债务证券投资按照公允价值核算，所有公允价值变动计入当期损益；在极少情况下，可以对划归为交易性的债务证券投资进行重新分类处理。划分为"持有至到期"的债务证券按照摊余成本核算，其公允价值变动不反映在资产负债表或损益表上，除非该债务证券发生减值（账面金额高于其公允价值）且该减值是非暂时性的。划分为"准备出售"的债务证券按照公允价值核算，其公允价值变动计入其他综合收益，直到该证券出售或发生非暂时性减值。如果有明确意图和能力将该证券持有至到期，已划分为可供出售的证券可以重新划分为持有至到期证券。

（三）投资型贷款

投资型贷款的会计处理因该贷款被划分为"为投资而持有"（Held–for–Investment，HFI）还是"为出售而持有"（Held–for–Sale，HFS）而不同。"为投资而持有"的贷款按照摊余成本核算，仅确认可能的信用损失减值；在确认可能的信用损失减值时，仅考虑计量日已发生事件所导致的预期现金流量减少或可能的支付时点延迟两方面，这与公允价值损失确认方法有很大差异。"为出售而持有"的贷款是指计划打包予以证券化处理的贷款，按照成本与公允价值孰低核算，其公允价值下降而产生的损失要在损益中确认；在管理意图变更情况下，银行可以对已划归为"为投资而持有"或"为出售而持有"的贷款进行重新分类。另外，银行也有对其贷款按照公允价值计量的选择权。

（四）衍生资产和衍生负债

SFAS133及相关指南所界定的衍生产品按照公允价值计量，主要有利率衍生品、商品衍生品、外汇兑换衍生品、信用违约掉期和远期合同等。没有指定为套期的衍生合同，其公允价值变动无论是否实现均直接在损益表中确认；对于符合套期标准的衍生产品，要区分是现金流量套期还是公允价值套期而进行不同的会计处理。对于现金流量套期的衍生产品，其公允价值变动先在综合收益中确认，在相关现金流量影响损益时再转入损益表；对于公允价值套期的衍生产品，其公允价值变动与被套期项目公允价值抵销后一并计入损益表。因此，在套期有效的情况下，对损益的影响也被抵销。

（五）公允价值选择权

公允价值选择权，是指会计准则允许但未要求对一些资产和负债按照公允价值计量。2006 年，FASB 发布的 SFAS155 和 SFAS156 均涉及公允价值选择权的情况。2007 年，FASB 发布 SFAS159，进一步扩大公允价值选择权的范围，允许对大多数金融资产和金融负债按照公允价值计量并将未实现损益在利润表中确认，从而对净利润产生实质性影响。SFAS159 也设定了应用公允价值选择权的约束性条件：第一，公允价值选择权，除少数例外情况外，要应用于同类的所有金融工具；第二，一旦选择按照公允价值计量，不能再有反复；第三，只能应用某一类金融工具整体，不能仅应用于特定风险、特定现金流量或某一类工具的一部分。

（六）减值

金融资产减值会计不等同于公允价值会计，但它对金融资产会计处理有重要影响。美国金融资产减值会计规范分散于多项不同的准则中，因金融资产特征、形式及管理层持有目的不同而不同。例如，为投资而持有贷款的减值处理依据已发生信用损失导致的无法收回金额；而权益证券和债务证券减值处理依据其公允价值高于其账面价值的金额。对于发生减值的权益证券和债务证券而言，仅在该减值被管理层认定为非暂时性减值时才按照公允价值重新计量并将损失确认于损益中。非暂时性减值的确定要依据判断，考虑的因素有公允价值低于账面金额的时间和程度、发行者的财务状况和前景、持有该资产至其公允价值恢复的意图和能力等。依据美国 GAAP，已经确认减值的资产在后续价值恢复时不得调整，除非该资产最终出售。

## 四 IASB 金融工具会计规范发展梳理

国际会计准则理事会（IASB），其前身为国际会计准则委员会（IASC），是一个国际性会计准则制定机构，致力于制定一套全球通用的高质量会计准则，即《国际财务报告准则》（IFRS）。IFRS 的权威性源于全球区域合作组织或国际职业组织的认可与推广。1995 年，证券业国际组织（IOSCO）与 IASC 签订合作协议，支持其制定一套国际范围内可接受的核心准则体系，该体系于 1998 年 10 月正式发布。欧盟在 2002 年通过的决议中要求在欧洲上市的 7000 多家公司采用《国际会计准则》（现称《国际财务报告准则》，英文缩写为 IFRS）编制合并报表，并在其后建立了针对 IFRS 的相关认可机制，对当时有效的《国际会计准则》（IAS）及其解释公告（SIC）进行评估，正式认可了大多数 IAS 和 SIC。证券业国际组织与欧盟的认可对《国际财务报告准则》在全球推广产生了重要影响。

在 IASC 的核心准则体系中，有三项准则针对金融工具会计实务。第一项准则是 IAS30《银行和类似金融机构财务报表的披露》，第二项准则是 IAS32《金融工具：披露与列报》，第三项准则是 IAS39《金融工具：确认与计量》。IASB（IASC）后续的金融工具会计改革主要围绕这三项准则展开。

与 FASB 不同，IASB 金融工具会计规范的发展受到经济或金融危机的影响不明显，这是因为，IASB 受到众多国家综合影响、从全球共性角度考虑其金融工具准则制定之缘故。例如，1988 年，IASC 和加拿大特许会计师协会（CICA）一起着手制定金融工具确认、计量和披露的综合性准则；1997 年，IASC 与 9 个国家会计准则制定机构合作，组建"国际准则制定联合工作组"（JWG），研究制定一项统一的金融工具准则。从这个角度分析，IASB 金融工具会计准则的发展主要为满足金融创新实务的需要，是一种以全球金融市场发展为主要推动力的渐进式改革。但 2008 年国际金融危机促使 IASB 的金融工具会计规范发生了彻底的变革，再次见证了经济或金融危机对金融工具会计标准改革的巨大推动作用。

## 五 IASB 金融工具会计规范主要内容

在次贷危机之前,《国际财务报告准则》体系中涉及金融工具会计规范的准则主要有：IAS32《金融工具：列报》、IAS39《金融工具：确认与计量》和 IFRS7《金融工具：披露》。本书整理 IAS39《金融工具：确认与计量》的主要内容。

（一）金融资产与金融负债的分类

IAS39 将金融资产划分为以公允价值计量且其变动计入当期损益的金融资产、持有至到期投资、可供出售金融资产和贷款和应收账款四类。上述分类决定某一金融资产在财务报表中所采用的核算方法。IAS39 将金融负债划分为以公允价值计量且其变动计入当期损益的金融负债、金融资产转让不符合终止确认条件或使用继续涉入法进行核算时形成的金融负债、金融担保合同、提供低于市场利率贷款的承诺和其他金融负债五类。

（二）金融资产计量

初始确认金融资产时，应以其公允价值进行计量。初始计量后，应按照公允价值计量金融资产（包括属于资产的衍生工具），并且不得扣除可能因出售或其他处置而发生的任何交易费用。但下列金融资产除外：①应当使用实际利率法按摊余成本计量的贷款和应收账款；②应当使用实际利率法按摊余成本计量的持有至到期投资；③对没有活跃市场标价且其公允价值不能可靠计量的权益工具投资，以及与这种无标价的权益工具挂钩并且必须通过交付这种权益工具进行结算的衍生工具，这些投资和衍生工具应按成本计量。

（三）金融负债计量

初始确认金融负债时，应以其公允价值进行计量。初始计量后，应使用实际利率法按摊余成本计量所有金融负债，但下列金融负债除外：①以公允价值计量且其变动计入损益的金融负债，应按照公允价值计量；②金融资产转让不符合终止确认条件或使用继续涉入法进行核算时形成的金融负债，其计量属性的选择依据被转让资产所采用的计量属性确定，摊余成本或公允价值；③金融担保合同按以下两者孰高计量：依据 IAS37 确定的金额与初始确认金额减去累计摊销后的余额。

（四）金融资产重新分类

IAS39 对金融资产重新分类做了严格限制：

（1）不应将持有的或已发行的衍生工具划出公允价值计量且其变动计入损益的金融资产类别。

（2）如果在初始确认时金融资产就被指定为以公允价值计量且其变动计入损益的金融资产，则不应将该金融工具划出以公允价值计量且其变动计入损益的金融资产类别。

（3）如果持有一项金融资产的目的不为近期出售或再购买，在极少情况下，可以将金融资产划出以公允价值计量且其变动计入损益的金融资产类别。

（4）如果将某一金融工具划出以公允价值计量且其变动计入损益的金融资产类别，应按照该金融工具重新分类日的公允价值核算，已经确认的利得或损失不能转回，重新分类日的公允价值是其新成本。

（5）对于符合条件从以公允价值计量且其变动计入损益的金融资产类别划出的金融资产，如果计划并有能力在未来持有或持有至到期，并符合贷款和应收账款定义，可以将其重新分类为贷款和应收账款。

（6）划归为准备出售金融资产类别的金融资产，如果计划并有能力在未来持有或持有至到期，并符合贷款和应收账款定义，可以将其重新分类为贷款和应收账款。

（7）如果将某一金融工具划出准备出售金融资产类别，应按照该金融工具重新分类日的公允价值核算确定为其新成本，之前已计入其他综合收益的利得或损失，应使用实际利率法在该资产剩余存续期内摊销计入损益，如果该资产到期日不确定，应将该利得或损失保留在权益中直到该资产出售或处置，如果该资产后续发生减值，减值之前保留在权益中的利得或损失应转入损益。

（8）如果因为意图或能力变化，导致归类为持有至到期的投资不再合适，应将其归类为可供出售金融资产并按照公允价值重新计量，其账面价值和公允价值之间的差额应计入损益。

(9) 如果出售或重新分类持有至到期投资的金额较大,而该出售或重新分类又不符合相关条件①,则余下的持有至到期投资应归类为可供出售金融资产,其账面价值与出售日或重新分类日公允价值的差额应计入损益。

(10) 如果因为意图或能力变化,或者在极少情况下公允价值不再能够可靠计量,或者"前两个财务年度"已经过去,按成本或摊余成本计量金融资产或金融负债变得更恰当,则应以当日该项金融资产或金融负债公允价值计量的账面金额作为其新成本。

(五) 利得和损失的会计处理

因不属于套期关系一部分的金融资产或金融负债公允价值变动而产生的利得和损失应按下述规定处理。

(1) 归类为以公允价值计量且其变动计入损益的金融资产或金融负债产生的利得或损失应计入损益。

(2) 可供出售的金融资产产生的利得或损失,除减值损失及汇兑利得或损失外,应在权益中确认,直到该金融资产终止确认,且在该金融资产终止确认时,之前将权益中确认的累计利得或损失计入损益,但使用实际利率法计算的利息应计入损益。

(3) 对于以摊余成本计量的金融资产和金融负债,在终止确认或发生减值时,利得或损失通过摊销过程计入损益。

(六) 金融资产减值

(1) 减值测试时点。应在每个资产负债表日评估是否存在证明一项金融资产或一组金融资产发生减值的客观证据。

(2) 评估资产减值的原则。当且仅当存在客观证据证明在一项金融资产(或一组金融资产)初始确认后发生的一个或多个事项(损失事项)导致资产发生了减值,并且该损失事项(或多个损失事项)影响了该金融资产或该组金融资产的可以可靠估计的预计未来现金流

---

① 有三个条件:一是出售日或重新分类日距到期日或金融资产的赎回日很近,以至于市场利率的变化对金融资产的公允价值没有重大影响;二是在主体通过预定的支付或提前支付已收回了几乎全部金融资产初始本金后发生;三是可归属于某个超过主体控制、不会重复发生并且无法合理预期的孤立事件。参见 IAS39 第 9 段。

量时,则该金融资产或该组金融资产发生了减值并产生了减值损失。未来事项引起的预计损失,无论发生的可能性有多大,都不予确认。

(3) 资产减值客观证据。包括:①发行人或债务人的重大财务困难;②违反合同,比如在利息或本金支付上违约或拖欠;③出于与借款人财务困难有关的经济或法律原因,出借人给予借款人平时不愿做出的让步;④借款人很可能破产或进行其他财务重组;⑤由于财务困难,致使该项金融资产的活跃市场消失;⑥可观察的数据表明某组金融资产自初始确认后其预计未来现金流量发生了可以计量的减少,尽管这种减少不能明确地归到该组中的单项金融资产上,包括该组金融资产的借款人支付状况的不利变化或与该组中资产的违约情况有关的全国或当地经济条件;⑦权益工具投资减值的客观证据还包括发行人运营所处的技术、市场、经济或法律环境中发生的具有不利影响的重大变化的信息,并且这些客观证据表明可能无法收回权益工具的投资成本,权益工具投资的公允价值明显或持续地低于其成本也是减值的客观证据。

(4) 非资产减值客观证据。包括:①由于主体的金融工具不再公开交易而导致活跃市场的消失,不是减值的证据;②主体的信用等级下降,不是减值证据,尽管与其他可获得的信息一起考虑时它可能是减值证据;③一项金融资产的公允价值降至其成本或摊余成本以下,并不一定是减值证据。

(5) 以摊余成本计量金融资产的减值。如果有客观证据证明以摊余成本计量的贷款和应收账款或持有至到期的投资发生了减值,则减值损失的金额应按照该金融资产的账面金额与以其初始实际利率折现的预计未来现金流量现值之间的差额计量;发生的减值损失应直接减少或通过使用备抵账户减少该资产的账面金额,减值损失金额应计入损益。如果在后续期间内,减值损失的金额减少并且此减少客观上与确认减值以后发生的事项有关,则以前确认的减值损失应当直接转回或通过调整备抵账户的方式转回;在减值转回日,转回不应使金融资产的账面金额超过其未确认减值情况下的摊余成本,转回的金额应当计入损益。

（6）以成本计量金融资产减值。如有客观证据证明因其公允价值无法可靠计量而不以公允价值计量的无标价权益工具已发生了减值，或者与该工具挂钩且必须以交付该工具进行结算的衍生资产已经发生了减值损失，则减值损失的金额应按该金融资产的账面金额与以类似金融资产当前市场回报率折现的预计未来现金流量现值之间的差额进行计量，这种减值损失不应转回。

（7）可供出售金融资产的减值。如果可供出售金融资产的公允价值减少已直接计入权益，并且有客观证据证明该资产发生了减值，则即使该金融资产尚未终止确认，也应将已计入权益的累计损失从权益中转出并计入损益。从权益中转出计入损益的累计损失金额应为该金融资产的购买成本（减去偿还的本金和摊销额）和当前公允价值之间的差额，再减去以前计入损益的该金融资产的所有减值损失。归类为可供出售的权益工具投资发生的已经计入损益的减值损失不应通过损益转回。如果在后续期间，归类为可供出售的债务工具的公允价值增加，并且该增加客观上与减值损失计入损益后的事项有关，则应转回减值损失，转回的金额计入损益。

（七）套期会计

套期是指指定一项或多项套期工具，以使其公允价值的变化能全部或部分抵销套期项目中公允价值或现金流量的变化。套期会计要在损益中确认套期工具和被套期项目公允价值变动的抵销影响。套期关系有公允价值套期、现金流量套期和对境外经营净投资套期三种。套期关系的存在要满足五个条件：①在套期开始时有正式的指定文件记录套期关系以及进行套期活动的风险管理和策略；②该套期能在与最初文件中为特定套期关系指定的风险管理策略一致的情况下，高度有效地抵销归属于被套期风险的公允价值或现金流量变动；③对于现金流量套期，被套期的预期交易必须是很可能会发生的，并且必须承受能最终影响损益的现金流量变动风险；④套期的有效性能可靠地计量；⑤在持续经营基础上评价套期，并已实际确定其在指定套期的整个财务报告期内都是高度有效的。

公允价值套期会计处理的基本原则是：以公允价值重新计量套期

工具（对于衍生套期工具）产生的利得或损失，应计入损益；归属于被套期风险的被套期项目的利得或损失，应调整被套期项目的账面金额并计入损益，即使被套期项目是以成本计量，也同样适用；如果被套期项目是可供出售金融资产，在损益中确认归属于被套期风险的利得或损失也同样适用。现金流量套期会计处理的基本原则是：套期工具的利得或损失中被确定为有效套期的部分，应通过损益变动表直接计入权益；套期工具中的利得或损失的无效部分，应计入损益。净投资套期会计处理的基本原则是：套期工具的利得或损失中被确认为有效的部分，应通过权益变动表直接计入权益；无效套期部分，应计入损益。

## 第二节 次贷危机以来银行会计监管制度变革

美国次贷危机引起全世界前所未有的关注和重视。七国集团委托金融稳定论坛全面诊断引发次贷危机的原因。许多其他国家和国际组织也成立专门部门，彻底调查次贷危机的根源。尽管从本质上讲，次贷危机与美国一个时期以来贷款条件宽松、货币政策调整以及结构性产品泛滥等原因直接相关，但当前金融工具会计规范的一些内在缺陷也在一定程度上隐匿了次贷产品的风险或推动了市场流动性不足进一步恶化。例如，非活跃市场情况下的公允价值计量无法恰当地反映资产预期现金流量水平，使市场估值螺旋式下跌。金融界对公允价值会计的批评尽管有些言过其实，但也从一个侧面揭示了当前金融工具会计处理的弊端。在巨大压力的推动下，IASB 和 FASB 等世界主要准则制定机构积极开展工作，研究解决当前公允价值会计问题的策略并已相继出台了一些应对措施。

### 一 FASB 发布非活跃市场情况下的金融工具计量指南

2008 年 10 月 10 日，FASB 发布《工作人员立场公告》（FSP SFAS 157-3）"如何在非活跃市场情况下确定某一金融资产的公允价值"。该公告阐述了在非活跃市场情况下如何执行 SFAS157，并举例说明在非活跃市场情况下计量金融资产公允价值需要考虑的关键因素，澄清了 FASB 对当前经济环境下报表编制者可能遇到实务问题的立场。结合 SFAS157 的计量原则，FSPSFAS157 – 3 重点阐述了以下五个方面的问题：① ①公允价值计量目标；②被迫交易；③可观察数据的相关性；④管理层假设与违约及流动性风险；⑤第三方报价等。

FSP SFAS157 – 3 是 SEC 和 FASB 联合公告基本原则的具体指南，它为主体提供了在非活跃市场情况下计量投资工具，尤其是次贷产品（如债务抵押债券）公允价值的具体指南，对主体的具体计量实务有重要的指导意义。

**二 IASB 制定新的金融工具会计准则**

2008 年国际金融危机爆发以来，IAS39《金融工具：确认与计量》因"难以理解、难以应用和难以解释"而受到诸多指责。在20国集团峰会与国际金融机构的敦促下，IASB 快速启动"IFRS9：金融工具"项目，积极研究制定替代 IAS39 的新金融工具会计准则。该项目分三阶段推进：第一阶段：第一部分处理金融资产的分类和计量问题，第二部分处理金融负债的分类和计量问题；第二阶段：处理按摊余成本计量的金融资产的减值问题；第三阶段：处理套期会计问题。2009 年 11 月 12 日，IASB 发布了"IFRS9：金融工具"项目第一阶段成果，仅涉及金融资产的确认和计量问题；金融负债的确认和计量问题未包含其中，因为在处理主体自身信用风险方面利益相关者尚未达成一致意见。

"IFRS9：金融工具"的亮点是将金融资产的分类标准由"四分式"改为"两分式"，使分类问题大大简化。分类标准是金融资产计量和列报的基础，它决定金融资产按什么计量、价值变化影响哪些项目（损益、权益还是综合收益）以及列示在哪里等重要问题。分类标准简化必然使金融资产的整体会计处理得到简化。

依照"IFRS9：金融工具"，金融资产仅划分为按摊余成本计量和

---

① FASB, *FASB Staff Position*, *Determining the Fair Value of a Financial Asset When the Market for That Asset is Not Active*, October 2008.

按公允价值计量两大类。只有同时通过"经营模式测试"和"合约现金流量特征测试"的金融资产,才能被划分为按摊余成本计量的一类,其他金融资产必须划分为按公允价值计量的一类。"经营模式测试"判断企业持有某一项金融资产的目的是收取其合同约定的现金流量还是获得其公允价值变动所产生的增值。"合约现金流量特征测试"判断该金融资产所产生的合同现金流量是否全部来源于其本金及其利息,如果全部是则通过测试,如果不全部是(存在其他来源的现金流量)则未通过测试。

## 第三节 商业银行会计监管制度目标定位与理论基础

商业银行会计监管制度目标与通用财务报告目标是一致的。在财务报告目标上,存在受托责任观和决策有用观两种观点。受托责任观的理论基础是委托—代理理论。该理论指出,由于社会资源所有权和经营权分离,资源受托者负有向资源委托者解释、说明其活动及结果的义务,会计目标是报告资源受托管理的情况。受托责任观支持采用历史成本会计系统。因为基于历史成本计量所形成的信息是最可靠、最真实,而且是可以稽核的。受托责任观的形成可以追溯到股份公司的出现,甚至会计的产生。[①] 与其相呼应,历史成本统治会计计量领域也有百余年了。[②] 百余年来,在财务会计中,按历史成本计量资产被认为是一条重要的基本原则。历史成本原则是财务会计最重要和最基本的属性。投资者、债权人和企业管理当局都根据历史成本编制的财务信息做出决策。但是,近年来,随着会计环境的转变,历史成本开始受到人们的批评。许多人认为,以历史成本为基础编制的会计报

---

[①] 石本仁、赖红宁:《公允价值会计——理论基础与现实选择》,《暨南学报》2001年第7期。

[②] 谢诗芬:《公允价值:国际会计前沿问题研究》,湖南人民出版社2004年版,第1—3页。

表，既无法反映资源受托者的真实经营业绩，也不能提供对经济决策有用的信息。不知从何时起，会计实务中的历史成本计量已不再那么纯粹了。"成本与市价孰低"规则在有价证券和存货计价上对历史成本计量模式打开了一个缺口[1]，随后重置成本、现行市价、现值等计量方法在金融工具、长期资产、长期负债、长期投资等项目中开始应用，并有逐步向其他资产和负债项目推广的趋势。在会计实务中，历史成本、重置成本、现行市价、现值等计量方法并用的混合计量的多元模式已经是无可争辩的现实。[2]

决策有用观主要是向投资者和债权人等提供对决策有用的会计信息。决策有用观的出现比受托责任观要晚得多，它是在资本市场得到长足发展并成为企业主要筹资场所之后才在会计理论界被人们认同的。现在，人们关注财务报表主要是因为它可以提供与经济决策相关的有用信息，会计作为一个信息系统已经被普遍接受。如前文所述，受托责任观源于两权分离，受托者和委托者责权明确，其关系通过直接沟通来维系，借助契约进行严格界定。投资者和债权人对企业资产的所有权或收益的要求权是具体的、明确的，会计上也是可操作的。随着资本市场的发展，企业股权的分散化程度越来越高，委托和受托的关系逐渐淡化。尽管形式上委托者（股东）可以通过董事会对企业管理层实施控制，但是，实质上大多数股东仅以证券市场为媒介与企业间接进行沟通。大量分散的股东一般不再关注自己持有股份所代表的资产份额，而更重视它们能够带来的收益或利得。在会计信息方面，股东更需要了解企业当前经营状况和未来经济前景的信息。而以历史成本为基础的财务信息不仅在表达企业当前经营状况方面表现欠佳，而且在反映未来经济前景方面也无能为力。这客观上要求财务会计改革其计量体系，从而为公允价值计量的引入奠定了基础。因此，资本市场的发展、股权分散程度的提高是推动财务会计调整目标，进而改革其计量体系的最根本力量。可以推断，资本市场越发达，社会

---

[1] 常勋：《公允价值计量研究》，《财会月刊》2004年第1期。
[2] 同上。

对财务信息决策有用性的要求越高，公允价值计量也将越受到重视。

美国资本市场的发展轨迹和会计理论的发展趋势也证明了上述观点。据统计①，美国证券市场股东人数占全美人口的比例在20年内增加了近10个百分点，这一变化影响了美国会计理论界财务会计目标的研究方向，致使20世纪70年代开始的会计目标研究始终围绕"提供决策有用信息"这一核心展开（见图2-1）。

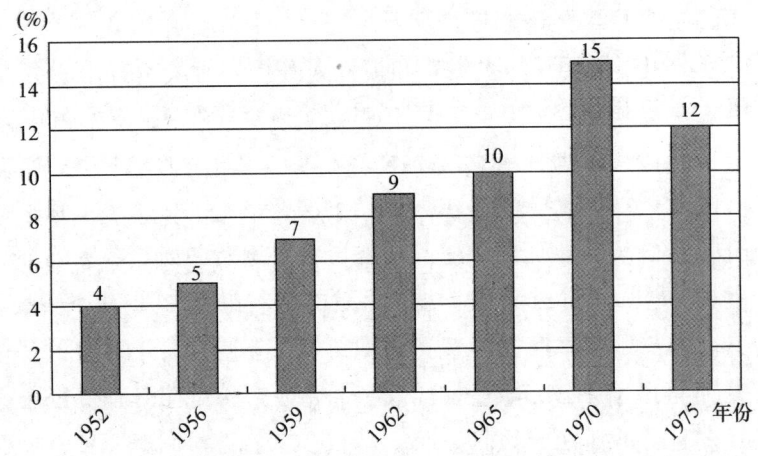

图2-1 美国纽约证券交易市场股东人数占全美人口比例（1952—1975年）

1970年美国会计程序委员会（APB）第4号公告提出的财务会计基本目标是：向财务报表使用者（特别是投资者和债权人）提供有助于他们进行经济决策的数量化财务信息。1973年10月，特鲁布罗德委员会报告列举了12项财务报告目标，其基本精神也是"决策有用"。在这些研究成果的基础上，FASB经过几年的调查研究并广泛地征求各方意见，于1978年11月正式发表了第1号《财务会计概念框架公告》（SFAC1）。从表面上看，SFAC1也是要求企业"提供对决策有用的信息"，但它对所提供"信息"深度和广度的要求很高。FASB

---

① Prevites, G. J. and Merino, B. D., *A History of Accounting in America*, Jone Wiley & Sons, Inc., 1979, p. 56.

认为，财务报告应至少反映企业三个方面的信息：①提供对投资和贷款决策有用的信息；②提供评估未来现金流量前景的信息；③提供企业的资源、对资源的要求权以及它们变动情况的信息。①

分析 SFAC1 三个方面的信息要求，不难发现，FASB 将财务报告的目标集中到投资者和债权人的信息需要上。投资者和债权人最关心的是其投资和信贷能否带来现金资源的增加，因此，提供有助于他们评估企业现金流入和流出前景的信息是财务报告最核心的目标。这在客观上要求财务报告能够跟踪反映企业与其所处社会和经济环境相互作用的情况及结果，使财务报告信息体现物价变动、偶发事件的影响以及企业与周围环境交互作用的其他后果。很显然，对比历史成本计量，公允价值计量更符合会计目标的需要。

IASB 也将"决策有用"作为财务报告的主要目标。在 1989 年发布的《编报财务报表框架》中，IASC 指出，财务报告的目标是提供一系列有助于使用者做出经济决策的关于企业财务状况、经营业绩和财务状况变动的信息。《编报财务报表框架》列示了四种计量基础：历史成本、现行成本、可变现价值和现值，并且要求企业在应用历史成本时，根据情况，结合其他计量基础。例如，存货列报按照成本与可变现净值孰低；有价证券按市价；养老金负债和非货币性资产价格的变动按现值计量。

从全球范围看，财务会计计量体系中多种计量属性并用已是不争的事实。尽管历史成本目前仍然是财务会计中主要的计量属性之一，但是，随着公允价值计量模式理论和技术的发展，历史成本的应用领域正逐渐缩小。公允价值计量正逐渐替代历史成本，成为财务会计中的主要计量模式。

要实现财务报告的"决策有用"目标，财务会计信息必须具备一定的质量特征。FASB 在第 2 号《财务会计概念框架公告》（SFAC2）中构建了一个比较全面的信息质量等级系统。在该系统中，FASB 重

---

① FASB, *Financial Accounting Concept Statement No. 1 "The Objective of Financial Reporting"*, 1978.

点突出相关性和可靠性两个质量特征。相关性通常由及时性、预测价值和反馈价值三个要素组成，可靠性一般由反映真实性、可核性和中立性三个要素组成。传统的会计理论和实务偏重于可靠性，FASB 认为，需要在相关性和可靠性之间进行必要的权衡，而且 FASB 似乎更偏向于相关性。① 石本仁（2001）认为，FASB 这种对相关性的倚重有深层次的原因：首先，美国股权分散程度高且投资者在公司控制中处于弱势；其次，美国资本市场发育成熟，市场价格能综合反映各种信息，客观公正地体现资产的价值，从而提供一个充分保护投资者权益的有效机制。由此可见，提供相关的财务信息是成熟资本市场对财务报告的客观要求，这是 FASB 重视财务信息相关性质量特征的根本原因。随着资本市场的进一步完善，相关性质量特征在美国会计信息质量系统中的地位越来越重要。美国证券交易委员会（SEC）委员沃尔曼（Wallman，1996）甚至建议，把相关性作为财务报告信息的首要质量特征；他认为，只要相关，其他信息质量（包括可靠性）都可以不予考虑。② 可以推断：资本市场越发达，财务报告信息的决策作用越重要，社会对财务报告信息的相关性要求就越高。

## 第四节 商业银行资本监管政策历史沿革

### 一 商业银行资本监管政策历史演进

商业银行资本监管，是指银行监管机构出于维护与提高银行业整体稳定和安全之考虑，对银行所持资本金数量或水平的具体要求。西方一些国家的银行监管机构很早就认识到个体银行所持资本数量或资本水平对银行系统整体稳健运营的重要意义，很早就将其纳入银行监管政策组合之中。1864 年，美国银行监管机构尝试使用各种资本充足率指标来约束银行经营。在当时，《国民银行法》依据银行服务区域

---

① 葛家澍：《关于会计计量的新属性——公允价值》，《上海会计》2001 年第 1 期。
② Susan Schmidi Bies, "Fair Value Accounting", *Federal Reserve Bulletin*, Winter 2005.

的人口数量规定了静态的最低资本要求,但没有科学地将资本充足率理念数量化,因而争议很大,很不成功。① 在 20 世纪初至 30 年代期间,美国银行监管机构使用"资本与存款比率"作为资本监管指标,美国部分州的监管机构还确定了"资本与存款比率"不低于10%的监管要求;美国货币监管署于 1914 年采用了该比率,它甚至建议将其作为法定资本要求。② 然而,"资本与存款比率"因为无法检测到银行真实资本充足水平而受到诸多指责。于是,1929 年经济大萧条之后,新组建的联邦存款保险公司(FDIC)转而使用"资本与总资产比率"作为银行资本充足水平的监测指标。在第二次世界大战期间,为鼓励银行大量购买政府债券,为战争筹集资金,美国银行监管机构基本暂停了对银行的资本监管要求,因为该要求束缚了银行购买这些债券的能力。③ 但战争结束后,资本充足水平又成为美国银行监管机构关注的焦点问题。这时,美国货币监管署和美国联邦储备委员会试图改革资本充足水平的监管指标设计,开始重视"资本与风险资产比率",并将资产风险差异纳入资本充足水平的考察范围。但一些州的银行监管机构继续使用"资本与存款比率"或者"资本与总资产比率",造成银行资本充足水平监管指标实务运用的混乱。

因为不同监管机构在商业银行资本充足水平监管指标设计方面存在很大分歧,尽管资本充足水平监管开始受到普遍关注,但它一直未在商业银行监管中扮演重要角色。那么,商业银行资产充足水平是如何在巴塞尔委员会成员国及世界其他国家逐渐受到重视,并最终成为商业银行监管核心指标的呢? Tarullo(2008)认为,这其中的原因有三方面:一是银行资本比率逐年显著降低引起广泛关注;二是 20 世纪 70 年代以来金融行业的持续动荡;三是许多确保银行安全和稳健

---

① FDIC, *Basel and the Evolution of Capital Regulation: Moving Forward, Looking Back*, 2003, p. 2.

② Daniel K. Tarullo, *Banking on Basel: The Future of International Financial Regulation*, Washington D. C.: Peperson Institute for International Economics, 2008, p. 29.

③ Ibid., p. 30.

的传统监管措施或者被修改或者被放弃。① 的确，自20世纪70年代以来，美国银行业的资本充足水平一直处于下降过程中，大型银行资本充足水平的下降趋势尤为显著。如表2-1所示，1970—1981年，美国17家最大银行的资本充足比率约下降了25%。这种下降趋势所预示的银行业风险问题引起普遍关注。而1974年德国Herstatt银行和美国富兰克林（Franklin）国民银行倒闭事件，使银行监管机构对由于资本充足水平不足引发的银行业风险问题有了更深刻的认识，促使巴塞尔委员会成员国在银行监管方面加强合作，制定以资本充足率监管为核心的银行监管国际规则。

表2-1　　　　1970—1981年美国银行的资本比率数据　　　　单位：%

| 年份 | 所有银行 | 资产超过50亿美元银行 | 17家最大银行 |
| --- | --- | --- | --- |
| 1970 | 6.58 | 5.34 | 5.15 |
| 1971 | 6.32 | 5.10 | 4.91 |
| 1972 | 5.95 | 4.71 | 4.43 |
| 1973 | 5.67 | 4.14 | 3.82 |
| 1974 | 5.65 | 3.82 | 3.49 |
| 1975 | 5.87 | 4.13 | 3.94 |
| 1976 | 6.11 | 4.15 | 4.00 |
| 1977 | 5.92 | 5.32 | 3.86 |
| 1978 | 5.80 | 4.13 | 3.76 |
| 1979 | 5.75 | 4.03 | 3.61 |
| 1980 | 5.80 | 4.12 | 3.69 |
| 1981 | 5.83 | 4.21 | 3.83 |

注：资本比率是权益资本与总资产之比。

资料来源：Board of Governors of the Federal Reserve System (1983)。

随着各国银行监管机构对资本充足率监管重要意义认识的深入，

---

① Daniel K. Tarullo, *Banking on Basel: The Future of International Financial Regulation*, Washington D. C.: Peperson Institute for International Economics, 2008, pp. 31-36.

资本充足率越来越多地被各国银行监管机构所接受。到1985年，几乎所有巴塞尔委员会成员国都主要依赖银行资本充足水平计算来实施银行监管，并且这些计算也越来越多地建立在风险加权资产的基础上。[①] 这为《巴塞尔资本协议》的制定与实施打下了良好的基础，也使《巴塞尔资本协议》的制定及其后续修订一直围绕资本充足水平监管这一核心问题展开。

**二 《巴塞尔资本协议》的主要内容**

在次贷危机爆发之前，巴塞尔委员会先后发布了两份权威商业银行资本监管文件，即1988年发布的《资本计量与资本标准国际协议》（以下简称《巴塞尔协议Ⅰ》）和2004年发布的《资本计量与资本标准国际协议的修订框架》（以下简称《巴塞尔协议Ⅱ》）。

（一）《巴塞尔协议Ⅰ》

《巴塞尔协议Ⅰ》共有四部分。[②]

第一部分是资本构成，明确哪些资本应界定为银行资本储备以及银行应该持有每一种储备的具体数量。资本储备分为一级资本和附属资本两个层级，前者包括权益资本和公开储备两类，后者包括未公开储备、资产重估储备、一般准备金或一般贷款损失准备、混合（债务或权益）资本工具和从属债务五类。上述一级资本和附属资本的构成要素在满足相关条件的前提下才构成资本总额的一部分。这些条件包括：①附属资本总额最高不能超过一级资本的100%；②从属期限债务总额最高不能超过一级资本的50%；③如果一般准备金或一般贷款损失准备金总额中包含反映资产较低估值或当前资产负债表中未识别的潜在损失的金额，则准备金中的上述金额最高不能超过风险资产的1.25%，或者在例外和暂时的前提下最高可达到风险资产的2%；④证券未实现潜在利得所形成的资产重估储备按45%计入资本总额中。另外，应从资本总额中扣除以下项目：①从一级资本中扣除商

---

[①] Daniel K. Tarullo, *Banking on Basel: The Future of International Financial Regulation*, Washington D. C.: Peperson Institute for International Economics, 2008, p. 45.

[②] Basle Committee, *Basle Committee on Bank Supervision, International Convergence on Capital Measurement and Capital Standards*, July 1988.

誉；②从资本总额中扣除对未纳入合并报表的从事银行业务或财务业务子公司的投资以及对其他银行业务或财务业务机构的投资。

第二部分是风险权重，构建了确定商业银行资产风险权重的基本标准体系，将银行资产负债表列示的资产划分为五个类别，并对不同类别资产赋予不同风险权重。第一类资产的风险权重为0，代表该类资产是无风险资产，包括现金、以本国货币计价的主权债务、所有经济合作与发展组织（OECD）国家的债务、其他 OECD 国家中央银行的索偿权；第二类资产的风险权重为 20%，代表该类资产仅具有较低风险，包括多边发展银行债务、OECD 国家的银行债务、非 OECD 国家的银行债务（剩余期限少于 1 年）、OECD 国家公共部分主体担保的贷款以及收款过程中的现金项目等；第三类资产的风险权重是 50%，代表该类资产具有"中度"风险，仅包括一类资产，即住房抵押贷款；第四类资产的风险权重是 100%，代表该类资产具有较高风险，包括对私营部门的索偿权、非 OECD 国家的银行债务（剩余期 1 年以上）、对非 OECD 国家中央银行的索偿权、归属于公共部门的商业公司的索偿权、建筑厂房及其他固定资产、房地产及其他投资、其他银行发行的资本工具、所有其他资产；第五类资产的风险权重是可变的，在 0、10%、20% 和 50% 中的取值，由各国中央银行做出判断，包括对国内公共部门主体的索偿权（不包括中央银行）及这些公共部门主体担保的贷款。

第三部分是目标标准比率，确定了一个银行通用资本标准比率，即银行资本储备（一级资本和附属资本之和）占银行风险加权资产总额的比率至少为 8%，并且一级资本占银行风险加权资产总额的比率至少为 4%。

第四部分是过渡与实施，制定了实施《巴塞尔协议》的步骤，要求各国中央银行建立监督与推进《巴塞尔协议》实施的机制，并且还提供了四年内逐步提升资本比率最终达到标准资本比率的过渡性安排。

（二）《巴塞尔协议Ⅱ》

《巴塞尔协议Ⅱ》的主要内容是三个支柱。[①]

第一个支柱是最低资本要求，内容比《巴塞尔协议Ⅰ》的资本要求有很大拓展。《巴塞尔协议Ⅱ》确定的资本充足率仍是8%，但其内涵有很大变化。在《巴塞尔协议Ⅱ》所要求的资本充足率计算中，除要考虑信用风险之外，还增加了市场风险和操作风险，在计算风险加权资产总额时，将市场风险和操作风险资本乘以12.5，将其转化为风险加权资产总额。在计算信用风险加权资产时，《巴塞尔协议Ⅱ》提供了标准法、内部评级初级法和内部评级高级法三种可供选择的方法。标准法与《巴塞尔协议Ⅰ》计算风险加权总资产的方法非常相似，但增加了风险种类，新规定的风险权重有0、20%、50%、100%和150%五种，资产的风险权重由外部评级机构确定并且考虑了信用衍生工具和资产证券化对风险权重的影响。内部评级初级法和高级法要求银行依据违约概率、违约损失率、违约风险值和期限四个重要的信用风险数据，确定信用风险加权资产。内部评级初级法只要求银行提供违约概率数据，其他三个数据由监管当局提供。内部评级高级法要求银行自行计算所有四个信用风险数据，但计算数据的程序需要得到监管当局的批准。四个信用风险数据确定后，银行就能够根据监管机构提供的公式计算最低资本金。除信用风险外，《巴塞尔协议Ⅱ》还要求计算市场风险和操作风险的加权资产。市场风险资本要根据市场风险的VaR值来确定，操作风险资本的计算也有三种可供银行选择的方法来确定。

第二个支柱是监管部门的监督检查，主要界定监管机构的权力。监管部门有权监督检查银行计算资产风险和确定资本数额的方法和程序是否正确、资本金是否充足，一旦发现问题要及时干预。对于资本金不足的银行，监管部门有权要求补充资本金。

第三支柱是市场纪律，通过要求银行披露信息使市场力量在银行

---

① Basle Committee, *Basle Committee on Bank Supervision*, *International Convergence on Capital Measurement and Capital Standards*, *a Revised Framework*, Comprehensive Version, June 2006.

监督方面发挥作用，成为政府监督的有效补充。要求银行不仅要披露风险和资本充足状况的信息，而且要披露风险评估和管理过程、资本结构以及风险与资产匹配状况的信息。

### 三 美国商业银行资本监管政策主要内容

依据当前有效的美国联邦存款保险公司法律、规则及相关法案第325节资本维护的规定，联邦存款保险公司（FDIC）在受理被保险商业银行的各类申请前要对其资本状况做出评估，在考察商业银行的安全与稳健经营状况时也将资本充足水平作为重要评价指标，并为此建立了一个计算最低杠杆资本要求和确定资本充足水平的框架。[①]

依据上述法规的资本定义，美国银行资本监管法规将"符合条件"的银行资本划分为两类：一是核心资本要素；二是附属资本要素。"符合条件"是指这些资本工具不应包含或受制于违背银行安全与稳定操作原则的条款、协议、限制、条件或规范。核心资本要素包括普通股、非累计性优先股及其溢价和并表子公司权益资本账户的少数权益；核心资本要素在符合条件总资本中的占比不能少于50%，并要扣除无形资产、由于信用提升而产生的利得收入（不符合核心资本条件）、不符合条件的递延所得税资产和非金融性权益投资。附属资本要素包括贷款损失准备（最高为风险加权资本的1.25%）、累计永久性优先股和长期优先股及其溢价、永久性优先股（其股息全部或部分依据银行信用等级定期调整确定）、混合资本工具（包括强迫性可转换债务证券）、期限从属债券和中期优先股及其溢价、权益证券未实现利得，计入风险调整资本总额中的附属资本要素最高额不可超过核心资本要素金额。

依据上述法规的最低杠杆资本要求是：①核心资本要素占总资本的比率不少于3%，如果FDIC认为该银行未处于高速发展阶段、风险被合理地分散（包括没有到期未付的利率风险）、优良的资产质量、较高的流动性、很好的盈利能力，并且按照统一金融机构评价标准为

---

① FDIC Law, "Regulations, Related Acts, 2000 – Rules and Regulations, Part 325 – Capital Maintenance", http://www.fdic.gov/regulations/laws/rules/2000 – 4400.html.

一级评级,符合上述条件的银行为稳健银行组织;②除满足①条件的最高级评级银行外的其他银行,最低杠杆资本要求是:核心资本要素占总资本的比率不少于4%。

1991年,美国颁布的《联邦存款保险公司改进法》建立了"快速纠正措施"系统(PCA)。该系统结合《统一金融机构评价标准》设计了一个全面的商业银行资本监管标准框架,见表2-2。

表2-2　　　　美国商业银行最低资本充足率要求　　　　单位:%

| | 全部风险资本充足率 | 核心资本/风险资本比率 | 核心资本/杠杆比率 |
| --- | --- | --- | --- |
| 资本十分充足 | 10%或更高 | 6%或更高 | 5%或更大 |
| 资本适当充足 | 8%或更高 | 4%或更高 | 4%或更大 |
| 资本不足 | 不足8% | 不足4% | 不足4% |
| 资本显著不足 | 不足6% | 不足3% | 不足2% |
| 资本严重不足 | 有形权益占总资产比率小于或等于2% | | |

## 第五节　金融危机以来商业银行资本监管政策变革

金融危机是金融监管政策演进的根本性动力之一,国际金融危机为加强金融监管提供了重要契机。2008年国际金融危机暴露出《巴塞尔资本协议》在银行监管方面的诸多缺陷和不足,例如,在危机爆发时全球银行的整体资本质量不佳、当前的监管体系未对杠杆率进行一致的监管、金融监管系统中存在的顺周期问题未引起足够重视以及强化对单个金融机构风险管理但对系统性风险考虑不足等。① 这些因素促使巴塞尔委员会对新资本协议进行一次全面系统的改革。2010年

---

① Philip Goeth,"Basel Ⅲ – Design and Potential Impact",November 2010.

9月15日，巴塞尔委员会主席卡如纳在西班牙首都马德里召开的第三次桑坦德国际银行会议上正式推出了《巴塞尔协议Ⅲ》（BaselⅢ），同年11月在韩国首尔举行的G20领导人会议正式批准了《巴塞尔协议Ⅲ》。

《巴塞尔协议Ⅲ》包括《更具弹性的银行和银行系统全球监管框架》和《流动性覆盖比率与流动风险监控工具》两份文件，涉及夯实资本基础、加强资本监管、引入整体杠杆比率、应对顺周期性和流动性风险监管等方面，内容非常丰富，本书仅整理银行资本监管规范的相关内容。

### 一 《巴塞尔协议Ⅲ》界定的资本内涵

《巴塞尔协议Ⅲ》规定①，监管资本总额由一级资本和二级资本构成。一级资本应具有在持续经营条件下吸收损失的特征，包括普通权益股份一级资本项目和补充一级资本项目；二级资本应具有破产清算条件下吸收损失的特征。

普通权益股份一级资本项目包括：①银行发行的普通股份，该股份满足监管目的普通股份的划分条件；②因发行普通股份一级资本项目而产生的股本溢价；③留存收益；④累计其他综合收益或其他公开储备；⑤银行并表子公司发行的、由第三方持有的普通股份（如少数股东权益），如果这些股份符合普通权益股份一级资本的条件；⑥计算普通权益股份一级资本项目时所适用的监管调整方法。另外，留存收益和其他综合收益应包括中期利润或损失；依据适用会计准则，股利收入不计入普通权益股份一级资本项目之内。

补充一级资本项目包括：①银行所发行的满足补充一级资本项目条件的工具（且该工具未被纳入普通权益股份一级资本项目之中）；②因发行补充一级资本项目而产生的溢价；③银行并表子公司发行的、由第三方持有的工具，如果这些工具符合补充一级资本项目条件

---

① Basel Committee, *Basel Ⅲ – A Global Regulatory Framework for More Resilient Banks and Banking System*, *Part 1 Minimum Capital Requirements and Buffers*, December 2010 (Rev, June 2011).

又未被纳入普通权益股份一级资本项目之中；④计算补充一级资本项目时所适用的监管调整方法。

二级资本项目包括：①银行所发行的满足二级资本条件的工具（且该工具未被纳入一级资本之中）；②因发行二级资本工具所产生的溢价；③银行并表子公司发行的、由第三方持有的工具（如果这些工具符合二级资本条件又未被纳入一级资本之中）；④某些贷款损失准备，即普通贷款损失准备，但不包括特定贷款损失准备；⑤计算二级资本时所适用的监管调整方法。

### 二 《巴塞尔协议Ⅲ》界定的最低资本要求

《巴塞尔协议Ⅲ》规定①，在相关的监管调整之后，一级资本和二级资本比率要满足比下最低要求：①普通权益股份一级资本项目在任何时候都不能少于风险加权资产的4.5%；②一级资本（普通权益股份一级资本项目与补充一级资本项目之和）在任何时候都不能少于风险加权资产的6%；③资本总额（一级资本与二级资本之和）在任何时候都不能少于风险加权资产的8%。此外，《巴塞尔协议Ⅲ》新增了留存超额资本和反周期超额资本两项资本要求，前者是2.5%，后者的区间是0—2.5%。上述最低资本要求可用表格直观表达，见表2-3。

表2-3　　　　《巴塞尔协议Ⅲ》的最低资本要求　　　　单位:%

|  | 普通权益股份 | 一级资本 | 资本总额 |
| --- | --- | --- | --- |
| 最低比率 | 4.5 | 6.0 | 8 |
| 留存超额资本 | 2.5 |  |  |
| 最低比率+留存超额资本 | 7 | 8.5 | 10.5 |
| 反周期超额资本区间 | 0—2.5 |  |  |

---

① Basel Committee, *Basel Ⅲ – A Global Regulatory Framework for More Resilient Banks and Banking System*, *Minimum Capital Requirements and Buffers*, December 2010 (Rev, June 2011), p.12.

### 三 《巴塞尔协议Ⅲ》界定的监管资本调整

《巴塞尔协议Ⅲ》规定[①]，计入最低资本要求的监管资本必须是考虑以下监管资本调整后的净额，在大多数情况下，这些监管调整主要针对普通权益股份一级资本。

（1）商誉和其他无形资产（抵押服务权除外）。商誉和其他无形资产必须在计算普通股份一级资本时予以扣除，包括银行、金融和保险机构对资本的重要投资项目进行评估时所产生的商誉，即使该商誉在监管制度范围之外。如本国会计准则与《国际财务报告准则》不同，应用本国会计准则的银行可根据《国际财务报告准则》的无形资产定义确定哪些资产应划分为无形资产，并进行相应的扣除。

（2）递延税资产。依据银行未来获利情况确定的递延税资产，在计算普通权益股份一级资本时要予以扣除。

（3）现金流量套期准备。在资产负债表上未按公允价值计量且与套期项目有关的现金流量套期准备，在计算普通权益股份一级资本时要予以扣除，即正数金额要扣除，负数金额要加回。

（4）预期损失准备金缺口。在计算普通权益股份一级资本时，应将内部评级法下产生的预期损失准备金缺口予以扣除，应将全部金额予以扣除，且不因税收影响而减少。

（5）与证券交易相关的潜在利得。在计算普通权益股份一级资本时，扣除任何因证券交易而产生的权益资本增加，因为该增加来源于预期未来边际利润所产生的潜在利得。

（6）公允价值计量的负债因自身信用风险变化所产生的累计利得或损失。在计算普通权益股份一级资本时，要扣除任何负债公允价值变化所产生的未实现利得或损失，而导致该变化的原因是银行自身信用风险的变化。

（7）设定受益养老金基金资产和负债。如果银行资产负债表中确

---

① Basel Committee, *Basel Ⅲ – A Global Regulatory Framework for More Resilient Banks and Banking System*, *Minimum Capital Requirements and Buffers*, December 2010 (Rev, June 2011), pp. 21 – 27.

认了设定受益养老金基金负债，则必须将其全部计入普通权益股份一级资本之中（不能通过扣除这些负债的方式增加普通权益股份一级资本）。如果资产负债表上确认了一项设定受益养老金基金资产，在计算普通权益股份一级资本时，应将该资产减去相关递延税负债后的净额予以扣除。

（8）对自己股份的投资（库藏股）。银行对自己普通股份的所有投资，无论是直接持有还是间接持有，都要在计算普通权益一级资本时予以扣除。另外，任何银行依据合同有义务购买的自己银行的股份，也应在计算普通权益一级资本时予以扣除。上述扣除处理不考虑这些敞口的位置是银行账户还是交易账户。

（9）银行、财务和保险公司交叉持有的资本。为人为增加资本之目的所设计的交叉持有资本要予以全额扣除。银行必须采取对应扣减法来处理在其他银行、财务公司和保险公司的资本投资。

（10）对银行、财务公司和保险公司资本的投资，而监管政策并未涉及这些投资且该投资并未使银行持有被投资单位10%以上的已发行普通股份。

（11）对银行、财务公司和保险公司资本的较大比重投资，而监管政策并未涉及这些投资，即该投资使银行持有被投资单位10%以上的已发行普通股份。

（12）按比率扣减项目。除上述（1）—（11）全额扣减项目外，以下项目可进行按比率扣减处理，即在计算普通股份一级资本时可以确认相应的比率，其确认的最高比率是银行普通股份的10%（在进行相应的监管调整之后）：①对非并表金融机构普通股份的较大比率投资；②抵押服务权；③因暂时性差异产生的递延税资产。

（13）《巴塞尔协议Ⅱ》的资本扣减项目。根据《巴塞尔协议Ⅱ》，下列项目适用于从一级资本和二级资本各扣除50%的监管调整（或者实施被扣减或者进行风险加权调整的选择权），它们将被赋予12%—50%的风险权重：①某些证券化敞口；②某些权益工具敞口；③对商业公司的较大比例投资。

## 第六节 商业银行资本监管政策的理论基础与目标定位

### 一 商业银行资本监管的理论基础

在商业银行监管制度发展演进的历史上,虽然资本监管作为银行监管制度体系中的一种手段很早就被发现和使用,但资本监管在银行监管制度体系中的核心地位是在20世纪80年代后才逐渐形成并确立的。对于为什么资本监管越来越受到各国银行监管机构重视,虽然理论界的诠释多种多样,但主流的认识是,存款保险制度所引发的道德风险问题是推动资本监管成为商业银行监管制度体系核心的根本原因。

存款保险制度是指符合条件的存款机构,按照一定比例向专门的存款保险机构缴纳保险费,当这些金融机构出现支付危机或破产清算时,存款保险机构向其提供流动性或者代其在一定限度内对存款人给予偿付的制度。[①] 存款保险制度是"金融安全网"的重要组成部分,它是1929年经济大萧条发生后美国为保护存款人利益、应对银行挤兑问题通过《格拉斯—斯蒂高尔法案》(Glass – Steagall 法案,1933) 引入的银行监管制度。存款保险制度的内在理念是:在银行倒闭或失去偿债能力的情况下,政府将确保存款人至少能收回被保险覆盖的存款部分,从而消除存款人的部分存款风险,降低银行挤兑事件发生的频率,但政府也因此成为银行最大的潜在债权人,承担了银行经营所衍生的巨大风险。

在没有存款保险的情况下,单一银行经营失败通常会引发整个银行系统动荡和恐慌,从而产生具有严重危害性的系统性风险。银行吸收存款并将其投资于贷款和其他金融资产的传统经营模式是引发上述问题的根源所在。银行存款的特点是:收益要求低但流动性要求高,

---

① 李连三:《银行资本监管研究》,中国金融出版社2010年版,第65—84页。

而银行贷款的特点是：收益要求高而流动性要求低。银行经营的主要挑战就是：如何在满足存款人随时可能出现的流动性要求与最大限度地将资金投资于高收益、低流动性资产之间寻求平衡。而这种平衡又如此脆弱，以至于任何内部失败或外部冲击均有可能使其受到破坏。有限责任特征与所有者或管理层追求高风险、高回报项目和提高杠杆率的内在动机进一步增加了内部失败的发生概率。银行资产复杂性所产生的信息真空与先来先服务提款原则又使外部冲击引发的银行挤兑频繁发生。在流动性要求突然急剧增加的情况下，银行资产负债结构特征决定了它无法依靠自身能力予以应对，除非变卖流动性较差的贷款或其他金融资产投资。在市场境况不佳的情况下，变卖资产行为会因市场估值降低而仍难以满足流动性需求，使银行难逃破产命运。可见，流动性风险与偿债风险是银行系统经营无法回避的内生性风险，依靠系统内在力量难以解决，需要外部因素予以干预。这是存款保险制度被正式引入银行监管制度体系的根本原因。

存款保险制度在避免银行挤兑、降低系统性风险方面发挥了积极作用，但也引发了许多新问题。从存款人角度看，存款保险制度意味着政府成为银行保险债务的担保人，承担了本应由存款人承担的部分风险，存款人监控银行和要求支付与银行风险相当的利息的积极性减弱，也没有动力去为资金寻找更安全的庇护所[1]，更没有动力支付相关成本来促使银行提高资本充足水平或披露内部投资决策信息；存款人对银行经营状况关注程度下降尽管可能减少银行挤兑事件发生，但也降低了外部力量对银行经营行为的约束，增加了道德风险发生的可能性。从银行角度看，存款保险使银行获得政府潜在支持，增强了银行信用基础，使其在吸收存款方面具有更大优势。在既无外部约束又有政府担保的情况下，银行所有者或管理层为获得更大收益而承担更大风险的动机可能会得到膨胀；而存款保险收费与资产风险程度的不相关性进一步加剧了银行承担高风险的冲动。为应对存款保险制度所引发的道德风险问题，必须引入某种制度安排，限制银行的风险承担

---

[1] 李连三：《银行资本监管研究》，中国金融出版社2010年版，第65—84页。

行为。在这样的背景下，资本监管，即某一适度的资本充足率要求，在约束银行过度风险承担行为、降低道德风险程度方面的积极作用充分显现并逐渐得到广泛认可。

## 二 商业银行资本监管的目标定位

理论界普遍认为，为控制存款保险制度产生的道德风险问题，引入资本充足要求的相关制度是必要的。① 正是基于这样的认识，美国监管机构在20世纪80年代初就开始实施资本充足率管制要求。1983年6月，美联储和美国货币监理局联合宣布对17家国际性银行实施资本充足监管要求。② 1988年的《巴塞尔资本协议》更是将资本充足监管要求作为银行监管制度的核心内容，推动资本监管实践国际化。随着资本监管实务的普及，理论界和实务界逐渐形成了对资本监管目标定位的具体认识。

商业银行资本监管的整体目标是确保银行系统整体运营安全与稳定，商业银行资本监管的具体目标是确保个体商业银行具有充足的损失吸收能力，巴塞尔资本监管框架及其改进一直围绕这一目标展开。

巴塞尔资本监管委员会的宗旨是确保国际银行系统运营安全与稳定。③ 为履行这一宗旨，《巴塞尔协议 I》界定的资本定义特别强调商业银行权益资本的重要性。巴塞尔资本监管委员会认为，监管资本中的最核心部分是权益资本与公开储备，它们完全可核查，是银行资本充足水平判断的基础；这种对权益资本的重视反映出委员会渐进地提高监管资本质量的努力方向。④ 在商业银行资产负债表上，权益资本是资产总额与负债总额的差额，代表银行所有者对银行净资产的要求权，该要求权的行使次序在各种其他法定要求权的最后，仅在其他要求权得到满足后仍有剩余时才有可能获得，因此，被形象地称为

---

① Franklin Allen and Douglas Gale, "Capital Adequacy Regulation: In Search of a Rationale", Financial Institution Center, September 2002, p. 4.

② Daniel K. Tarullo, Banking on Basel: The Future of International Financial Regulation, Washingtong D. C.: Peperson Institute for International Economics, 2008, p. 37.

③ Basel Committee on Banking Supervision, International Convergence of Capital Measurement and Capital Standards, 1988, p. 3.

④ Ibid., p. 12.

"剩余权益"。权益资本的上述特征使其天生具有吸收损失的缓冲功能，从审慎监管角度分析，这一功能为银行应对内外冲击提供了必要的屏障，提高了银行应对各类风险冲击的能力，成为保护银行中小储户的有效工具。

《巴塞尔协议Ⅰ》界定的资本不局限于权益资本，还将从属债券等其他工具纳入监管资本范畴，这进一步彰显了监管资本的损失吸收特征。如巴塞尔资本监管委员会指出，尽管委员会重视权益资本，但一些成员国认为，其他一些重要并合法的要素也应纳入资本核算之中①，但因吸收损失能力不及权益资本而被列为附属资本。从属债券等工具因其要求权次序位于普通债务之后，因而具备了吸收损失、保护中小储户的缓冲功能。

监管资本核算过程中对资产进行基于风险状况的调整是彰显监管资本损失吸收特征的另一证据。损失发生的概率和损失发生的金额与商业银行经营资产的风险状况有直接关系，是作为监管资本核算中的重要因素。巴塞尔资本监管委员会认为，风险调整是一种很好的资本充足水平评估方法，因为它不会阻止银行持有流动强、风险低的资产，同时能将表外资产纳入监管资本核算之中。②《巴塞尔资本协议》的后续修订进一步扩充了风险调整的范畴，除扩大风险权重的调整幅度（如将一些资产的风险权重界定为150%）外，还增加了风险类别（如在信用风险基础上增加利率风险和操作风险等），从而强化了监管资本的损失吸收功能。

---

① Basel Committee on Banking Supervision, *International Convergence of Capital Measurement and Capital Standards*, 1988, p. 13.

② Ibid., p. 28.

# 第三章 商业银行会计监管与资本监管冲突根源

## 第一节 商业银行经营特征分析

### 一 商业银行经营模式变迁

商业银行的传统经营模式是吸收存款、发放贷款，存贷息差是商业银行的主要收入来源。学术界形象地将其描述为"3—6—3"模式，即以3%利率吸收存款、以6%利率发放贷款、下午3点开始打高尔夫。在第二次世界大战结束至20世纪80年代期间，上述模式是美国、英国和日本等国商业银行的主流经营模式。这种模式的存在和盛行与严格监管和布林顿森林体系的制度背景密切相关。1929—1933年的经济大萧条使世界经济遭受重创。痛定思痛，自由市场理论遭到抵制，国家干预经济理论受到重视，银行监管进入严格管制时期，一系列银行监管法规集中问世。1933年，美国颁布《银行法》，包括四项内容：一是限制存贷款利率；二是分离商业银行和投资银行经营业务；三是限定银行持有的资产种类；四是建立存款保险制度。《银行法》与其后颁布的《证券交易法》（1934）、《投资公司法》（1940）、《利率管制法》（1966）等构成了一个全方位的银行监管框架，标志着美国进入严格金融监管时代。另外，英国《银行法》（1947）、德国《德意志联邦银行法》（1957）、日本《银行法》（1942）也陆续将这些国家带入严格银行监管时代。严格监管提供给银行国内经营业务的操作空间非常有限，而1944年形成的布林顿森林体系又使银行在跨境经营业务方面无用武之地，因为各国货币之间无法进行自由兑换。政府通过严格约定银行存贷款利息的形式打击行业间竞争，银行业务与投资业务严格分离的法规又禁止商业银行从事存贷以外的业务。在这种情况下，商业银行经营变得简单化，形成"3—6—3"经营模式。

经济环境和制度环境是推动银行经营模式变迁的核心因素。随着20世纪70年代放松银行监管改革的推进与布林顿森林体系的瓦解，商业银行经营模式开始发生变革。人们将西方国家经济"滞胀"归咎于严格金融监管，因为严格监管之下银行竞争和效率受到遏制，认识到政府和市场一样存在失灵，要求放松金融监管、打碎束缚竞争与效率的桎梏。而1973年布林顿森林体系瓦解使各国货币能以市场确定的汇率进行自由流通，废除了汇率管制制度，打开了银行跨境经营活动的通道。在利率管制、汇率管制和分业经营管制逐步取消之后，商业银行的经营环境发生了很大变化，促使其经营模式全方位变革，主要体现在以下四个方面:[1] 一是银行跨境经营业务逐年增大，如依据国际清算银行数据，1983年，银行跨境并购金额为7030亿美元，到2008年增长至20万亿美元；二是银行不再专注于传统经营模式，转而重视服务佣金收入以及证券承销、证券投资和保险业务等混业经营收入；三是货币市场在金融市场中的作用不断增强，大型公司越来越多地依靠金融市场融资而不是仅向银行借款，银行去"中介化"趋势明显；四是为应对利率和汇率波动风险，金融创新产品不断涌现。这些变化动摇了银行传统经营模式的存在基础，形成了一个更多地依靠货币市场融资和资产证券化操作业务收入的现代银行经营模式。

二 商业银行资产负债状况

了解商业银行经营模式变迁情况对认识银行经营特征有裨益，但更具体的银行经营特征分析最终要着眼于商业银行资产负债状况的定性和定量分析。

---

[1] Heidi Mandanis Schooner and Michael W. Taylor, *Global Bank Regulation Principles and Policies*, Elsevier, 2010, pp. 10 – 12.

(一)美国商业银行资产状况

表3-1列示了美国商业银行整体的资产负债状况。依据美联储的分类模式,美国商业银行分为持有证券、贷款和租赁、银行间贷款、现金资产、交易资产和其他资产六类。在上述商业银行六类资产中,贷款和租赁所占比重最大,加上银行间贷款,为56.2%;证券所占比重其次,为21.1%;两者合计占总资产的77.3%。以下对这两类商业银行核心资产进行详细分析。

表3-1　　　　美国商业银行资产状况(2012年12月)

| 资产类别 | 金额(10亿美元) | 比例(%) |
| --- | --- | --- |
| 证券 | 2751.60 | 21.1 |
| 　国债与政府机构证券 | 1892.60 | 14.5 |
| 　　抵押贷款支持证券(MBS) | 1345.20 | 10.3 |
| 　　非抵押贷款支持证券 | 547.5 | 4.2 |
| 　其他证券 | 859 | 6.6 |
| 　　抵押贷款支持证券 | 148.2 | 1.1 |
| 　　非抵押贷款支持证券 | 710.7 | 5.5 |
| 贷款和租赁 | 7200.80 | 55.3 |
| 　工商业贷款 | 1498.80 | 11.5 |
| 　不动产贷款 | 3549.20 | 27.3 |
| 　　循环房屋净值贷款 | 514.5 | 4.0 |
| 　　按揭住宅贷款 | 1612.60 | 12.4 |
| 　　商业不动产贷款 | 1422.10 | 10.9 |
| 　个人消费贷款 | 1115.10 | 8.5 |
| 　　信用卡和其他循环贷款 | 600.9 | 4.6 |
| 　　其他消费贷款 | 514.2 | 3.9 |
| 　其他贷款与租赁 | 1037.70 | 8.0 |
| 　减:贷款损失准备 | 146.6 | 1.1 |
| 银行间贷款 | 120.2 | 0.9 |
| 现金资产 | 1646.40 | 12.6 |
| 交易资产 | 311.2 | 2.4 |
| 　带有公允价值收益的衍生资产 | 279.2 | 2.1 |

续表

| 资产类别 | 金额（10 亿美元） | 比例（%） |
|---|---|---|
| 其他交易资产 | 32 | 0.3 |
| 其他资产 | 1140.40 | 8.7 |
| 总资产 | 13024.00 | 100 |

资料来源：美国联邦储备委员会发布的 H. 8—Assets and Liabilities of Commercial Banks in US，发布日期 2012 年 12 月 28 日，略做调整。

（1）贷款和租赁的具体内容。依据美联储的分类模式，贷款和租赁包括工商业贷款、不动产贷款、个人消费贷款和其他贷款四小类。工商业贷款在银行总资产中所占比例为 11.5%，是商业银行发放给商业和工业企业，用于满足企业日常经营和购买机器设备、购建厂房等活动需要的资金。商业银行向商业或工业企业发放贷款时，通常要求相应资产抵押，但对信用好的借款人也会批准无抵押贷款。工商业贷款的主要风险是信用风险。对于有抵押贷款，在出现违约事件时，银行可以没收全部或部分抵押品，通过出售抵押品收回贷款；对于无抵押贷款，银行要承担所有损失。不动产贷款在银行总资产中所占比例为 27.3%，是商业银行向商用不动产和住宅购买人发放的贷款。自 1985 年以来，不动产贷款在美国商业银行总资产中的占比逐年上升，到 2008 年 8 月达到 37%[1]，但受国际金融危机影响开始下降，到 2012 年 12 月下降至 27.3%。不动产贷款可以被细分为循环房屋净值贷款、按揭住宅贷款和商用不动产贷款三种，该类贷款的风险不只局限于借款人的信用状况，还与住宅和商用不动产市场走势密切关联。个人消费贷款在银行总资产中所占比例为 8.5%，是商业银行向汽车、活动房屋、家用设置和装修材料等耐用品消费者发放的贷款。同样，个人消费贷款的主要风险是信用风险。

（2）贷款和租赁资产持有量变化趋势。图 3-1 显示，1973 年以来，美国商业银行贷款和租赁资产持有量稳步上升，在 2003 年

---

[1] David Van Hoose, *The Industry Organization of Banking*, Springer – Verlag Berlin Heidelberg, 2010, pp. 7 – 12.

以后，上升趋势加快，到 2008 年 10 月 22 日达到峰值，为 73228.5 亿美元。2008 年 10 月，受国际金融危机影响，商业银行贷款和租赁资产持有量开始下降，经过几次反复后，于 2010 年 3 月 24 日触及阶段性低点，为 64995.8 亿美元，与峰值的数据比较，下降了 11.2%。之后，随着美国经济救助政策逐步实施并开始发挥作用，商业银行贷款持有量又开始上升，至 2013 年 3 月 20 日恢复至 72573.9 亿美元。

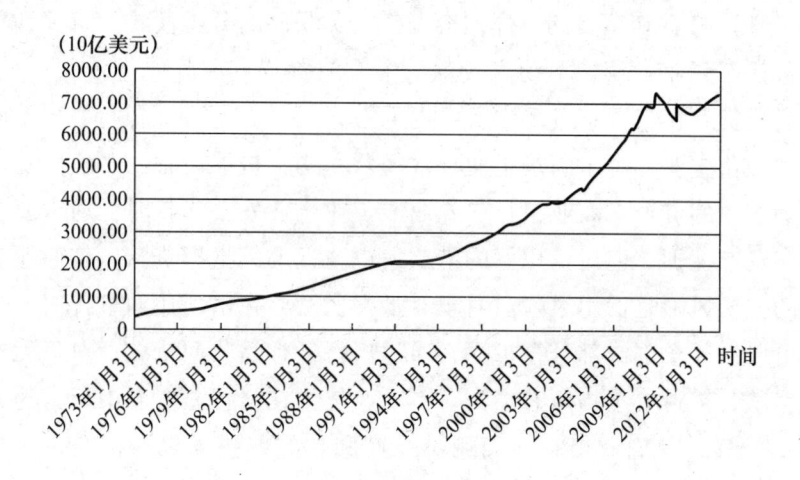

**图 3-1　美国商业银行贷款和租赁资产持有量变化趋势**

资料来源：依据美国联邦储备系统数据整理。

（3）证券的具体内容。证券资产在商业银行总资产中占比仅次于贷款。这些证券包括交易性证券、准备出售证券和持有至到期证券三种，但不包括非证券性交易性资产，如具有公允价值增值的衍生工具和在交易账户管理的贷款等。按照美联储的分类模式，证券资产包括国债和政府机构证券与其他证券两种。在国债和政府机构证券中，国债是美国政府发行的债券，政府机构证券是美国政府机构或政府支持的公司发行的债券。国债和政府机构证券又可细分为住房抵押贷款支持证券（MBS）和非住房抵押贷款支持证券两种。其中，住房抵押贷款支持证券具体包括美国政府发行的住房抵押贷款支持证券和美国政府支持的公司［如政府全国住房抵押贷款协会（GNMA）、联邦全国住房抵押贷款协会（FNMA）和联邦住房贷款抵押公司（FNLMC）等］发行的住房抵押贷款支持证券，包括转手证券、抵押担保债券（CMOs）、不动产抵押投资管道（REMICs）、CMOs 和 REMICs 的剩余、切块抵押贷款证券等；非住房抵押贷款支持证券是指由美国政府或政府机构发行的除抵押贷款支持证券之外的其他证券。其他证券包括抵押贷款支持证券和非抵押贷款支持证券两种；其中，抵押贷款支持证券包括非美国政府担保的转手证券、非美国政府发行者发行的MBS 等；非抵押贷款支持证券包括美国州政府和其他政治机构发行的证券、资产支持证券（ABS）、其他国内和外国债务证券、共同基金投资及公允价值能容易确定的其他权益证券。

（4）证券资产持有量变化趋势。图 3-2 显示，在 1986 年 12 月之前，美国商业银行证券资产持有数量未超过 5000 亿美元，在商业银行总资产中所占比重相对较小。1987 年 1 月，美国商业银行证券资产持有量首次超过 5000 亿美元，达到 5006.5 亿美元。之后，美国商业银行证券资产持有量迅速攀升，到 1998 年 1 月首次超过 10000 亿美元，达到 10031.9 亿美元；到 2003 年 2 月首次超过 15000 亿美元，达到 15130.8 亿美元；到 2007 年 2 月首次超过 20000 亿美元，达到 20058.6 亿美元；到 2012 年 1 月首次超过 25000 亿美元，达到 25295.4 亿美元；到 2013 年 2 月达到 27265.1 亿美元。依据本书所获得的数据，美国商业银行证券资产持有量从 1947 年 1 月的 823.7 亿美元上升至 5000 亿美元，所用时间为 40 年；从 5000 亿美元上升至 10000 亿美元仅用了 11 年，从 10000 亿美元上升至 15000 亿美元又缩短了一半时间，仅用了 5 年；从 15000 亿美元上升至 20000 亿美元也用了 5 年。

（二）美国商业银行负债状况

表 3-2 显示，美国商业银行的主要负债是存款和借款两项，分别占负债总额的 70.75% 和 11.73%，合计为 82.48%，在债务总额中占绝对比重。

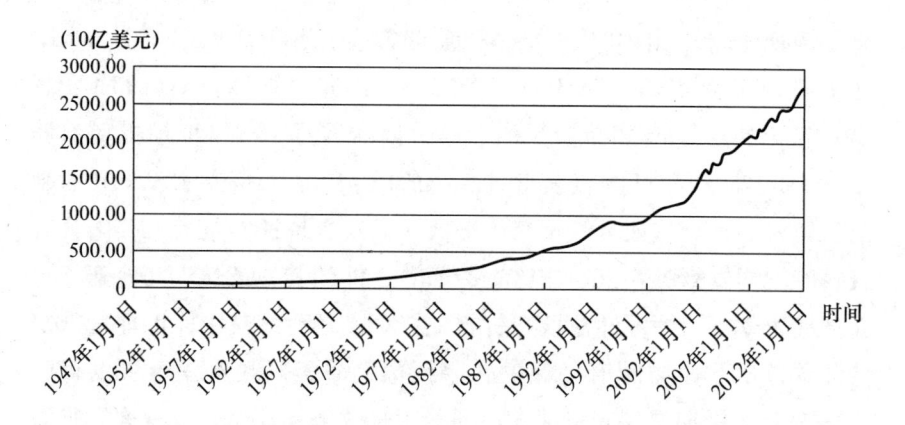

**图 3-2　美国商业银行证券资产持有量变化趋势**

资料来源：依据美国联邦储备系统数据整理。

表 3-2　　　　美国商业银行负债状况（2012 年 12 月）

| 负债类别 | 金额（10 亿美元） | 比例（%） |
| --- | --- | --- |
| 存款 | 9214.40 | 70.75 |
| 大额定期存款 | 1525.30 | 11.71 |
| 其他存款 | 7689.00 | 59.04 |
| 借款 | 1527.20 | 11.73 |
| 向美国其他银行借款 | 140 | 1.07 |
| 向其他方借款 | 1387.20 | 10.65 |
| 交易性债务 | 278 | 2.13 |
| 带有公允价值损失的衍生工具 | 243.7 | 1.87 |
| 其他交易性债务 | 34.4 | 0.26 |
| 应付给外国分支机构的净额 | 25.6 | 0.20 |
| 其他债务 | 471.8 | 3.62 |
| 负债总额 | 11517.00 | 88.43 |
| 权益（资产减负债的余额） | 1507.00 | 11.57 |
| 负债与权益总额 | 13024.00 | 100 |

资料来源：美国联邦储备委员会发布的 H.8—Assets and Liabilities of Commercial Banks in US，发布日期 2012 年 12 月 28 日，略做调整。

（1）存款的具体内容。依据美联储的分类模式，美国商业银行的存款包括大额定期存款和其他存款两类。大额定期存款在美国商业银行负债总额中占 11.71%，通常是指面额超过 10 万美元的大额存单。商业银行通过发行这种大额存单为短期借贷活动融资。大额存单的持有者可以获得以市场利率计算的利息收入，也可以将其转让。大额定期存款期限长短不一，多为 6 个月，它们可以在市场上方便地进行交易，具有很强的流动性。其他存款在美国商业银行负债总额中占 59.04%，通常包括活期存款、储蓄存款和小额定期存款等。活期存款账户是没有时间、金额和次数限制的存款账户，存户可以以支票和借记卡的形式提取存款。在美国，活期存款账户包括无息活期存款账户和付息支票存款账户两种。储蓄存款账户是指没有固定到期日的存折和存单储蓄账户，以及面额较大的货币市场存款账户。小额定期存款账户是指面额小于 10 万美元的固定期限存款账户。

（2）借款。依据美联储的分类模式，美国商业银行的借款包括向美国其他银行借款和向其他方借款两类，前者在商业银行总负债中占 1.07%，后者为 10.65%。

### 三　商业银行经营基本特征

商业银行经营特征是区别于其他金融机构和非金融机构主体的特征。如前文所述，商业银行传统经营模式是吸收存款和发放贷款，其资产负债表的贷款资产和存款债务在资产和债务总额中占有绝对比例。尽管商业银行的传统经营模式因经济和制度环境变迁而正在发生改变，如在银行资产组合中证券资产所占比例逐年上升、银行债务组合中货币市场融资所占比例逐年增加，但是，从目前美国商业银行资产负债状况分析，银行传统经营模式并未遭到彻底颠覆。例如，依据表 3-1 和表 3-2 数据，在 2012 年 12 月 28 日美联储发布的美国商业银行资产负债表中，贷款资产占 55.3%，远高于证券资产的占 21.1%；活期存款、储蓄存款和小额定期存款占 59.04%，远高于大额定期存款（货币市场融资部分）的 11.71%。因而，关于银行经营特征的相关分析仍不能脱离其传统经营模式。

将美国商业银行的资产负债表（见表 3-1 和表 3-2）进行简化调整，得到一个简化的美国商业银行资产负债表（见表 3-3）。

表 3-3　　　　　　　简化的美国商业银行资产负债表

| 资产类别 | 金额（10亿美元） | 比例（%） | 负债类别 | 金额（10亿美元） | 比例（%） |
|---|---|---|---|---|---|
| 现金资产 | 1646.4 | 12.5 | 存款 | 9214.4 | 70.75 |
| 证券 | 3062.8 | 23.2 | 借款 | 1527.2 | 11.73 |
| 贷款 | 7321 | 55.6 | 其他债务 | 775.4 | 5.95 |
| 其他资产 | 1140.4 | 8.7 | 权益 | 1507 | 11.57 |
| 资产总额 | 13170.6 | 100 | 负债和权益总额 | 13024 | 100 |

注：相关调整包括：在资产一端，将银行间贷款并入贷款中，将交易资产并入证券中；在负债一端，将交易性债务和应付给外国分支机构的净额并入其他债务中。

商业银行资产代表在确定时间内向另一方索取约定本金和利息的法定权利，银行负债代表银行在确定时间内向另一方支付约定本金和利息的法定义务。通常情况下，银行债务的支付义务需要其资产的索取权利来应对，但是，银行是否能按时履行其债务的支付义务，还与银行资产和负债的期限匹配状况有密切联系。观察表 3-3 不难发现，银行资产和负债在期限匹配方面存在重大缺陷。银行资产，按流动性排列，有现金、证券和贷款三种①；银行债务，按流动性排列，有存款、借款、其他债务和权益四种。在银行资产一端，能够随时满足支付要求的现金资产占 12.5%，而在银行债务一端，具有随时支取权利的活期存款或短期存款比 70.75%，因而在遭遇存款人集体支取要求时银行的现金储备根本无法应对。虽然通过出售证券资产可以获得部分流动性，但证券资产占比相对较小，且在市场境况不佳时出售证券将面临降价出售的厄运。而占较大比例的贷款资产却在银行面临流动性危机时无法提供及时的流动性支持，因为这些资产期限长，流动性差，不容易变现。可见，从满足流动性要求考虑，银行的资产与债务结构配置是有缺陷的，即其短期或流动资产配置无法满足特定情况下存款负债的流动性要求。但是，如果银行降低贷款等长

---

① 在银行资产中，其他资产主要指经营场所、固定资产和无形资产等，这些资产通常不构成银行资产与负债组合的一部分，在下文阐述中将其忽略。

期资产持有量，增加现金储备，虽然其支付能力会增强，但其获利能力会受到很大影响，因为相对于短期、流动性较强资产而言，贷款资产能带来更高收益，使银行天生具有将越来越多资产配置到贷款中的冲动。

上述关于银行资产负债特征的分析可以概括为：在获取高额收益动机的推动下，银行资产与负债期限结构形成严重扭曲状况，致使银行在特定情况下无法满足债权人的支付要求，这是银行经营脆弱性的根源所在。另外，进一步分析银行资产负债结构，发现银行资本在其债务总额中占较小比例，仅为 11.57%。这说明银行经营活动主要资金来源是通过举债方式获得，即银行经营另一显著特征是具有较高杠杆率。较高的杠杆率加剧了银行经营的脆弱性，使银行应对各种冲击的能力进一步减弱。另外，在有限责任公司制度背景下，高杠杆率也会激发银行承担更高的风险，将更多资产配置到高风险、高收益的投资品种中，这又会恶化本已严重扭曲的资产与债务期限配置，增加银行遭遇挤兑的风险。可见，资产和负债期限配置扭曲与高杠杆率等基本特征及两者相互影响，是银行经营脆弱性根源所在，是导致银行经营易于遭受流动性危机和破产风险的根本原因。

## 第二节　商业银行会计监管与资本监管冲突理论分析

### 一　市场失灵与金融监管

对从 20 世纪 30 年代经济大萧条以来金融监管制度发展变迁情况分析，发现一个不争的事实是：金融监管制度变迁与经济或金融危机的发生有密切关联。经济或金融危机是市场失灵的一种主要表现形式。金融监管是为修正市场失灵而存在的。例如，庇古（1938）在他经典的监管著作中指出，当市场不完善时，亚当·斯密所提及的"看不见的手"并不起作用，市场失灵会在一定程度上影响市场的正常运作，因此，政府需要扮演潜在的具有建设性意义的角色来保证社会福利。[①] 在经济大萧条之前，亚当·斯密的自由市场经济理论占据主流，认为市场本身能够实现资源的自我优化配置，能够自行解决市场运行过程中产生的各类问题，政府不应过多干预市场。1929—1933年，西方世界陷入了一场有史以来最严重的经济大危机，自由市场经济理论遭遇信任危机，凯恩斯的国家干预主义理论开始受到重视。国家干预主义，主要是指反对自由放任的自由市场经济理论，主张扩大政府机能，限制私人经济，由国家对社会经济活动进行干预和控制并直接从事大量经济活动的经济理论。国家干预主义兴起在金融领域的具体表现是：在1933年后，以美国为代表的西方世界国家陆续颁布了一系列金融监管法规，构建了严密的金融安全网和系统的金融监管框架，对商业银行经营活动进行严格监控。严格金融监管制度在减少金融危机发生方面的确发挥了积极作用，例如，在1940—1973年，美国商业银行倒闭的数量明显减少，见表3-4。但是，严格金融监管也产生了严重的负面效应。西方国家由于长期实行凯恩斯国家干预政策，对金融机构经营活动严格管制，严重抑制了金融领域的竞争和效率，引

表3-4　　　　　　　　1934—1973年美国破产银行数量

| 年份 | 数量 | 年份 | 数量 | 年份 | 数量 | 年份 | 数量 | 年份 | 数量 |
| --- | --- | --- | --- | --- | --- | --- | --- | --- | --- |
| 1934 | 9 | 1942 | 20 | 1950 | 4 | 1958 | 4 | 1966 | 7 |
| 1935 | 25 | 1943 | 5 | 1951 | 2 | 1959 | 3 | 1967 | 4 |
| 1936 | 69 | 1944 | 2 | 1952 | 3 | 1960 | 1 | 1968 | 3 |
| 1937 | 75 | 1945 | 1 | 1953 | 5 | 1961 | 5 | 1969 | 9 |
| 1938 | 74 | 1946 | 1 | 1954 | 2 | 1962 | 1 | 1970 | 7 |
| 1939 | 60 | 1947 | 5 | 1955 | 5 | 1963 | 2 | 1971 | 7 |
| 1940 | 43 | 1948 | 3 | 1956 | 2 | 1964 | 7 | 1972 | 2 |
| 1941 | 15 | 1949 | 4 | 1957 | 1 | 1965 | 5 | 1973 | 6 |

---

① 转引自詹姆士·R.巴茨等《反思银行监管》，黄毅、张晓朴译，中国金融出版社2008年版，第19页。

发 20 世纪 70 年代经济"滞胀",国家干预主义理论受挫,自由市场经济理论开始复苏。理论界普遍认为,政府对金融领域严格监管导致金融企业竞争和效率下降,束缚了金融行业发展。因此,在 20 世纪 70 年代后,一场金融自由化的运动悄然在西方世界国家兴起,其核心内容是:放松利率管制,放松对外汇和资本流动的限制,放开对金融机构的审批限制和引入同业竞争等。① 另外,混业经营限制也被解除(主要国家金融自由化时间进程见表 3-5)。自 20 世纪 90 年代以来,在全方位的金融自由化改革与以资产证券化为核心的金融创新共同推动下,金融行业呈现蓬勃发展局面,诱使银行经营者风险意识逐渐淡化,不断增加杠杆倍数;银行经营模式由"发起—持有"向"发起—转让"转变以及其他表外业务操作又从根本上腐蚀了其资本基础。银行自身经营基础脆弱化的同时又遭遇宏观政策调整的负面影响,从而引发 1929 年经济大萧条以来全球最严重的金融危机。国际货币基金组织(IMF)、世界银行(World Bank)、国际清算银行(BIS)和国际金融协会(IIF)等世界权威行业组织关于 2008 年国际金融危机原因的研究报告均将当前银行监管制度缺陷视为引发危机的重要原因之一。② 一场大规模的银行监管制度变革在全球范围内展开,巴塞尔委员会颁布了《巴塞尔协议Ⅲ》、美国发布了《2010 年华尔街改革和消费者保护法》、英国改革了其金融监管机构,上述法规或改革的共同之处是大大加强了银行监管的深部和广度,标志着金融行业再次步入严格监管时代。

表 3-5　　　　　　　　主要国家金融自由化时间进程

| 国家 | 年份 | 大规模自由化时间 |
| --- | --- | --- |
| 美国 | 1982 | 1973—1996 年 |
| 加拿大 | 1980 | 1973—1996 年 |

---

① 宋海、任兆璋:《金融监管理论与制度》,华南理工大学出版社 2006 年版,第 18 页。
② Philip Goeth, *Basel Ⅲ – Design and Potential Impact*, November 2010.

续表

| 国家 | 年份 | 大规模自由化时间 |
|---|---|---|
| 日本 | 1979 | 1993—1996 年 |
| 英国 | 1981 | 1973—1996 年 |

资料来源：宋海、任兆璋：《金融监管理论与制度》，华南理工大学出版社 2006 年版，第 18 页。

近代金融监管制度发展历程说明，市场调节与政府监管是矛盾统一体。它们矛盾的一面在于：自由市场理论强调市场是万能的，能够通过自身调节解决运行中的所有问题，实现资源最优配置；而政府监管存在的前提是：市场自身调节有时会失败，需要外界力量介入来解决其自身无法应对的问题。它们统一的一面在于：自由市场理论是以完美市场环境为前提条件，而现实市场环境存在许多缺陷，信息不对称等问题普遍存在，阻碍了市场调节作用充分发挥，使市场失灵事件频繁发生，需要政府监管及时介入，修正市场运行过程中发生的特殊问题。纵观美国金融监管制度的历史演进历程可以发现，完全依靠市场机制的自发作用来实现监管目标的做法是行不通的，而试图以政府力量完全替代市场纪律同样会事与愿违，最优的监管设计是两者有机结合。[①] 我们认识到将市场调节与政府监管有机结合是非常必要的，既不能完全依赖于市场力量，因为在不完美市场环境下市场力量难以充分发挥作用，又不能过度依赖政府监管，因为政府自身能力可能不足，掌握的信息也可能不全面。现实中，人们为寻求市场调节与政府监管的最佳结合点而不懈努力，在市场力量放纵过度时即严格监管，在监管过度束缚市场时即放松监管（如 20 世纪 30 年代以来的严格监管时代与 20 世纪 70 年代以来的金融自由化时代）。

从银行会计监管与资本监管关系的角度分析，会计监管以向市场提供银行经营客观真实信息为目标，为完善市场环境、促进市场调节充分发挥作用提供服务，而资本监管以约束银行资本持有数量和质量

---

① 藏惠萍：《美国金融监管制度的历史演进》，经济管理出版社 2007 年版，第 4 页。

为目标，为提高银行应对冲击能力提供服务。会计监管的内涵假设是：随着会计监管质量的不断提高，市场的信息条件会逐渐改善，信息不对称问题会逐渐解决，市场的自由调节功能会不断提高，市场失灵出现的概率会逐渐下降。而资本监管的内涵假设是：市场失灵无时不在，银行又存在不断提高杠杆率、增加风险承担的动机，因此，必须对银行资本最低持有量进行有效限制，提高银行应对随时可能发生的市场冲击的能力，保护储户和纳税人的利益免受侵害。两者的冲突之处在于：会计监管一直致力于缓解市场中存在的信息不对称问题，促进市场调节功能的有效发挥；而资本监管政策调整的动力来自市场失灵事件发生的频率和严重程度，目的是确保银行具有承受适度市场冲击的能力，以维护市场稳定和安全为底线。自20世纪30年代到2008年国际金融危机以来金融监管制度发展情况来看，金融监管制度调整的方向和力度直接受到市场境况的影响，时而严格、时而放松；但是，同一时期，会计监管制度的发展却一直以更快速地、更直接地反映银行经营状况的市场价值信息为方向，未因市场状况变化而进行方向性调整。

总之，银行会计监管为自由市场理论服务，而银行资本监管从属于政府监管理论。银行会计监管与资本监管同样是矛盾的统一体。尽管银行会计监管与资本监管制度同时存在于金融市场中、同时作用于商业银行中，但两者的理论基础与目标取向的差异或者冲突可能使商业银行决策行为产生异化倾向，也可能对市场的自我调节功能产生额外破坏作用，这些问题在2008年国际金融危机中已经充分暴露，应该引起理论界和实务界的高度重视。

**二 社会功能与市场功能**

我们发现银行会计监管与资本监管的理论基础存在冲突，但却同时作用于商业银行主体。为什么要对商业银行进行双重监管约束，而其他工商业经济主体却并非如此呢？这可能与商业银行既承担社会功能又承担市场功能有直接关系。

为简化分析的内容，本章将社会功能界定为增加社会福利，将市场功能界定为增加股东财富。从财务管理目标角度判断，一个上市商业银行应该不断地为股东创造财富,这是其经营管理的核心目标。但事实上,人们对商业银行的认识不局限于此。早在 1938 年美联储针对商业银行性质就有如下阐述:银行业关系国计民生,对银行业实施监管不仅是对投资于银行的人的关怀,也是对存款人的关怀,这是一个公共利益问题。① 英国金融服务局(FSA)主席阿代尔·特纳(Adair Turner,2009)更形象地描述了商业银行的这种特殊之处,指出银行系统的问题,如多家银行同时倒闭,能引发全球经济的衰退,银行倒闭是引发经济衰退的核心因素,而其他公司的倒闭通常不会产生这样的后果。② 按照这样的逻辑分析,商业银行的确承担了不同于市场功能的其他功能,即本书所界定的社会功能。而政府可能正是出于保护商业银行社会功能正常发挥的角度才对其予以特别监管。那么,商业银行到底承担了哪些社会功能呢?阿代尔·特纳(2009)认为,商业银行承担了两方面的特殊社会功能,其他工商企业与其他金融企业均无法替代:一是"期限转换功能",即"短借长贷"。这一功能的重要社会价值在于:它创造了对长期投资有利的利率期限结构,使社会家庭通过持有长期负债(抵押贷款)和短期资产(存款)而获得财务规划好处,但对银行而言,这是一种极具风险的业务,且这种风险是一种内在的集合风险,而非单一风险。二是信贷提供功能。银行信贷供应决定了实体经济的发展状况,信贷供应数量与价格的波动是引发微观经济波动的最主要原因。

商业银行承担了社会功能,银行的破产和倒闭事件,尤其是多家银行的破产和倒闭事件,不仅将使大批银行投资者、债权人(包括众多中小储户)遭受损失,而且还会使大量家庭受到影响,更会引发整个社会实体经济的动荡,甚至衰退,这是政府对其实施金融监管的根本原因。但是,对于上市商业银行而言,它们与其他工商企业上市公司一样,要受到证券市场监管规则的约束,包括按照公认会计原则进

---

① 转引自藏惠萍《美国金融监管制度的历史演进》,经济管理出版社 2007 年版,第 1 页。

② Adair Turner, "Banks are Different: Should Accounting Reflect That Fact?", Speech at the Institute of Chartered Accountants in England and Wales, London, 21 January 2009.

行财务信息披露。从政府监管角度分析,商业银行与其他工商企业不同之处在于:它们同时受到金融市场监管与证券市场监管双重约束。对商业银行实施双重监管是因为它们实质上承担了社会和市场双重功能。

依据本章前两部分分析可知,商业银行经营模式存在固有风险,具有内在的脆弱性,易于引发系统性风险。但是,商业银行的经营却能创造不可替代的社会价值,在经济发展中发挥特殊作用。银行经营失败所引发的系统性风险常常导致经济或金融危机,重创国家经济。经济或金融危机常被视为市场调节失灵的具体表现形式,市场失灵事件的阶段性发生是政府监管存在的理论基础。

## 第三节 商业银行会计监管与资本监管冲突制度分析

### 一 证券市场监管与银行监管目标差异

由于商业银行经营具有特殊性,政府对上市商业银行实施双重监管,即证券市场监管(会计监管是其主要内容)与银行监管,但是,对1929年经济大危机以来监管制度发展历程分析,发现两种监管制度的目标与理念存在显著差异。

(一)证券市场监管的目标

美国的证券市场监管制度框架是在20世纪30年代后开始构建并不断完善起来的。从美国早期颁布的相关证券市场监管法规中可以梳理出其基本目标与理念。《证券法》(1933)主要规范首次申请公开发行股票公司在招股说明书中必须披露的信息内容。《证券交易法》(1934)主要规范股票已经上市交易公司必须披露的信息内容,包括定期披露财务报告和管理层及主要股东的信息、对市场操纵、内部交易行为及清算环节的监管和控制等。《投资公司法》(1940)对投资公司的经营行为进行约束,确保客户权益得到保护。《证券投资者保护法》(1970)对经纪人公司破产时的投资者保护问题做出规范。

上述证券市场监管法规均是以保护投资者，尤其是个人投资者为首要目标的，这也是世界其他国家证券市场监管法规的核心目标。投资者保护目标的内涵假设是：与证券发行企业比较，投资者处于信息劣势，监管法规的主旨就是减少和解决这种信息不对称所引发的各种问题，而解决这些问题的主要途径就是敦促企业向投资者完整、及时、准确地披露所有相关信息，使所有投资者都能做出知情的投资决策，因而要求上市企业不仅在股票申请发行时要进行充分信息披露，而且在股票上市交易以后仍然要定期披露这些信息。会计信息是投资者理解企业财务和经营状况的重要信息来源，监管机构制定统一会计准则，要求所有上市企业按照统一会计准则编制财务报告并定期发布，使投资者能够及时获得易于理解且具有可比性的会计信息，及时调整自己的投资决策。毫无疑问，保护投资者、服务投资者、确保投资者做出正确投资决策是证券市场监管的最主要目标。

（二）商业银行监管的目标

尽管与证券监管制度一样，银行监管法规也是在1929年经济大危机之后开始发展完善起来的，但两者的核心目标却有显著差异。

追溯银行监管历史，美国组建联邦储备系统（中央银行）的主旨是应对1907年经济危机及随后的经济衰退。英国中央银行（英格兰银行）并非因危机事件而成立，但从19世纪开始，其工作重心已转向维护金融稳定、预防危机发生了。[1] 1929年经济大危机的深刻教训对美国和世界其他国家的银行监管均产生了深远的影响，其后，在大多数国家银行监管中，国家干预的程度相对于其他行业大大提高了。[2] 可见，正是经济或金融危机事件促使银行监管的作用得到不断强化，因而预防和应对经济或金融危机就成为银行监管的核心目标了。经济或金融危机通常由具有系统性风险特征的突发事件引发。系统性风险，是指破坏金融系统进而引发实体经济大面积受损的突发事件产生

---

[1] Franklin Allen and Richard Herring, "Banking Regulation Versus Securities Market Regulation", *Center for Financial Institutions Working Papers*, July 2001.

[2] Calomiris Charles, "Modern Banking", in Joel Mokyr ed., *The Oxford Encyclopedia of Economic History*, 2003.

的风险。这些事件会打击市场信心，破坏市场信用，使金融市场和金融机构的正常经营遭受重创。在突发事件发生时，一家银行的问题会迅速地传染给其他银行，引发整个银行业危机。因为，在缺少确凿反向证据的前提下，市场参与者倾向于相信自己的投资或存款银行是最脆弱的，会通过迅速提款或出售投资的方式，保护自己的权益。① 在银行业发生较大范围危机时，资金融通渠道与支付系统均将受到破坏，实体经济运行也必然遭受重大影响。可见，银行系统是脆弱的，银行系统危机的影响是深远的，银行业受到严格监管是必然的，银行监管目标就是维护银行系统稳定与安全。

1913 年，美国《联邦储备法》将"维护金融系统稳定与安全"作为美国联邦储备系统主要职能之一。② 巴塞尔委员会一直将"加强银行系统稳定与安全"作为其最主要目标。1988 年发布的《巴塞尔协议Ⅰ》明确指出，其核心目标有两个：一是服务于加强国际银行系统稳定与安全；二是确保在不同国家得到一致应用。③ 2004 年 6 月发布的《巴塞尔协议Ⅱ》又一次强调，其核心目标是：进一步强化国际银行系统稳定与安全，同时保持充分一致性，避免资本充足率标准成为国际活跃银行不公平竞争的源泉。④ 比较《巴塞尔协议Ⅰ》与《巴塞尔协议Ⅱ》关于监管目标的表述可知，"银行系统稳定与安全"目标在银行监管中的重要性不断得到强化。

证券市场监管的最初目标是保护投资者，银行监管的最初目标是确保银行系统稳定与安全，但是，随着经济与市场环境的发展，这两种监管制度的目标均有所拓展。赫林（Herring，2000）比较了各种证券市场监管与银行监管措施的目标，将它们归类为防范系统性风险（稳

---

① Franklin Allen and Richard Herring, "Banking Regulation Versus Securities Market Regulation", *Center for Financial Institutions Working Papers*, July 2001.

② 司振强：《会计准则与金融监管协调发展研究》，博士学位论文，东北财经大学，2009 年。

③ Basel Committee on Bank Regulation, *International Convergence of Capital Measurement and Capital Standards*, Instruction, July 1988, p. 3.

④ Basel Committee on Bank Regulation, *International Convergence of Capital Measurement and Capital Standards*, Instruction, June 2004, p. 4.

定与安全)、投资者保护、提高效率、其他社会目标等,见表3-6。

表3-6　证券监管与银行监管的监管措施和目标

| 监管措施 | 监管目标 | | | |
|---|---|---|---|---|
| | 防范系统性风险 | 保护投资者 | 提高效率 | 其他社会目标 |
| A. 证券市场监管 | | | | |
| 　信息披露规则 | | √ | √ | |
| 　注册要求 | | √ | √ | |
| 　禁止操纵规则 | | √ | √ | |
| 　禁止内部交易规则 | | √ | √ | |
| 　接管规则 | | √ | √ | |
| 　保护小股东规则 | | √ | | |
| 　投资管理规则 | | √ | √ | |
| B. 银行监管 | | | | |
| 　反垄断法规 | | √ | √ | √ |
| 　资产限制法规 | √ | | | √ |
| 　资本充足标准 | √ | | | √ |
| 　业务操守规则 | | √ | √ | √ |
| 　利益冲突规则 | | √ | √ | |
| 　客户适合度要求 | | √ | | |
| 　存款保险 | √ | √ | | |
| 　适合度测试 | √ | √ | √ | |
| 　存款利率上限 | √ | | | √ |
| 　贷款利率上限 | | √ | | √ |
| 　投资要求 | | | | √ |
| 　流动性要求 | √ | √ | | |
| 　大额交易报告制度 | | | | √ |
| 　储备要求 | √ | √ | | |
| 　地域限制 | | | | √ |
| 　服务和产品限制 | √ | | | √ |

资料来源：Herring, R. and Santomero, A., *What is Optimal Financial Regulation?*, *The New Financial Architecture*, *Banking Regulation in the 21$^{st}$ Century*, Edited by Benton E. Gup, Quorus Books, Westport, Connecticut 2000, pp. 51-84。

赫林（2000）的分析结果表明，证券市场监管措施的目标集中在保护投资者和提高效率两方面，7种措施均包含保护投资者目标，其中6种措施包含提高效率目标；而银行监管措施的目标比较分散，在16种措施中，8种措施包含防范系统风险目标、9种措施包含保护投资者目标、4种措施包含提高效率目标、10种措施包含其他社会目标。

## 二　会计监管与资本监管制度差异

### （一）金融资产的会计监管目标

会计监管可以简单界定为证券市场监管部门针对上市公司财务状况和经营成果方面信息披露的统一要求，它是证券市场监管的重要组成部分，其目标也是为保护投资者服务。保护投资者目标的基本内在假设是：在证券市场上，与上市公司比较，投资者永远处于信息劣势，因而证券市场监管的重要内容就是要求上市公司充分披露其财务状况和经营成果方面的信息，确保投资者在充分了解相关信息的情况下做出投资决策，这种决策会推动市场资源配置效率不断得到提高，从而提高市场运行效率。那么，什么性质的财务状况和经营成果信息，或者说，什么样的会计信息才能帮助投资者做出正确的投资决策呢？具体地说，什么样的商业银行会计信息才能帮助银行的投资者做出正确决策呢？

依据美联储披露的2012年12月19日美国商业银行资产负债数据，商业银行的资产90%以上是金融资产。[①] 金融资产包括现金、权益工具、合同权利和将以或可以主体本身权益工具结算的合同。[②] 在商业银行的金融资产组合中，贷款与证券占绝对比重，约为86.3%。[③] 与实物资产比较，金融资产具有跨期特征，其真实市场价

---

[①] 美国联邦储备委员会发布的 H. 8—Assets and Liabilities of Commercial Banks in US，发布日期2012年12月28日。

[②] 国际会计准则理事会：《国际会计准则第32号——金融工具列报》2005年，第11段。

[③] 依据美国联邦储备委员会发布的 H. 8—Assets and Liabilities of Commercial Banks in US 计算得出。

值受到未来期间全球或区域经济状况、市场状况、交易对手状况等多种因素综合影响，因而市场价值通常难以确定。近年来，随着资产证券化及相关信用衍生产品的快速发展，金融产品的复杂性进一步加剧。这种复杂性意味着金融资产市场的市场缺陷问题比其他市场更多，买卖双方信息不对称程度更大，委托—代理关系的负面影响更严重。① 金融资产及其市场的上述特征会导致市场参与者在金融资产（尤其是复杂性金融资产）市场价值判断方面产生较大分歧，这可能是导致金融资产价值不确定，进而产生市场价格大幅度波动的根本原因。

　　金融资产的会计监管目标实质上就是确定，应该要求企业将何种金融资产信息披露给投资者，才能达到投资者保护目的。何种金融资产信息即是金融资产的历史成本信息还是公允价值信息。美国金融工具会计准则发展一直伴随着历史成本与公允价值孰优孰劣的激烈争论，但整体上看，一个明显的趋势是：越来越多金融工具（尤其是金融资产）转向呈报公允价值信息，而这种发展趋势的背后推手正是金融危机后的改革力量。美国20世纪80年代"储贷危机"使人们警醒"历史成本形成于一个与现在大量市场参与者相互作用的经济环境大相径庭的背景下"②，"基于历史成本信息的财务报告未能为金融监管部门和投资者发出预警信号，甚至误导了投资者对这些金融机构的判断"③，这些经验教训成为推动美国会计准则委员会（FASB）改革其金融资产会计监管规范的最直接动力，并引发了一系列金融工具会计监管变革，这一过程一直持续到2007年美国次贷危机爆发。

　　表3-7所列示的美国金融工具会计监管变革进程说明，FASB的金融工具会计监管目标就是逐步并最终实现所有金融工具均列报或披

---

① Adair Turner, "Banks Are Different: Should Accounting Reflect that Fact?", Speech at the Institute of Chartered Accountants in England and Wales, London, 21 January 2010.
② Testimony of Richard C. Breeden, Chairman, SEC, Before Committee of Banking, Housing and Urban Affairs of United States Senate on Issues Involving Financial Institutions and Accounting Principles, September 1990.
③ 黄世忠：《公允价值：面向21世纪的计量模式》，《会计研究》1997年第12期。

表3-7　　美国金融工具会计监管变革进程及成果

| 准则编号 | 发布时间 | 准则名称 | 主要相关内容 |
| --- | --- | --- | --- |
| SFAS107 | 1991年12月 | 对金融工具公允价值的披露 | 披露所有表内表外金融工具的公允价值信息 |
| SFAS115 | 1993年5月 | 某些债务及权益证券投资的会计处理 | 将债务及权益证券划分为持有至到期、可供出售和交易性三类，第一类列示历史成本信息，后两类列示公允价值信息 |
| SFAS119 | 1994年10月 | 衍生金融工具和金融工具公允价值的披露 | 修正和补充SFAS107的金融工具公允价值信息披露内容 |
| SFAS125 | 1996年6月 | 金融资产转让和服务以及债务解除的会计处理 | 如果可行，应以公允价值初始计量转让者在金融资产转让中负担的债务或获得的衍生工具 |
| SFAS133 | 1998年6月 | 衍生工具和套期保值活动的会计处理 | 所有衍生工具均按公允价值计量 |
| SFAS155 | 2006年2月 | 某些混合金融工具会计处理 | 包含嵌入衍生工具的混合金融工具可按公允价值计量 |
| SFAS156 | 2006年3月 | 金融资产服务会计处理 | 要求所有金融资产服务权按公允价值进行初始计量 |
| SFAS159 | 2007年11月 | 金融资产与金融负债的公允价值计量选择权 | 可选择对大多数金融工具和某些其他项目按公允价值计量 |

露公允价值信息。公允价值是指在计量日市场参与者之间的有序交易中，出售资产收到的或转让负债支付的价格[1][2]，即"脱手价格"。该定义强调，公允价值是一种"基于市场的计量"，而不是"基于特定主体的计量"；在计量公允价值时，主体应使用市场参与者在当前市场条件下对资产或负债定价时所用的假设，包括关于风险的假设，因

---

[1] FASB, *Statement of Financial Accounting Standards No. 157, Fair Value Measurement*, 2006, p. 5.

[2] IASB, *International Financial Reporting Standards No. 13, Fair Value Measurement*, 2011, p. 9.

此，在计量公允价值时，主体持有资产或清偿债务的意图是不相关的。主要准则制定机构将金融工具会计监管的目标确定为列报或披露公允价值信息，该目标的内涵假设是：在金融工具不断证券化、结构化、衍生化和复杂化的背景下，了解金融工具公允价值信息能帮助投资者做出知情的决策，从而实现投资者保护目标；公允价值是众多市场参与者关于金融工具价值判断的均衡点，反映所有市场参与者集体的信息处理能力，比任何单一市场参与者更了解复杂性金融工具的内在价值，因而更真实、更可靠。

（二）会计资本的内涵

从会计监管的角度分析，商业银行列报与披露其金融资产公允价值信息有助于保护投资者权益，但这种会计处理对银行监管资本核算会产生较大影响。另一个与银行监管资本密切相关的项目是会计资本，它和监管资本非常相似，但也不尽相同，了解两者的区别，对认识资本监管的目标有一定的裨益。

从会计角度来看，资本主要为盈利而投入，目的是为股东创造价值。从数量来看，是银行全部资产减去全部负债后的余额，代表股东对银行的控制权、收益权以及对银行净资产的要求权；从形式来看，会计资本主要包括普通股、优先股、资本公积、盈余公积、留存收益、未实现损益和库存股票等项目。但从经济学角度来看，这一定义只是在银行资本的账面价值和市场价值没有太大偏差时才具有真正的经济意义。[①] 伯杰等（Berger et al., 1995）以 MM 理论为基础、以银行市场价值最大化为前提，分析了现实市场状况下影响商业银行权益比率的各种因素，这对我们理解银行资本持有量有一些启示。伯杰等认为，即使没有银行资本监管要求，市场力量也会促使商业银行持有一定资本数量，他们分析了可能影响商业银行资本持有量的因素及其影响方向：税收考虑会促使银行降低资本持有量，而预期财务压力又会支持银行增加资本持有量；交易成本和信息不对称因素可能既会激

---

① 司振强：《会计准则与金融监管协调发展研究》，博士学位论文，东北财经大学，2009 年，第 84 页。

励银行增加资本持有量,又可能促使其减少资本持有量;金融安全网的存在会降低银行的资本持有量。① 可见,从投资者角度分析,资本运营的目的是股东价值最大化,资本的持有量应该受到该目标的制约,它应该是价值最大化前提下各种市场因素综合作用的均衡点,其宗旨是服务于投资者。

(三)资本监管的目标

金融资产会计监管的目标是投资者保护,会计资本是为股东创造价值而存在的,会计资本的持有量,或称资本结构,是各种市场因素综合作用的均衡点,它以银行价值最大化为前提,是为保护投资者服务的。金融资产会计监管和市场推动下的资本持有量均以投资者保护为目标,因为投资者为银行经营提供基本资源,是直接的利益相关者。

那么,监管机构为什么要对商业银行进行监管?预期达到何种目的?事实上,监管机构对银行实施监管的根本原因是,金融安全网的存在使其成为商业银行的最大潜在债权人,即监管机构既是银行经营资源的提供者,也是直接的利益相关者。② 例如,FDIC 实际上就是美国多数银行的最大债权人,在银行破产时,它要满足有保险的存款人的提款要求,还要与其他未保险的债权人一样分割银行资产。此外,监管机构还承担最后贷款人责任,在必要时向商业银行提供流动性支持;监管机构还要应对银行破产所产生的其他外部性问题,如系统性风险问题。由此可见,银行监管的目标比较宽泛、综合。那么作为银行监管重要组成部分的银行资本监管的具体目标又如何呢?以下以《巴塞尔资本协议》关于监管资本要求演变的情况为基础进行阐述分析。

《巴塞尔协议Ⅰ》的核心内容是资本构成、风险权重和目标比率三部分,其中,资本构成和风险权重两部分的规范及要求明确阐释了银行资本监管的具体目标。在资本构成部分,《巴塞尔协议Ⅰ》规定,

---

① Allen N. Berger, Richard J. Herring, Giorgio P. Szego, "The Role of Capital in Financial Institutions", *Working Paper* 95 – 01, Wharton, 1995.

② Ibid.

资本要素由①权益资本、②公开储备、③未公开储备、④资产重估储备、⑤一般准备金或一般贷款损失准备、⑥混合（债务或权益）资本工具和⑦从属债务七类构成。① 在风险权重部分，《巴塞尔协议Ⅰ》将银行资产负债表列示的资产划分为五个类别，对不同类别资产赋予不同风险权重：第一类资产的风险权重为0，代表该类资产是无风险资产；第二类资产的风险权重为20%，代表该类资产仅具有较低风险资产；第三类资产的风险权重为50%，代表该类资产具有中度风险资产；第四类资产的风险权重为100%，代表该类资产具有较高风险资产；第五类资产的风险权重是可变的，在0、10%、20%和50%中的取值，由各国中央银行做出判断。②

《巴塞尔协议Ⅰ》确定的标准资本充足比率是8%，核心资本充足比率是4%，决定资本比率的两个要素是作为比率计算分子的资本构成和作为分母的风险加权资产。③《巴塞尔协议Ⅰ》确定的资本充足率计算模型明确说明，资本监管目标是应对商业银行经营风险的制度安排；《巴塞尔协议Ⅰ》考虑的商业银行经营风险仅限于信用风险，因此可以更明确地讲，《巴塞尔协议Ⅰ》的资本监管要求就是观察个体银行是否为应对经营过程中可能产生的信用风险进行了必要的资本储备；信用风险受贷款损失的直接影响，因此更具体地讲，《巴塞尔协议Ⅰ》的资本充足要求是观察个体银行是否为应对经营过程中可能产生的贷款损失进行了必要的资本储备。可见，银行资本的作用是吸收损失，资本监管的目的是确保银行有充足的储备用于吸收信用损失的资源。

《巴塞尔协议Ⅰ》对资本充足率计算模型的分子（资本构成）和分母（风险加权资产）的具体规定，进一步明确了监管资本的损失吸收储备功能。在资本构成中，《巴塞尔协议Ⅰ》通过等级划分、限制比率和扣减等措施对资本要素进行调整，其依据是资本要素吸收损失

---

① Basle Committee, *Basle Committee on Bank Supervision*, *International Convergence on Capital Measurement and Capital Standards*, July 1988, pp. 12–27.
② Ibid., pp. 28–43.
③ Ibid., p. 44.

的能力或程度。

等级划分措施将七项资本要素划分为核心资本和附属资本。核心资本具有最强的损失吸收能力，它们是财务报告中完全可观察的项目，是银行盈利能力和竞争能力的源泉[1]，因而是资本充足水平判断的基础依据。核心资本包括权益资本和公开储备，前者仅指永久性股东权益，具体包括已发行并缴足的普通股份和永久性非累计优先股；后者是指留存收益、股本溢价和法定储备。[2] 核心资本是股东投入，可供银行永久使用的资源及其衍生资源，这些资源的索偿权排序位于所有其他索偿权之后，且各国对这些要素的会计处理也基本一致，因而是最可靠、最可比的损失吸收储备。

限制比率措施主要针对附属资本要素，这些要素仅有部分损失吸收的能力，包括未公开储备、资产重估储备、一般准备金或一般贷款损失准备、混合（债务或权益）资本工具和从属债务等。与核心资本相比，这些项目各国会计处理差异较大，银行操纵的弹性空间也较大，因而财务报告中相关数据的透明度较低，其损失吸收的能力也令人质疑，这是《巴塞尔协议Ⅰ》对这些项目进行比率限制的主要原因。

扣减措施主要针对不具有损失吸收能力的资本要素或可能重复计算的资本项目，包括商誉和对非并表银行或财务子公司的投资。前者是商业银行无形资产的价值，它们在银行遭遇财务困难时会迅速蒸发，因而不具有损失吸收能力，后者则可能产生资本重复计算问题，因而也不具有损失吸收能力。

在资本充足率计算模型中，资本构成是分子，风险加权资产是分母。《巴塞尔协议Ⅰ》一方面通过等级划分、限制比率和扣减等措施将具有损失吸收能力的要素纳入资本基础；另一方面又对银行表内资产和表外项目进行风险加权调整，其目的是确定银行经营的真实风险敞口。这样，资本充足率的实质就是商业银行吸收损失资本与其风险

---

[1] Basle Committee, *Basle Committee on Bank Supervision*, *International Convergence on Capital Measurement and Capital Standards*, July 1988, p. 29.

[2] Ibid., p. 44.

敞口之比。依此推断，商业银行资本监管的目标是确保银行储备与其经营风险匹配的资本数量，对监管机构而言，资本是为了吸收损失而存在的，是能够吸收损失的一切资源，监管资本与会计资本的内涵具有本质差异，但其外延既有重合之处又存在冲突之处。

## 第四节 商业银行会计监管与资本监管冲突案例分析

会计信息是经济运行的重要基础信息，是市场参与者与监管机构经济决策的重要依据。会计信息的取向受会计监管制度的直接影响，因此，银行资本监管机构努力通过影响会计监管制度（会计准则）的制定将监管机构的关切写入会计监管的具体制度中，这种案例在会计监管制度发展历程中屡见不鲜。本书选取几个标志性案例，具体分析银行监管机构对会计监管制度的要求及两者的具体冲突。

### 一 商业银行监管机构对会计监管制度的要求

（一）巴塞尔银行监管委员会对会计监管制度的要求

2000年4月，在七国集团的要求下，巴塞尔银行监管委员会（以下简称巴塞尔委员会），发布了一份专项研究报告，从银行监管者角度分析了国际会计准则可能产生的影响。巴塞尔委员会首先提出了一个评价会计监管制度的标准，并据此分析国际会计准则对全球银行监管的影响。[①]

1. 评价会计监管制度的标准

巴塞尔委员会（2000）认为，从银行监管机构角度来看，会计监管制度应满足以下三条一般标准：一是会计监管制度应有助于银行的稳健风险管理和控制，或至少与其一致（而不是妨碍），应为银行编制高质量会计信息提供一个审慎和可靠的框架；二是会计监管制度应

---

① Basel Committee on Banking Supervision, *Report to G7 Finance Ministers and Central Bank Governors on International Accounting Standards*, Basel, April 2000.

通过改进银行财务和业绩状况、风险敞口、风险管理等方面信息披露的透明度，推动市场约束作用的有效发挥；三是会计监管制度应有助于推动（而不是抑制）银行有效监管。

除上述基本标准外，巴塞尔委员会（2000）还提出了10条具体评价标准：①会计准则应导出相关并有意义的会计信息；②会计准则应采用审慎且具有操作性的财务状况与业绩的计量属性；③会计准则应采用可靠的财务状况与业绩的计量属性；[①] ④会计准则不仅应具有合理的理论基础，还应具有可操作性；⑤会计准则不应过于复杂；⑥会计准则对相似或有关联项目应采用一致计量属性；⑦会计准则应充分清晰明确，以确保得到一致的应用；⑧会计准则最好不提供选择性处理方法，如果提供可选择性处理方法或在应用会计准则时有必要进行判断，应要求进行可比性的信息披露；⑨披露应充分全面，便于评估银行财务状况与业绩、风险敞口、风险管理活动等；⑩国际会计准则不仅应适合于在最发达市场实施，也应适用于新兴市场国家。

2. 对国际会计准则的评价

依据上述一般标准与具体标准，巴塞尔委员会（2000）对15项影响银行的国际会计准则进行评估，发现其中8项准则中存在让监管机构担忧的问题，见表3-8和表3-9。

表3-8　　　　巴塞尔委员会评估的15项国际会计准则

| 准则编号 | 相关解释公告编号 | 准则名称 | 生效时间 |
| --- | --- | --- | --- |
| IAS1 | 8 | 财务报表的列报 | 1998年7月 |
| IAS8 | | 期间损益、重大差错与会计政策变更 | 1979年1月 |
| IAS10 | | 资产负债表日后事项 | 2000年1月 |
| IAS12 | | 所得税 | 1998年1月 |
| IAS17 | 15 | 租赁 | 1984年1月 |
| IAS18 | | 收入 | 1984年1月 |

---

① 作为可靠性标准的一部分，巴塞尔委员会认为，公允价值会计信息必须具有可审计性。

续表

| 准则编号 | 相关解释公告编号 | 准则名称 | 生效时间 |
| --- | --- | --- | --- |
| IAS2 | 17、11 | 汇率变动的影响 | 1985年1月 |
| IAS22 | 9 | 企业合并 | 1985年1月 |
| IAS27 | 12 | 合并财务报表与子公司投资会计 | 1990年1月 |
| IAS28 | 3 | 关联公司投资会计 | 1990年1月 |
| IAS30 |  | 银行及相似金融机构财务报表中的披露 | 1991年1月 |
| IAS31 | 13 | 合营企业权益财务报告 | 1992年1月 |
| IAS32 | 15、16 | 金融工具：披露与列报 | 1996年1月 |
| IAS37 |  | 准备或有负债与或有资产 | 1999年7月 |
| IAS39 |  | 金融工具：确认与计量 | 2001年1月 |

资料来源：Basel Committee on Banking Supervision，*Report to GF7 Finance Ministers and Central Bank Governors on International Accounting Standards*，Basel，April 2000，p. 34。

**表3-9　从银行监管机构角度看存在监管问题的会计准则**

| 准则编号 | 解释公告编号 | 准则名称 | 监管问题 | 对策 |
| --- | --- | --- | --- | --- |
| IAS12 |  | 所得税 | 递延所得税资产和负债必须按名义金额计量，不应进行折现处理；禁止考虑递延所得税资产和负债冻结的可能性 | IASC的折现项目可能会解决递延所得税资产和负债问题 |
| IAS17 | 15 | 租赁 | 经营租赁与融资租赁的划分标准存在任意性 | IASC计划未来解决租赁会计问题 |
| IAS27 | 12 | 合并财务报表与子公司投资会计 | 对银行而言，终级控股公司应编制合并报表；SIC12要求，如果证券化合约满足监管人要求，应将特殊目的主体并表，但在计算资本充足率时可能不予考虑 | IASC已建议被监管的终级控股公司编制合并报表；IASC已接受我们对SIC的建议 |
| IAS30 |  | 银行及相似金融机构财务报表中的披露 | 未反映1991年以来的市场发展 | IASC已开始审查和更新IAS30 |

续表

| 准则编号 | 解释公告编号 | 准则名称 | 监管问题 | 对策 |
|---|---|---|---|---|
| IAS31 | 13 | 合营企业权益财务报告 | 总体上与监管资本计量相似，不同的可选处理方法会导致差异性 | 建议 IASC 删除权益会计法，或者在核算集团资本时委员会将仅允许使用恰当的合并方法 |
| IAS32 | 15、16 | 金融工具：披露与列报 | 债务与权益的区分可能在一些国家无法实施，因为法律禁止如此操作 | 在未来公允价值项目中予以更正 |
| IAS37 | | 准备或有负债与或有资产 | 要求使用现值核算准备，但又未提供应用指南 | 折现项目可能会解决该问题 |
| IAS39 | | 金融工具：确认与计量 | 有许多问题，参见报告内容 | 参见报告内容 |

资料来源：Basel Committee on Banking Supervision, *Report to G7 Finance Ministers and Central Bank Governors on International Accounting Standards*, Basel, April 2000, pp. 36–37。

巴塞尔委员会对国际会计准则的忧虑集中在 IAS39 上。在 IAS39 生效前，商业银行经营业务划分为"银行业务"账户和"交易业务"账户两类，前者按摊余成本（历史成本）计量，后者按公允价值计量；作为套期工具的衍生产品，出于一致性的报告利得或损失考虑，与被套期项目的会计处理保持一致，即如果衍生产品套期银行业务账户项目，就按摊余成本计量；如果衍生产品套期交易业务账户项目，就按公允价值计量。但是，在 IAS39 生效后，上述银行业务处理方法面临较大幅度调整。IAS39 将金融资产划分为交易性、准备出售和持有至到期三类，前两者按公允价值计量，持有至到期金融资产按摊余成本计量；所有衍生产品，无论是为交易而持有还是为套期而持有，均按公允价值计量。

巴塞尔委员会（2000）对 IAS39 的忧虑主要集中在以下两个方面：第一，以摊余成本报告大多数负债，但以公允价值报告大多数资产的做法会增加银行收益和权益大幅度波动的风险,而且这种波动无法反映银行内在风险管理状况;第二,所有衍生产品均按公允价值计量的做法将促使银行改变其使用衍生产品对其银行业务账户项目套期保值操作,致使银行偏离最佳风险管理模式。巴塞尔委员会(2000)认为,上述做法妨碍了银行的稳健风险管理操作,可能会人为地增加银行业经营风险。

(二)欧洲中央银行对会计监管制度的要求

2006年12月,欧洲中央银行(ECB)发布了一份专项研究报告即《基于金融稳定视角的会计准则影响评估》。与巴塞尔委员会(2000)报告相似,ECB首先提出了一个评价会计监管制度的标准,并据此分析国际会计准则对欧盟银行监管的影响。这为我们认识银行监管机构对会计监管制度的具体要求,从而分析银行会计监管与资本监管冲突问题提供了另一个案例素材。

1. 评价会计监管制度的标准

ECB(2006)认为,从金融稳定角度分析,会计监管制度(会计准则)应满足以下10项指标:①原则导向;②使用可靠与相关的价值信息;③确认风险的分布和强度;④提供可比财务报告;⑤提供清晰和易懂的财务报告;⑥描述银行财务状况(偿债能力、获利能力和流动性);⑦会计准则应有助于稳健风险管理;⑧鼓励面向未来的风险确认操作;⑨避免银行行为方面的负外部性,增加银行行为方面的正外部性;⑩有助于提振市场信心、完善公司治理。[①]

2. 对国际会计准则的评价

依据上述10项标准,ECB(2006)对国际会计准则进行全面分析,提出了从银行监管角度分析可能存在的问题,并给出了对应的政策建议。ECB(2006)认为,从整体上分析,国际会计准则是原则导向的,但IAS39关于套期会计的规范却具有规则导向的特征;在可靠与相关价值信息方面,ECB(2006)认同国际会计准则理事会更多地

---

① European Central Bank, *Assessment of Accounting Standards from a Financial Stability Perspective*, December 2006, pp. 9 – 13.

使用公允价值的做法,但对以下五个方面存有疑虑:一是市场报价并非总是可靠与相关的信息(如流动性不足的市场);二是基于模型的公允价值估值可能不可靠、不相关;三是贷款等信用资产的公允价值信息可能不可靠、不相关;四是活期存款负债的账面价值信息可能不可靠、不相关;五是自身信用恶化导致债务价值降低而产生的利得不应予以确认。

在确认风险的分布和强度方面,ECB(2006)认为,活期存款负债的价值对利率有敏感性,但IAS39并未对此予以确认,IAS39计量资产的公允价值但禁止将活期存款作为被套期项目的做法会引发无法反映内在经济风险的收益和权益波动;在提供可比财务报告方面,ECB(2006)认为,国际会计准则存在三个方面问题:一是金融资产分类处理方法会导致相同金融资产在不同银行中有不同的处理结果;二是公允价值选择权会导致相同金融资产在不同银行中有不同的处理结果;三是套期会计分类和处理方法会导致相关金融工具会计处理的差异。

在描述银行财务状况(偿债能力、获利能力和流动性)方面,ECB(2006)认为,在财务报表中确认金融工具公允价值计量产生的未实现利得和损失是一种不稳健的做法,现金流量套期也增加了银行资本状况的不透明性。

在会计准则是否有助于稳健风险管理方面,ECB(2006)认为,有五个问题:一是在套期会计中,套期的有效性取决于套期项目与被套期项目的公允价值变化,而不是风险敞口下降的程度,与风险管理实务操作不符;二是IAS39禁止将活期存款设计为被套期项目的规定不利于银行风险管理;三是被衍生产品套期的贷款资产的规定影响银行风险管理;四是禁止将持有至到期投资设计为被套期项目的规定影响银行风险管理;五是在相同经济条件下,银行在公允价值套期和现金流量套期上的选择权会对银行收益和权益产生不同影响。

在鼓励面向未来的风险确认操作方面,ECB(2006)认为,IAS39按摊余成本计量的金融资产的减值处理规范不符合面向未来的风险操作要求。

在避免银行行为的负外部性方面,ECB(2006)认为,避免负外部性出现的前提是会计准则反映的情况应与经济现实状况保持一致,但计量贷款公允价值及确认自身信用下降所产生的利得等操作与经济现实不符,易产生负外部性。①

## 二 商业银行监管机构对会计监管制度要求分析

巴塞尔委员会与欧洲中央银行针对国际会计准则提出的评价标准全面、客观地反映了银行监管机构对会计监管制度的基本态度和基本要求,是分析银行会计监管与资本监管差异及冲突根源的重要素材。以下总结和分析了上述银行监管机构对会计监管制度的基本态度和基本要求,见表3-10。

表3-10 银行监管机构对会计监管制度要求比较

| | 巴塞尔委员会对会计监管制度的要求 | 欧洲中央银行对会计监管制度的要求 |
|---|---|---|
| 一般标准 | 应有助于银行的稳健风险管理和控制,或至少与其一致(而不是妨碍),为银行编制高质量会计信息提供一个审慎和可靠的框架 | — |
| | 应通过改进银行财务和业绩状况、风险敞口、风险管理等方面信息披露的透明度,推动市场约束作用有效发挥 | — |
| | 应有助于推动(而不是抑制)银行有效监管 | — |
| 具体标准 | 应导出相关并有意义的会计信息 | 原则导向会计 |
| | 应采用审慎且有可操作性的财务状况与业绩的计量属性 | 使用可靠与相关的价值信息 |
| | 应采用可靠的财务状况与业绩的计量属性 | 确认风险的分布和强度 |
| | 不仅应具有合理的理论基础,还应具有可操作性 | 提供可比财务报告 |
| | 不应过于复杂 | 提供清晰和易懂的财务报告 |
| | 对相似或有关联项目应采用一致的计量属性 | 描述银行财务状况(偿债能力、获利能力和流动性) |

---

① ECB, *Assessment of Accounting Standards from a Financial Stability Perspective*, December 2006, pp. 13 – 28.

续表

| | 巴塞尔委员会对会计监管制度的要求 | 欧洲中央银行对会计监管制度的要求 |
|---|---|---|
| 具体标准 | 应充分清晰明确，确保得到一致的应用 | 应有助于稳健风险管理 |
| | 最好不提供选择性处理方法，如果提供可选择性处理方法，或在应用时需要进行判断，应要求可比性的信息披露 | 鼓励面向未来的风险确认操作 |
| | 披露应充分全面，便于评估银行财务状况与业绩、风险敞口、风险管理活动等 | 避免银行行为方面的负外部性，增加银行行为方面的正外部性 |
| | 应不仅适合于在最发达市场实施，也应适用于新兴市场 | 有助于提振市场信心，完善公司治理 |

（一）银行监管机构对会计监管制度有哪些要求

分析表3-10比较的内容，巴塞尔委员会与欧洲中央银行对会计监管制度的要求可以进一步整理为以下六个方面：一是一般性要求。这些要求与IASB和FASB提出的会计信息质量要求一致，如可理解性、可靠性、相关性、可比性等。二是风险披露要求。如巴塞尔委员会在一般标准和具体标准中均强调银行风险敞口和风险管理情况的信息披露。欧洲中央银行也要求披露银行风险分布和强度方面的信息。三是审慎与稳健要求。如巴塞尔委员会要求会计准则使用审慎的计量属性；欧洲中央银行要求会计准则应有助于银行稳健风险管理。四是服务于银行监管要求。如巴塞尔委员会在一般标准中强调，会计准则应推动（而不是抑制）银行有效监管。五是面向未来的风险确认要求。如欧洲中央银行强调，会计准则应鼓励面向未来的风险确认操作。六是预防系统性风险要求。如欧洲中央银行认为，会计准则应避免银行决策行为产生负外部性、应有助于提振市场信心等。

IASB的《编报财务报表的框架》强调，财务报表的目标是提供在经济决策中有助于一系列使用者的关于主体财务状况、经营业绩和财务状况变动的信息，即决策有用目标。IASB认为，服务于这一目标的会计信息应具有可理解性、相关性、可靠性和可比性四项质量特征。可理解性是便于使用者理解；相关性是指会计信息帮助使用者评估过去、现在或未来的事项或通过验证或纠正过去的评价影响使用者进一步经济决策的能力；可靠性是指会计信息没有重要差错或偏差、能如实反映其所拟反映的情况；可比性是指会计信息能帮助使用者评估同一主体不同时期和不同主体同一时期间的财务状况、经营业绩和财务状况变动情况。[1]

比较银行监管机构对会计监管制度的要求与会计准则制定机构自身的会计信息质量要求，不难发现，银行监管机构希望会计监管制度达到的目标和实现的效果远远超过了会计准则制定机构的目标定位。会计准则制定机构的最高目标是：从公众利益出发，制定一套高质量、可理解的会计准则，要求在财务报表和其他财务报告中提供高质量的、透明且可比的信息，以帮助资本市场参与者和其他使用者进行经济决策。[2] 经济理论认为，在证券市场中，会计监管制度存在的基础是信息不对称普遍存在，会计准则能引导公开发行证券的企业规律地向市场披露关于其财务状况与经营成果的信息，以缓解信息不对称问题的负面效应，推动证券市场资源配置趋于合理。因此，会计监管制度是一种会计信息系统的运行规则，它的目标是客观、公允地反映企业真实状况，无论这种状况是好的还是坏的，它是为所有公众的利益服务的，不是为某一个或某一些使用者服务的，因而从本质上分析，它是中立性的。会计准则要求财务报告提供的信息符合大多数使用者的共同需要，为大多数使用者的经济决策提供通用性质的会计信息，如决定何时购入、持有或出售权益性投资的决策、评价管理层受托责任或经管责任、评价企业向雇员支付工资或提供福利的能力、评价贷款的安全程度、评价税收政策、确定可分配的利润或股利、编制

---

[1] 国际会计准则理事会：《编报财务报表的框架》，中国财政经济出版社 2005 年版，第 12—46 段。

[2] 国际会计准则理事会：《国际会计准则委员会基金会章程》，中国财政经济出版社 2005 年版，第一部分。

和使用国民收入统计指标、监管机构的活动等。① 会计准则制定机构的中立性特征和会计信息的通用性特征决定了会计信息的质量特征是一般性的、共性的，而不是专门服务特定使用者的，也不是专注某一市场的。

在银行监管机构看来，会计准则所监管的会计信息系统不应仅局限于提供具有可理解性、相关性、可靠性和可比性的一般性信息，还应反映风险状况、审慎和稳健，从而能够确保银行监管政策得到有效实施。银行监管机构对会计监管制度的要求源于其确保金融系统稳定与安全的目标，它希望会计监管制度能为其所用，能更多地专注于金融系统稳定与安全。换言之，银行监管机构希望会计信息由一般性信息转变为专用性信息，这可以从银行监管机构对会计准则的要求中明确地解读出来。但是，必须认识到，金融系统仅经济运行的组成部分之一，银行监管机构也只是会计信息服务的众多使用者之一，银行监管机构是确保金融系统稳定运行的约束力量之一，会计信息更多地偏向金融稳定目标可能会损害其他市场参与者或信息使用者的利益，从整体社会福利角度看并非最优选择。

（二）银行监管机构对当前会计监管制度有哪些忧虑

梳理巴塞尔委员会与欧洲中央银行关于国际会计准则的评价，我们发现，银行监管机构对当前会计监管制度的主要忧虑集中在 IAS39 上。IASB 于 1999 年发布国际会计准则第 39 号（IAS39）《金融工具：确认与计量》，后续对其多次修订。IAS39 的目的在于为金融资产、金融负债和某些金融项目买卖合同的确认和计量确立原则，与 IAS32（《金融工具：披露与列报》）共同组成了金融工具的会计监管制度体系。在 IAS39 发布之前，金融工具会计监管的基本情况是：将商业银行的主要经营活动划分为银行账户活动与交易账户活动两类，前者按摊余成本计量，后者按公允价值计量；作为套期工具的衍生产品的会计处理要依据被套期项目的会计处理方法来确定，如果被套期项目按

---

① 国际会计准则理事会：《编报财务报表的框架》，中国财政经济出版社 2005 年版，前言。

摊余成本计量，则该衍生产品就按摊余成本计量，如果被套期项目按公允价值计量，则该衍生产品就按公允价值计量。IAS39 大幅度修订了先前的金融工具会计监管制度，它将金融资产划分为交易性的、准备出售的和持有至到期的，前两者按公允价值计量，后者按摊余成本计量；它要求所有衍生产品均按公允价值计量；它将套期划分为公允价值套期、现金流量套期和外国净资产套期三类；它引入公允价值选择权，允许对未要求按公允价值计量的资产和负债项目选择按公允价值计量。巴塞尔委员会与欧洲中央银行对 IAS39 的忧虑主要集中在以下四个方面：一是公允价值应用范围的扩大所引发的问题。如巴塞尔委员会（2000）认为，以摊余成本计量多数负债、以公允价值计量多数资产的做法会增加银行收益和权益大幅度波动的风险，且这种波动无法反映银行内在风险管理状况；ECB（2006）认为，公允价值信息可能不可靠，确认公允价值计量所产生的未实现利得和损失是一种不稳健的做法。二是套期会计的处理不恰当。如巴塞尔委员会（2000）认为，所有衍生产品均按公允价值计量的做法将促使银行改变其使用衍生产品对其银行业务账户项目套期保值操作，致使银行偏离最佳风险管理模式；ECB（2006）认为，现金流量套期也增加了银行资本状况的不透明性。三是公允价值选择权损害会计信息的可比性。如 ECB（2006）认为，公允价值选择权会导致相同金融资产在不同银行中有不同处理结果。四是贷款减值操作易引发顺周期性。如 ECB（2006）认为，按摊余成本计量的金融资产的减值处理规范不符合面向未来的风险操作要求。

### 三 欧盟对金融工具会计监管制度的影响

从巴塞尔委员会（2000）与欧洲中央银行（2006）的两份专项报告案例素材中，我们了解到商业银行资本监管机构对当前国际金融工具准则的评价和忧虑，以及对银行会计监管制度未来发展的要求，也认识到银行会计监管与资本监管冲突在市场经济制度框架中的具体存在和表现形式。事实上，商业银行监管机构针对银行会计监管制度出具专项研究报告的核心目的是影响银行会计监管制度的未来发展，使其满足银行监管目标，为银行监管服务。银行监管机构对银行会计监管制度积极施加影响也从一个侧面证明，银行会计监管与资本监管存在冲突是一个无可争辩的客观事实。

本书将通过分析2008年国际金融危机以来欧盟对金融工具会计监管制度变革的影响案例，进一步揭示银行会计监管与资本监管制度冲突，以及银行监管机构与会计准则制定机构针对性的博弈过程，全面深入地认识双方协调冲突的举措和过程以及最终的结果。

2008年国际金融危机爆发以来，IAS39《金融工具：确认与计量》因为"难以理解、难以应用和难以解释"而受到诸多指责。在20国集团峰会与国际金融机构敦促下，IASB快速启动"IFRS9：金融工具"项目，积极研究制定替代IAS39的新金融工具会计准则，在这个过程中，欧盟出于保护其商业银行的角度积极对IASB施加影响。

2009年11月12日，IASB发布了"IFRS9：金融工具"项目第一阶段成果，仅涉及金融资产的确认和计量问题；金融负债的确认和计量问题未包含其中，因为在处理企业自身信用风险方面利益相关者尚未达成一致意见。"IFRS9：金融工具"的亮点是将金融资产的分类标准由"四分式"改为"两分式"，使分类问题大大简化。分类标准是金融资产计量和列报的基础，它决定金融资产按什么计量、价值变化影响哪些项目（损益、权益还是综合收益）以及列示在哪里等重要问题。分类标准简化必然使金融资产的整体会计处理得到简化。依照"IFRS9：金融工具"，金融资产仅划分为按摊余成本计量和按公允价值计量两大类。只有同时通过经营模式测试和合约现金流量特征测试的金融资产，才能被划分为按摊余成本计量的一类，其他金融资产必须划分为按公允价值计量的一类。经营模式测试判断企业持有某一项金融资产的目的是收取其合同约定的现金流量还是获得其公允价值变动所产生的增值，前者通过测试，后者未通过测试。合约现金流量特征测试判断该金融资产所产生的合同现金流量是否全部来源于其本金及其利息，如果全部是则通过测试，如果不全部是（存在其他来源的现金流量）则未通过测试。

2008年国际金融危机爆发以来，金融工具会计处理问题引起广泛争议。在 20 国集团和巴塞尔委员会等的巨大压力下，IASB 加速了金融工具综合项目的研究进程。在这个过程中，IASB 受到了来自欧盟的直接影响。欧盟委员会 2008 年 10 月 27 日致信 IASB，要求进一步修订 IAS39 并提出了非常具体的要求和完成时间，具体包括三个方面。①

第一，扩大金融资产重新分类的应用范围。欧盟委员会认为，IASB 关于允许金融资产重新分类的相关修订仅适用于交易性金融资产和可供出售金融资产，适用范围非常有限，影响很小。欧盟委员会指出，许多欧盟大型金融机构（包括一些保险机构）应用公允价值选择权来消除计量错配问题，对许多资产和负债选择公允价值计量；金融危机期间，某些市场的清淡境况使这些工具的管理面临新挑战。按照 IAS39，如初始确认是选择应用公允价值计量的则后续不可变更。欧盟委员会认为，对于依据公允价值选择权规定已经选择按公允价值计量的金融工具，也应该允许进行重新分类。

第二，修订嵌入式衍生工具的会计处理规范。欧盟委员会指出，在嵌入式衍生工具的会计处理方面，IFRS 与美国 GAAP 存在一些差异。依据 IAS39，嵌入式信用衍生工具要从一项复合担保债务（CDO）投资中分离出来，按公允价值计量并将其变动计入损益，除非其主合同是归类为按公允价值计量并将变动计入损益的工具的；但依据 SFAS133（第 14 段）的规定，不必对复合 CDO 投资中的嵌入式信用衍生工具进行单独确认，即如果复合 CDO 投资按摊余成本计量，嵌入式信用衍生工具也不必按公允价值计量，仅需进行减值测试。因此，欧盟委员会认为，必须尽快澄清 IAS39 的复合 CDO 是否包含嵌入式衍生工具并对相关规定做出修订，使 IFRS 与美国 GAAP 能够保持一致。

第三，修订金融工具减值规范。欧盟委员会要求修订债务证券和权益工具的减值规范。对于债务证券，依据 IAS39，如果该证券归类为可供出售类的，要依据其账面价值与公允价值的差额来确定减值；

---

① European Commission, *Further Issues Related to IAS* 39, 27 October 2008.

如果该证券归类为持有至到期类的,则要依据其账面价值和可回收金额来确定减值。欧盟委员会指出,在金融危机境况下,依据公允价值确定减值不恰当,因其考虑了信用风险之外的其他风险,如流动性风险。欧盟委员会认为,可供出售类的债务证券的减值基础也应是账面价值与可回收金额的差额,而不应是公允价值。对于权益工具,依据IAS39,归类为可供出售类的权益工具所发生的减值要计入损益表,但减值的转回则被禁止。欧盟委员会认为,只允许计提减值而不允许转回减值的做法不合理,要求进行修正。

分析欧盟委员会提出的针对 IAS39 的修订要求,发现其目的大致有两个:一是进一步消除 IFRS 与美国 GAAP 在金融工具会计处理方面的差异,使欧洲金融机构在会计操作灵活性方面不逊色于其美国竞争对手;二是进一步将欧洲金融机构从公允价值计量会计规范中解脱出来,使更多的金融工具可以按摊余成本计量,从而从账面上提高金融机构的监管资本额度,人为地减轻金融机构的财务报告压力。但是,可能是因为 IASB 致力于按照自己的规划推进金融工具会计改革,无暇顾及欧盟委员会的新要求;也可能是 IASB 已经将欧盟委员会的要求纳入金融工具改革的整体规划之中,到 2009 年 9 月仍未见 IASB 发布针对上述三方面要求的修订方案。在 IFRS9 征求意见稿的反馈函中,欧盟委员会提醒 IASB 关注上述三个问题并对迟迟未予以解决表示不满:"尽管全面修订 IAS39 非常重要,但不应以推迟'可供出售'债务证券减值等具体问题为代价。"① 与欧盟提出金融资产重新分类要求,IASB 积极快速地予以解决相比较,这让欧洲委员会颇感失望,这可能也是欧盟推迟认可 IFRS9 的原因之一。

本章详细整理了在 IFRS9 起草和征求意见期间,欧盟相关各方所提出的具体问题、IASB 的针对性措施及其结果,具体情况见表 3-11。

---

① European Commission, *Exposure Draft Financial Instruments*(*IAS39*): *Classification and Measurement*, 15 September 2009.

表 3-11　　欧盟针对 IFRS9 所提出的要求及 IASB 的措施

| 序号 | 欧盟相关各方所提出的要求 | IASB 的措施 | 是否满足要求 |
|---|---|---|---|
| 1 | ECOFIN 要求在 2009 年年底前完成对可供出售债务工具减值基础的修订，放弃使用公允价值基础 | IFRS9 规定，以摊余成本计量债务工具的减值要基于其现金流量，不是公允价值；IFRS9 在 2009 年 11 月发布，便于欧盟认可和企业在 2009 年采用 | 满足 |
| 2 | 欧盟委员会认为，IFRS9 导致公允价值应用范围扩大，对此深表忧虑 | IASB 强调，IFRS9 的目标不是扩大或缩小公允价值应用，而是保证金融资产所使用的计量属性能为投资者预测其实际现金流量提供有用信息。IASB 改变了对结构性信用工具和不良债务的最初建议，允许按摊余成本计量，还严格控制了公允价值选择权的应用范围 | 基本满足 |
| 3 | 欧盟委员会认为，摊余成本的应用条件过于苛刻，应以经营模式测试为主。另外，欧盟委员会认为，信用工具和不良债务的会计处理不够恰当 | IASB 将经营模式测试放在第一位；如上文所述，IASB 改变了对结构性信用工具和不良债务的最初建议 | 满足 |
| 4 | 欧盟委员会指出，IFRS9 导致会计政策反复，即按 2008 年 10 月金融资产重新分类的规定实施重新分类的企业再次面临会计政策调整；另外，经营模式变更时应允许进行重新分类 | IASB 改变了对结构性信用工具和不良债务的最初处理建议，这不可避免地会导致对一些工具进行重新分类，但这些重新分类的资产将按摊余成本计量，这是欧盟希望的结果；IFRS9 允许在经营模式变更时进行重新分类 | 满足 |

第三章 商业银行会计监管与资本监管冲突根源 / 85

续表

| 序号 | 欧盟相关各方所提出的要求 | IASB 的措施 | 是否满足要求 |
|---|---|---|---|
| 5 | 欧盟委员会认为，对于按公允价值计量且其变动计入其他综合收益的权益工具而言，应允许转回处置时实现的利得（或损失）、其股利在损益表中确认 | IFRS9 征求意见稿原本禁止对按公允价值计量且其变动计入其他综合收益的权益工具确认利得（或损失）；正式的 IFRS9 要求将上述权益工具的股利收入计入损益 | 不满足 |
| 6 | 欧盟委员会认为，IFRS9 的实施会对保险企业产生很大影响，因为保险合同项目尚未完成，缺少相应的负债计量的指南 | IASB 将 IFRS9 的生效时间确定为 2013 年 1 月，与保险合同项目预计的生效时间一致；IASB 指出，如果保险合同项目推迟，IFRS9 的生效时间也将相应修订 | 满足 |
| 7 | IFRS9 征求意见稿禁止对嵌入式衍生工具进行分拆，欧盟委员会对此提出质疑；欧盟委员会认为，嵌入式衍生工具（尤其是金融负债）的分拆处理是合理的 | IFRS9 禁止对金融资产进行分拆会计处理，但允许对金融负债实施分拆会计处理 | 满足 |
| 8 | 欧盟委员会对金融负债放在第一阶段范围之内表示担忧 | 在进一步研究之后，IASB 决定将金融负债排除在第一阶段之外，在发布 IFRS9 之后再进行研究 | 满足 |
| 9 | 欧盟委员会要求 IASB 减少提前采用企业的过渡期间负担 | 与征求意见稿比较，IFRS9 大大降低了过渡要求，2012 年前采用的企业不必重述比较财务报表 | 满足 |
| 10 | 欧盟委员会希望 IFRS9 与美国 GAAP 的相关规范趋同 | 金融工具项目是 IASB 与 FASB 的联合项目，其目标是形成统一的规范 | 满足 |

资料来源：http://www.iasplus.com/pressre/0911ifrs9feedbackeu.pdf。

从表 3-11 可以看出，在 IFRS9 起草和征求意见期间，欧盟相关部门，主要是欧洲财政部长理事会（ECOFIN）、欧洲委员会和欧洲财务报告咨询组（EFRAG），有针对性地提出了 10 个具体问题。对于这些问题，IASB 均做出了积极回应。在对 IFRS9 征求意见稿的相关建议进一步考虑的过程中，IASB 依据欧盟的建议逐一做出修订，这些修订符合欧盟要求的有 8 处，基本符合欧盟要求的有 1 处，不符合欧盟要求的有 1 处。从整体上看，IASB 在不改变项目目标的前提下最大限度地满足了欧盟的各项要求。在欧盟所提出的问题中，最重要的是公允价值应用、金融资产减值和分类标准三个方面，核心问题是公允价值应用。欧盟希望新的金融工具会计规范能压缩而不是扩大公允价值计量的应用。因此，欧盟提出金融资产分类以"经营模式"为主要判断标准的原则，同时还提出在"经营模式"改变时企业可以对金融资产进行重新分类。这两点建议最终均被 IASB 采纳。这意味着金融机构在选择特定金融工具的计量属性方面基本上具有完全的自主权，也意味着这些金融机构利用会计规范操纵利润的空间大大增大。自 20 世纪 90 年代以来，金融工具会计的发展趋势是逐渐压缩金融机构利用会计规范选择权操纵利润的空间，欧盟的上述建议显然是与这种趋势背道而驰的，但仍为 IASB 所接受，这说明欧盟对 IASB 的影响力是巨大的。有位学者写道："每天夜晚，IASB 将与欧洲（而不是美国）同眠。"[①] 这种对 IASB 与欧洲关系的形象描述也影射出了欧盟对 IASB 的强大影响力。

2009 年 11 月，IASB 发布了"金融工具：综合项目"第一阶段成果，即 IFRS9《金融工具：分类与计量》。从 2009 年 6 月开始实质性地推进金融工具分类与计量研究工作，到同年 11 月发布准则终稿，IASB 在短短几个月时间内就完成了发布征求意见稿、汇总各方建议、召开听证会和发布终稿等复杂工作，其工作效率之高令人难以想象。IASB 致力于在短时间内完成对 IAS39《金融工具：分类和计量》规范的修订，与来自 20 国集团和金融稳定理事会（FSB）的压力有关，

---

① David Albrecht, "E. U. Bids to Buy IASB", 28 January 2009.

但更直接的影响则是来自欧盟。

早在 2008 年 10 月，欧盟委员会就敦促 IASB 允许对金融工具做出重新分类，之后又在其他方面提出一些新要求，并要求 IASB 在 2009 年年底前完成对金融工具准则的相关修订工作，其核心目的是要求 IASB 减少公允价值计量应用范围，例如，要求扩大金融工具重新分类的适用范围、保留对嵌入式衍生工具的拆分处理等，这些要求的目的都是给企业使用摊余成本提供更大空间。在 IASB 实质性地启动并全力推进金融工具分类与计量项目后，欧盟委员会确信其所关注的新问题能在该项目研究中得到妥善解决，因而要求 IASB 加速项目研究工作以便欧盟企业可以在编制 2009 年财务报告时予以采用。例如，在对 IFRS9 征求意见稿的回复函中，欧盟委员会首先提及 IASB 在 2009 年 6 月对 ECOFIN 委员会所做的承诺，即在 2009 年年底前完成金融工具分类与计量项目并给欧盟的认可程序留有一定时间。欧盟委员会还指出："不要忘记我们在 2008 年 10 月 27 日信函中所提及的重大问题，这些问题应该在本年内解决。"① 在对 IFRS9 征求意见稿建议重新考虑过程中，IASB 充分考虑并基本满足了欧盟委员会所提出的要求。另外，IASB 安排在 2009 年 11 月 12 日发布 IFRS9 终稿，主要也是基于欧盟需要的考虑。这样的安排使欧盟委员会有时间在年内完成相关认可程序，从而确保欧盟企业能在编制 2009 年度的财务报告时采用新准则。国际会计准则委员会基金会主席格里特·扎尔姆（Gerrit Zalm，2009）坦言："在重新考虑征求意见稿建议过程中，IASB 对欧盟委员会所提建议予以特别关注。"② 另外，时任 IASB 主席 David Tweedie 指出："在加速完成项目第一阶段工作过程中，我们对欧盟所表达的强烈要求予以积极回应，使企业可以在 2009 年采用新准则。"③

---

① European Commission, *Exposure Draft Financial Instruments（IAS39）: Classification and Measurement*, 15 September 2009.

② Gerrit Zalm, "Letter to Mr. McCreevy", 18 November 2009.

③ David Tweedie, "Prepared Statement to the Meeting of the COUNCIL of the European Union", 16 March 2010.

分析以上事实，我们发现，一方面欧盟对金融工具分类和计量项目非常关注，提出了许多具体的修订建议和要求；另一方面 IASB 对欧盟所提出要求也非常重视，基本上予以满足，而且在准则发布时间安排上也充分考虑欧盟的需要。事实充分说明，在金融工具分类和计量项目上，IASB 与欧盟的合作一直非常愉快，配合也十分默契。但出人意料的是，几乎在 IFRS9 正式发布的同时，EFRAG 宣布推迟发布针对 IFRS9 的认可推荐，因为他们需要更多时间收集关于 IASB 改进金融工具项目潜在影响的综合信息。EFRAG 的决定像一颗炸弹一样，在欧洲掀起轩然大波，也让 IASB 非常恼火。许多欧盟行业组织（如 FEE、ICAEW 和 CFA 等）严厉批评 EFRAG 的决定，认为这会使欧盟企业处于不利境地[1]；一些欧洲大型跨国公司还计划对欧盟的决定置之不理，直接采用 IFRS9 编制财务报告。[2] 国际会计准则委员会基金会主席格里特·扎尔姆（2009）亲自给欧盟委员会写信，表达其"惊讶和失望"。[3] 那么，为什么在项目研究过程中双方一直合作愉快并且欧盟要求均得到积极回应的情况下，EFRAG 却最终决定推迟认可 IFRS9？在认真整理分析相关事实的基础上，我们认为欧盟推迟认可 IFRS9 的原因主要有以下两个方面。

第一，欧盟认为，IFRS9 可能会导致公允价值应用范围扩大。自 2008 年国际金融危机爆发以来，金融界指责公允价值会计强迫企业确认永远也不会实现的损失，人为地给财务报告造成压力，同时，还能产生顺周期性，增加金融系统风险。这种观点为欧盟各级委员会所普遍接受。因此，自 2008 年 7 月以来，欧盟各相关部门针对金融工具会计向 IASB 所提出的建议和要求主要围绕如何减少公允价值应用。例如，欧盟委员会要求允许金融工具重新分类、ECOFIN 要求债务工具减值基础不使用公允价值、欧盟委员会要求金融工具分类以经营模

---

[1] The Editorial, "Profession Applauds IFRS9 as EC Postpones Endorsement", *The Accountant*, 27 November 2009.

[2] Rachel, "Companies set to defy EU Accounting Rule Delay", *Financial Times*, 25 November 2009.

[3] Gerrit Zalm, "Letter to Mr. McCreevy", 18 November 2009.

式为主等。欧盟上述要求的目的实质上是压缩公允价值应用或为企业提供选择使用的自由空间。IFRS9 将金融工具的"四分模式"修订为"两分模式",符合"以获取仅来自本金和利息的约定现金流为目的"的按摊余成本计量,其他按公允价值计量的原则。按照该标准,贷款和类似贷款的证券可以使用摊余成本,衍生工具、权益工具、实施公允价值选择权的工具和其他不符合上述标准的工具大多要使用公允价值。欧盟委员会认为:"与 IAS39 比较,这种分类方法可能导致更多金融工具按公允价值计量且变动计入损益,增加收益波动,尽管这种影响会因企业不同而异,取决于企业的经营模式和资产负债表上的金融工具类型。"[①] 欧盟委员会的这种担忧不无道理。对于传统以借贷业务为主的银行而言,"两分模式"的确会减少公允价值应用的程度;但对于投资银行等其他金融机构而言,则可能导致公允价值应用的增加。另外一个重要方面是:"IASB 从未将压缩公允价值应用作为项目的目标,而是力图确定使用摊余成本或公允价值的恰当标准,该标准的依据是哪种计量属性能提供关于可能未来现金流量的有用信息。"[②] 从相关各方所提出的要求分析,欧盟最关注的问题是公允价值应用是否会增加、收益波动是否会加剧等。欧盟与 IASB 所关注的焦点问题有很大差异。因而,IFRS9 可能导致公允价值应用方面的不确定性及其潜在影响令欧盟非常担忧。而欧盟内部主要职业组织和金融机构的对立与分歧,使欧盟的忧虑进一步加剧。欧盟会计职业组织(如 FEE、ICAEW 和 CFA 等)大多支持 IFRS9,要求欧盟委员会尽快予以认可。[③] 但欧盟金融行业的意见则分歧较大。法国和意大利的银行、德国的保险公司和欧洲中央银行则建议推迟认可,以便对其影响进行

---

[①] European Commission, *Exposure Draft Financial Instruments "Classification and Measurement" —Comments on Near Final Draft*, No. 4, 2009.

[②] David Tweedie, "Prepared Statement to the Meeting of the Council of the European Union", 16 March 2010.

[③] The Editorial, "Profession Applauds IFRS9 as EC Postpones Endorsement", *The Accountant*, No. 27, 2009.

全面评估。① 鉴于 IAS39 认可过程中的坎坷经历和在公允价值应用方面可能产生的不确定性以及欧盟内部的分歧等，欧盟委员会最终决定推迟认可 IFRS9。毫无疑问，对可能增加公允价值应用的担忧是导致欧盟推迟认可 IFRS9 的最主要原因。IASB 准则咨询委员会主席保罗·切里（Paul Cherry，2011）指出："欧盟推迟认可（IFRS9）最根本原因是欧洲商业界厌恶过多使用公允价值。"② 这说明 IASB 也非常清楚欧盟委员会决定推迟认可 IFRS9 的真正原因。

第二，欧盟认为，分阶段修订金融工具准则增大其评估难度。欧盟各相关部门均对分阶段修订金融工具准则的做法提出质疑。EFRAG（2009）指出："我们理解将替代 IAS39 的项目分解成若干阶段的决定，但 IASB 在后续阶段工作中应认识到分阶段模式的影响，我们敦促 IASB 尽力降低该模式的负面影响。"③ 欧洲会计监管委员会（ARC，2009）认为，"金融工具会计的未来进展还有许多不确定性，例如，金融负债的处理、减值方法（第二阶段）和套期会计（第三阶段）"④，这成为该委员会支持推迟认可 IFRS9 的主要原因。欧盟内部市场和服务委员查理·迈克里维（Charlie McCreevy，2009）在解释欧盟推迟认可 IFRS9 的原因时指出："没有快速认可 IFRS9 反映了（欧盟）对金融市场认识的变化，我们需要对新准则的各方面进行全面评估。"⑤ 整体上看，欧盟相关各方在这方面的认识是统一的，他们拒绝认可阶段性成果，因为目前情况下他们无法全面、系统地理解项目整体，也无法科学地评估其潜在影响。

IASB 将替代 IAS39 的项目分成分类计量、减值和套期会计三个不

---

① Rachel, "Companies Set to Defy EU Accounting Rule Delay", *Financial Times*, No. 25, 2009.

② Gundi Jeffrey, "Reading Tea Leaves of Europe's Discontent", *The Bottom Line News*, August 2011.

③ EFRAG, *Exposure Draft Financial Instruments: Classification and Measurement*, No. 21, 2009.

④ ARC, *Extract of the Draft Summary Record*, No. 11, 2009.

⑤ Charlie McCreevy, "Letter to Mr. Gerrit Zalm Chairman of Trustees IASCF", No. 19, 2009.

同阶段。IASB 选择分阶段模式的原因有两个方面：一是金融危机引发的国际社会对当前金融工具准则的广泛争议迫使其尽快拿出针对性措施予以应对；二是金融工具准则的复杂性使该项目的改革工作根本无法在短期内完成。但分阶段模式存在的缺陷不容忽视，给金融工具项目的修订与实施均带来问题。

（1）分阶段模式影响项目改革的系统性。金融工具各方面的会计处理衔接紧密，各阶段之间相互影响较大。前一阶段相关问题的处理建议必须与后续阶段具体问题的应对原则相协调。在后续阶段的研究中，已确定原则的任何变更又会使前一阶段所确定的处理原则失去合理性。对于分阶段研究模式而言，上述问题可能无法避免。

（2）分阶段模式增加了评估工作的难度。IASB 希望欧盟能够逐个认可其陆续发布的阶段性成果，但遭到拒绝。欧盟对金融工具会计准则对金融行业的潜在影响有深刻的认识，对金融工具准则的认可一直非常谨慎小心。欧盟的上述态度受 2008 年国际金融危机的影响而进一步强化。从前文分析可见，欧盟认可某一项 IFRS 之前均须完成对该准则实施后潜在影响的全面评估工作，这是一个基本原则。但分阶段修订的金融工具准则给欧盟的相关评估工作带来了很大困难，这种情况下草率认可实施会产生诸多不确定性。金融工具会计的三个阶段是一个统一整体，不可能认可一部分而否定另一部分。如果草率认可前期阶段成果，在处理后续阶段相关问题时比较被动。欧盟认可对项目整体进行全面评估后再做决策是非常合理的。

（3）分阶段模式增加了准则实施的难度。金融工具种类繁多、结构复杂，但它们具有同质性，是一个紧密相关的群体。金融工具分类、计量、减值及衍生工具和套期保值的处理是一个统一的整体，它们关联性强、相互交织融合，使金融工具会计准则改革成为一个不容割裂的系统工程。基于上述原因，分阶段模式会给准则的实施与执行带来很大困难。如果按照分阶段修订、发布、实施的模式，就会出现有些金融工具按照新修订的准则进行会计处理，另一些金融工具仍需按照旧准则进行会计处理，而金融工具之间关联性大，尤其是衍生金融工具和基础金融工具之间是相互嵌入的，就不可避免地造成金融工具会计处理混乱,从而大大增加了准则实施的难度。

## 第五节　商业银行会计监管与资本监管冲突根源分析

关于银行会计监管与资本监管冲突根源的认识对本章的研究至关重要。为深入挖掘和分析两者产生冲突的实质原因,本章首先通过分析美国商业银行2012年12月19日资产负债整体数据,总结了商业银行经营的特殊性,即资产和负债"期限错配"与高杠杆率及两者相互作用导致银行经营易于遭受流动性冲击和产生破产风险,获得了对商业银行经营基本特征的认识。其次,从市场失灵与金融监管的辩证关系入手,分析了银行会计监管与资本监管的矛盾统一关系,并结合商业银行的双重功能身份,阐述了银行会计监管与资本监管的理论冲突;在此基础上,论述了证券市场监管与银行监管的目标差异,认为前者的目标是保护投资者,而后者的目标是确保银行系统稳定与安全,并进一步阐释了会计监管与资本监管的制度差异,发现银行会计监管的目标是列报与披露金融工具公允价值信息,而资本监管的目标是确保银行持有充足的用于吸收损失的资本量。本章的案例分析主要关注银行监管机构对银行会计监管制度的要求和忧虑,发现银行监管机构要求会计监管制度能服务于银行监管需要。另外,监管机构对当前会计监管制度的忧虑主要集中在公允价值应用和贷款减值的会计处理两个方面,因为它们或者增加了监管资本的评估难度,或者增加了银行经营的顺周期效应。

上述对银行会计监管与资本监管差异性不同层次的分析,使我们认识到两者的冲突存在于理论、制度和实务等不同层面,但仍未知晓这种冲突的根源所在。为进一步分析,本书仍主要以美国的制度环境为例进行阐释。在美国,证券交易委员会(SEC)是会计监管的最终代理人,具有法定的最高会计监管权力。虽然SEC将公认会计原则(GAAP)的制定权力赋予了美国财务会计准则委员会(FASB),但它保留认可或否定某一GAAP的权力,仍是最高层次的法定会计监管机构。美国银行系统实施多头监管机制，但所有吸收存款银行均须加入联邦存款保险公司（FDIC），FDIC 常常被视为银行监管机构的代表。因此，可以把银行会计监管与资本监管冲突的根源问题归集到 SEC 与 FDIC 之间的关系问题。

正如本章第三节所述，SEC 是 1929 年经济大危机的产物，它以投资者保护为首要目标，致力于持续地敦促股票上市交易公司向投资者完整、及时、准确地披露所有相关信息，以降低市场信息不对称程度，改善投资者处于信息劣势的境况，使所有投资者都能够做出知情的投资决策，进而促进市场资源配置效率得到不断提高。在 SEC 要求上市公司披露的信息中，会计信息反映上市公司的财务状况和经营业绩，是最受投资者关注的信息内容。对上市商业银行而言，FASB 的金融工具会计准则监管着银行财务报告披露的内容，对其财务报告信息质量产生直接影响。FASB 的金融工具会计监管目标是：越来越多地要求上市商业银行列报与披露其金融工具的公允价值信息。该目标的内涵假设是：在金融工具不断证券化、结构化、衍生化和复杂化的背景下，了解金融工具公允价值信息能帮助投资者做出知情的决策，从而实现投资者保护目标；公允价值是众多市场参与者关于金融工具价值判断的均衡点，反映所有市场参与者集体的信息处理能力，比任何单一市场参与者更了解复杂性金融工具的内在价值，因而更真实、更可靠。金融工具的公允价值信息能够部分地解决金融市场的信息不对称问题，保护投资者权益，实现市场资源有效配置。

FDIC 也是 1929 年经济大危机的产物。在大危机期间，银行挤兑和倒闭事件频繁发生，1929—1933 年银行倒闭引发的存款人损失高达 13 亿美元。[①] 在大危机最严重的阶段（1932—1933 年），美国工业生产下降了 47%，GDP 下降了 30%，零售价格指数下降了 33%，官方失业率超过 25%，股票市场市值比 1929 年下降了 75%。[②] 为提振公众对银行系统的信心，罗斯福总统在 1933 年 6 月签署了《1933 年银

---

① FDIC, *Learning Banks*, http://www.fdic.gov, 19 May 2013.
② Ibid..

行法》，组建临时性政府部门联邦存款保险公司（FDIC）（《1935 年银行法》将 FDIC 确定为永久性政府部门），授予 FDIC 存款保险和监管州属非成员银行及其他商业银行的权力。① FDIC 的组建和运作对维护银行系统稳定的作用是不可估量的，银行挤兑和倒闭事件得到有效遏制，在 1929—1933 年约有 4000 家商业银行和 1700 家储蓄贷款机构倒闭②，而在 FDIC 开始运作的最初 30 年间（1934—1983 年）仅有 941 家银行倒闭③，数量大幅度减少。另外，FDIC 还多次提高存款保险保额，将存款保险的受益范围由小型储户逐渐地向中大型储户延伸，在 2008 年国际金融危机爆发后，存款保险保额又被大幅提高至 25 万美元（见表 3 - 12）。存款保险制度及保额的不断调整基本保障了广大储户的权益，自 1934 年以来没有储户因银行倒闭而蒙受损失。④

表 3 - 12　　　　　FDIC 存款保险保额变化情况

| 年份 | 存款保险保额（美元） |
| --- | --- |
| 1934 | 2500 |
| 1935 | 5000 |
| 1950 | 10000 |
| 1966 | 15000 |
| 1969 | 20000 |
| 1974 | 40000 |
| 1980 | 100000 |
| 2008 | 250000 |

资料来源：FDIC, Learning Banks, http：//www.fdic.gov., 19 May 2013。

上述分析表明，虽然 SEC 和 FDIC 均是 1929 年经济大危机后成立

---

① FDIC, *Learning Banks*, http：//www.fdic.gov, 19 May 2013.
② Ibid..
③ http：//www2.fdic.gov/hsob/SelectRpt.asp? EntryTyp = 30, 19 May 2013.
④ http：//en.wikipedia.org/wiki/Federal_Deposit_Insurance_Corporation, 19 May 2013.

的政府机构,但美国议会赋予它们的使命却截然不同。SEC 的使命是解决信息不对称所引发的市场问题,它致力于制定统一的信息披露规则,要求不同行业的所有上市公司一致实施,以实现投资者保护和市场资源配置效率提高的目的。在履行这一使命的过程中,SEC 制定规则,监督规则实施,惩治违规者,事实上,它是证券市场上的裁判员,在立场上它不偏袒任何一家企业,是一位彻头彻尾的中立者。这背后的理念是:只要上市公司及时、准确并全面地披露了所有相关信息,投资者的决策就应该是有效的,市场的资源配置效率就能不断地得到提高,整个社会的福利就能不断地得到改善。FDIC 的使命是维护金融系统稳定和安全。与 SEC 不同的是,FDIC 只关注金融业(更具体地说是银行系统),而不关注其他行业。因为历史经验表明,在整个经济运行中,银行系统具有脆弱性和特殊性,它极易受到冲击,而单一银行遭受冲击所引发的倒闭事件会迅速传染至其他众多银行,产生严重系统风险问题,常常导致某国甚至全球经济衰退,其负面影响重大而深远。可见,银行系统的问题是一个关系公共利益或社会福利的重大问题。鉴于银行系统问题的重大影响,维护该系统稳定和安全的重要性凸显,在必要时,动用公共资源也合情合理。鉴于银行系统问题关系国计民生,各国政府均对银行系统进行特别监管或额外监管并且在发生问题时予以特殊对待。维护银行系统稳定和安全是确保各国经济和全球经济正常运行的基础,因此,银行监管机构越来越明显地将自己看作经济正常运行的维护者或保护者。[①] 在银行系统问题出现时,银行监管机构会出于维护经济正常运行的考虑,动用各种可能的公共资源加以应对。例如,银行监管机构为避免银行系统的传染性构建了周密的金融安全网,包括最后贷款人机制(通过中央银行向问题银行提供流动性)、存款保险机制(确保存款人在银行倒闭情况下不受损失)和政府救助。金融安全网制度安排使银行监管机构与银行系统之间结成了密切的利益关联体。这正是银行监管机构与证券市

---

① Chester S. Spatt, "Regulatory Conflict: Market Integrity vs. Financial Stability", *University of Pittsburgh Law Review*, May 2010.

场监管机构的本质区别所在,也是银行会计监管与资本监管冲突根源所在。SEC 制定市场运行的规则,致力于通过增强市场透明度,提高市场运行效率,不与市场竞争主体产生经济联系,是中立者;FDIC 在银行系统运行正常时督促银行为可能发生的冲击进行储备,在冲击发生时对问题银行实施救助,与银行系统主体产生经济联系,是利益相关者。"中立者"和"利益相关者"的立场差异是 SEC 与 FDIC 两者目标冲突的根本原因,也是银行会计监管与资本监管冲突存在的根源。

# 第四章 商业银行会计监管与资本监管捆绑实施问题

## 第一节 商业银行会计监管与资本监管捆绑的内涵

本章所界定的银行会计监管与资本监管捆绑有三层含义：一是公开发行股票的上市商业银行既要执行证券监管机构规定的会计信息披露监管规范，又要执行金融监管机构颁布的资本充足水平监管规范，即商业银行要同时执行两种不同的监管制度，简称"双重监管"；二是金融监管机构的资本充足水平核算以会计监管所披露的财务报告信息为基础，即商业银行要依据其会计信息来核算资本充足水平，但会计信息的形成却不受资本监管机构直接影响，这是一种单方向的影响，简称"单向影响"；三是证券监管机构和金融监管机构均通过强迫实施机制确保其监管制度得到贯彻实施。对上市商业银行而言，它们要受到会计监管制度与资本监管政策双重强制性约束，在这两种监管制度之间，资本监管以会计监管为基础，而会计监管与资本监管的目标是冲突的，这就是本章所界定的银行会计监管与资本监管捆绑的内涵，即将两种目标冲突并设有强迫实施机制的监管制度施加于同一主体。

### 一 双重监管

从证券市场监管角度看，公开发行股票的上市商业银行是公众公司，要接受证券监管机构监管；从金融市场监管角度看，上市商业银行是承担资金融通和期限转换功能的金融企业，要接受金融监管机构监管。上市商业银行双重监管是现代经济社会的普遍现象，以下以美国的证券监管制度与金融监管政策为例进行阐述。

### （一）上市商业银行的会计监管制度

美国 1933 年颁布的《证券法》确立了证券市场的初始信息披露制度，详细规定了招股说明书必须披露的信息，其中与会计相关的有公司业务描述、风险因素、财务状况、经营管理情况、关联交易情况、所发行证券的价格、募集资金用途和详尽的财务报告等。1934 年美国颁布的《证券交易法》确立了证券市场的持续信息披露制度，其中与会计相关的有定期报告（包括年度报告、季度报告和临时报告）和重大事项报告等。1980 年，美国证券交易委员会（SEC）颁布了 10 - K 表格，采纳修正后的年度报告并制定 S—X 规则，涵盖各种财务报表的格式和内容，形成综合信息披露模式。1989 年，SEC 发布了"管理层讨论与分析"披露规定，要求管理层披露公司发展趋势、事项和可合理预见将对公司未来产生重大影响的不确定因素，并允许公司披露预测的未来发展趋势或事项以及目前已知晓的发展趋势、事项或不确定因素的未来影响。2002 年美国颁布的《萨班斯—奥克斯利法案》对会计信息披露又提出了新要求，包括：①要求上市公司实时披露导致公司经营和财务状况发生重大变化的信息；②对公司财务状况有重大影响的所有表外交易信息；③主要股东或高级管理人员披露股权变更或证券转换协议的强制期间由原来的 10 个工作日减少至 2 个工作日；④内部控制报告及其评价并要求会计师事务所出具鉴证报告；⑤要求公司审计委员会至少应有一位会计专家并要予以披露。

### （二）上市商业银行的资本监管制度

美国银行监管体制非常复杂，实施国法银行和州法银行并存的双重银行监管体制，主要银行监管机构除美国货币监管总署（OCC）、美联储（FRS）和联邦存款保险公司（FDIC）之外，还有各州政府。但美国法律规定，在美国经营的银行要想吸收存款必须首先加入联邦存款保险公司，因此，所有商业银行都是联邦存款保险公司的被保险人。本书主要分析商业银行会计监管制度与资本监管政策冲突问题，因而主要关注 FDIC 的资本监管制度。

关于 FDIC 的资本监管制度，本书在第二章中已有介绍，这里不再重述。

（三）商业银行会计监管与资本监管的实施机制

为促使上市公司按照相关法律披露会计信息、确保会计监管制度有效实施，各国证券市场均建立了比较完备的证券市场惩戒机制，包括法律惩戒机制、行政惩戒机制、自律惩戒机制、舆论惩戒机制和市场惩戒机制等。[①] 在美国，单从法律惩戒机制角度分析，1933 年《证券法》、1934 年《证券交易法》和 2002 年《萨班斯—奥克斯利法案》等法律明确授予 SEC 对违反会计监管制度的上市公司进行惩戒的法律权威，大大增强了 SEC 执法的威慑力，增加了违法者的成本，更好地保护投资者的合法权益。为了使受害人获得救济，SEC 和法院还将"衡平法救济"作为辅助救济手段，具体包括返还非法所得、民事罚款、资产冻结、禁止违法行为人在上市公司任高级管理人员和董事、指定接管人或监管人、纠正提供给股东的错误报告或其他公开披露存在有不当或者遗漏信息的文件、其他处罚等。[②]

对商业银行资本监管制度的实施，美国 1991 年颁布的《联邦存款保险公司改进法》所建立的快速纠正措施系统（Prompt Corrective Action，PCA）有详细规定。PCA 要求商业银行按季度披露其资本构成、风险加权资产总额、拨备覆盖率等信息。PCA 根据所获取的资产充足水平信息，将商业银行划分为资本十分充足、资本适当充足、资本不足、资本显著不足和资本严重不足五类。对于资本不足、资本显著不足和资本严重不足的商业银行，依据资本不足的程度采取相应的强制措施，如更换负责人、限制某些活动（如限制发放股利等）、直

---

① 曾宝华：《中国证券市场的惩戒机制失效的具体表现与原因分析》，《华东经济管理》2007 年第 8 期。

② 孙旭：《美国证券市场信息披露制度研究》，博士学位论文，吉林大学，2008 年，第 96 页。

至接管或清算等。① 《巴塞尔协议Ⅱ》对不满足最低资本要求的商业银行也规定了详细的干预措施，如加强监管、限制支付股利、要求银行制订和实施资本恢复计划、要求银行立即增加资本等。②

可见，美国上市商业银行受到会计监管与资本监管双重约束，并且为确保上述监管制度的贯彻实施，美国政府还出台了一系列严厉的执行机制，迫使商业银行严格执行这些监管制度。其他欧美发达市场经济国家和新兴市场经济国家也存在类似的监管制度体系。因此，上市商业银行双重监管约束模式是世界范围内市场经济国家的普遍现象。

### 二 单向影响

尽管在金融工具会计准则制定过程中，银行监管机构和金融机构的影响是显著的，但从信息使用角度分析，银行会计监管制度与资本监管政策之间的影响是单向的，即资本监管政策要求资本充足水平评估以银行的财务报告信息为基础，但银行财务报告的编制却不考虑资本监管问题，银行会计监管制度对资本监管政策的影响是一种单项的影响。

美国商业银行监管法律和法规明确规定，商业银行使用的会计和披露标准要与公认会计原则（GAAP）一致。③ 按照美国联邦存款保险公司（FDIC）法律和法规的要求，商业银行每年均需提交"合并财务状况和收益报告"，呈报其资产和负债情况（包括或有资产和负债）。④ FDIC 依据该报告所提供的信息核算商业银行存款保险额度并监控其财务状况、经营业绩和风险情况。"合并财务状况和收益报告"

---

① FDIC Law, Regulations, Related Acts, 2000 - Rules and Regulations, Part 325 - Capital Maintenance. http：//www.fdic.gov/regulations/laws/rules/2000 - 4400. html.

② Basel Committee on Banking Supervision, *International Convergence of Capital Measurement and Capital Standards*, *A Revised Framework*, June 2006, p. 759.

③ FDIC Law, Regulations, Related Acts, 8000 - Miscellaneous Statutes and Regualtions, SEC. 4 - Supervision of Saving Associations. http：//www.fdic.gov/regulations/laws/rules/8000 - 4300. html.

④ FDIC Law, Regulations, Related Acts, 2000 - Rules and Regulations, Part 304. 3 - Reports. http：//www.fdic.gov/regulations/laws/rules/2000 - 1700. html.

的编制基础是商业银行依据会计准则所编制的财务报告,许多资产和负债项目与财务报告中相关项目内涵是一致的。美国商业银行的资本充足率核算也是以财务报告数据为起点的。例如,FDIC 法律和法规第 325 部分"资本维护"中的"最低资本要求"和"快速纠正措施"所使用的数据均以财务报告中资产负债表数据为基础。① 另外,在美国 FDIC 法律和法规中,许多项目和数据均直接依据会计准则的规定进行核算,如贷款减值;还有很多法规直接参照 GAAP 的具体准则,如 SFAS5(或有事情)、SFAS5114(贷款减值)、SFAS115(金融资产分类)和 SFAS167(企业合并)等。这些证据充分说明,银行会计监管制度对银行资本监管政策的影响是显著的、系统的。

国际银行资本监管法规也对各国会计准则或国际财务报告准则(IFRS)有很强的依赖性。巴塞尔委员会明确指出,在制定和修订其资本监管框架时充分考虑了各国会计信息系统的特征,认为在国际和国家层面,监管方法与会计方法的关联性对资本充足水平的可比性将产生重要影响。②《巴塞尔协议Ⅱ》的最低资本充足水平核算也是以财务报告各相关要素为基础进行适当调整确定的,它还对不同国家会计准则的差异进行特别说明,因为这些差异会影响一些资本要素的界定,如未披露储备、重估储备等。《巴塞尔协议Ⅱ》还特别强调,通常资本监管所核算的权益要素的风险敞口是以财务报表列报的价值为基础的,尽管其中可能包含未实现重估利得。③

上述美国商业银行资本监管法规与巴塞尔资本监管协议关于资本监管与会计监管关系的规定充分说明,从信息使用角度分析,会计监管制度对资本监管政策具有重要影响,但这种影响是单向的。

---

① FDIC Law, *Regulations, Related Acts*, 2000 – *Rules and Regulations*, *Part* 325 – *Prompt Corrective Action*, http://www.fdic.gov/regulations/laws/rules/2000 – 4500.html.

② Basel Committee on Banking Supervision, *International Convergence of Capital Measurement and Capital Standards*, *A Revised Framework*, Introduction, June 2006, pp. 5 – 12.

③ Ibid., p. 395.

## 第二节 商业银行会计监管对资本监管的影响

股票公开交易的商业银行受到会计监管制度和资本监管政策双重监管约束，而银行会计监管制度（金融工具会计准则）又对银行资本监管产生单方面的直接影响。依据会计监管制度编制的财务报告数据是监管资本内容确定和资本充足水平核算的基础，商业银行财务报告数据的动态调整直接导致其资本充足水平的高低变化，这种变化受到银行监管机构高度关注，是监管机构实施监管干预的基础依据。

### 一 商业银行资本监管内涵

鉴于国际及美国制度体系中银行会计监管对资本监管影响基本一致，本书仅以国际金融工具会计准则对《巴塞尔协议Ⅱ》资本监管影响为例进行阐述。

#### （一）资本内涵与资本充足率

《巴塞尔协议Ⅱ》将监管资本要素划分为三个级别。一级资本包括普通股和公开储备；二级资本包括未公开储备、资产重估储备、一般贷款损失准备、混合资本工具（债务或股权）和从属债券；三级资本包括短期从属债券。《巴塞尔协议Ⅱ》要求的最低资本充足率仍保持在8%，但在考虑信用风险的同时增加了市场风险和操作风险。资本充足率的计算公式为：银行资本充足率＝总资本要求/总风险加权资产≥8%，其中，总风险加权资产＝信用风险加权资产＋市场风险资本要求×12.5＋操作风险资本要求×12.5。《巴塞尔协议Ⅱ》的详细内容本书第二章已有介绍，这里不再重复。

#### （二）资本要素限制与扣减

《巴塞尔协议Ⅱ》通过限制一些资本要素的占比和扣除一些财务报表资产项目的方式进一步明确监管资本的内涵。[1]

---

[1] Basel Committee on Banking Supervision, *International Convergence of Capital Measurement and Capital Standards, A Revised Framework*, June 2006, Annex 1a.

《巴塞尔协议Ⅱ》规定的限制资本要素包括：①二级资本要素总额不能超过一级资本的100%；②从属期限债务总额最高不能超过一级资本的50%；③用于吸收市场风险的三级资本最高不能超过一级资本的250%；④如果一般贷款损失准备中包含潜在但未识别损失的金额，则该金额不能超过风险加权资产总额的1.25%；⑤以证券潜在未实现利得形式存在的资产重估储备按55%折扣核算。

《巴塞尔协议Ⅱ》规定的资本要素扣除包括：①从一级资本要素中扣除的项目有商誉和证券交易产生的权益资本增加；②从一级资本要素中扣除50%、从二级资本要素中扣除50%的项目有非并表银行和金融子公司的投资、在其他银行和金融子公司的投资、其他金融公司的少数权益投资等。

通过限制最高额、扣除、打折核算等方式，《巴塞尔协议Ⅱ》对商业银行财务报表各相关项目进行初步调整，使纳入监管资本范畴的资本要素满足监管资本定义。

（三）审慎过滤器对资本要素的调整

在资本要素限制和扣减之外，另一个对监管资本要素内容进行调整的就是"审慎过滤器"。出于确保监管资本损失吸收功能及其可靠性和永久性特征需要，银行监管机构要求对财务报告数据进行必要的调整，以确保资本监管的"资本要素定义"和"最低资本充足率"要求得到有效执行，这就是"审慎过滤器"。由于银行会计监管与资本监管目标之间的差异，资本监管制度又通过"审慎过滤器"等将一些会计监管的影响排除在外。因此，银行会计监管对资本监管的影响是一种被约束的影响。

巴塞尔委员会在2004年6—12月发布了3份公告，对IAS39修订所引发的监管资本问题提出应对建议：① ①根据IAS39，按摊余成本计量金融工具现金流量套期的累计公允价值利得和损失，在套期有效的情况下要计入权益；巴塞尔委员会认为，应将财务报告中确认的这

---

① Bank for International Settlements, *BIS Press Release*, 2004.

种累计现金流量套期利得和损失从一级资本和二级资本定义中扣除。②如对负债应用公允价值计量,则银行自身信用变化可能产生利得和损失;巴塞尔委员会认为,这种利得和损失应从一级资本和二级资本定义中扣除。③巴塞尔委员会确认了可能影响监管资本定义的会计项目,但未要求进行相应的资本调整,这些项目包括为管理市场风险目的而定义的交易性账户、权益或债务分类、无形资产(包括商誉)、递延所得税资产、养老金费用、股票期权费用等。④巴塞尔委员会进一步确定了一些可能影响监管资本定义的会计项目,如对会计确认的可供出售证券的累计公允价值利得和损失在监管资本核算时不必调整,但不支持将自用和投资性房地产公允价值计量的利得纳入监管资本核算之中。

"审慎过滤器"的存在是银行会计监管与资本监管目标差异性的另一证据。银行资本监管的核心指标"资本要素定义"和"最低资本充足率"均依据财务报告数据计算确定,因而财务报告数据对监管资本的质量、波动性都会产生直接影响。"审慎过滤器"的目的是将不符合监管资本定义的会计要素排除在监管资本要素之外。

## 二 监管资本要素与财务报表项目对比

《巴塞尔协议Ⅱ》的核心内容是资本要求、监督检查和市场纪律三个支柱。本书研究银行会计监管与资本监管捆绑实施问题,重点分析《巴塞尔协议Ⅱ》的资本要求(第一支柱)与财务报表数据的关联度,不涉及其他两个支柱与财务报表数据的关联性分析。《巴塞尔协议Ⅱ》的资本要求(第一支柱)的核心是最低资本充足率,计算该比率分数式的分子是各类符合条件的资本要素,分母是依据信用风险、市场风险和操作风险调整确定的风险加权资产。在上述资本充足率核算指标中,资本要素是依据财务报表数据调整确定的,与财务报表数据直接相关;而风险加权资产是依据《巴塞尔协议Ⅱ》专门的调整比率或方法确定的,与财务报表数据关联度不大。因此,关于资本充足率核算指标与财务报表数据关系的分析,主要聚焦于监管资本要素与财务报告数据的关联度问题。这里,首先将监管资本要素与财务报告数据列表比较，并列示中国银行和巴克莱银行（英国）2012年的资产负债表、资本充足率及资本构成表，在对照《巴塞尔协议Ⅱ》资本要求和中外银行具体实务的基础上进行详细分析。

从表4-1和表4-2可知，《巴塞尔协议Ⅱ》所界定的一级资本要素有普通股本、股份溢价、永久性非累积优先股、留存收益、一般储备、法定储备和少数股权，这些资本要素转化为财务报表项目分别为实收资本（普通股）、股本溢价、优先股、留存收益、未分配利润、一般风险准备、盈余公积和少数股权。对照表4-3可知，除优先股之外，《巴塞尔协议Ⅱ》的一级资本内含与商业银行资产负债表"所有者权益"的内容一致。外国银行资产负债表"所有者权益"内容相对复杂一些，其中会有各类优先股，如《巴塞尔协议Ⅱ》涉及的优先股就有永久性非累积优先股、累积优先股、长期优先股、永久性优先股和非永久性可赎回优先股五类，但《巴塞尔协议Ⅱ》仅将永久性非累积优先股纳入一级资本核算中，因为这类优先股就其性质而言与普通股非常接近，而其他类别的优先股实质上具有混合资本工具的特性，吸收持续经营损失的能力下降，《巴塞尔协议Ⅱ》仅将它们纳入二级资本。

表4-1　　　　　　监管资本要素与财务报告项目对照

| 序号 | 资本要素分类 | 定性 | 监管资本要素 | 对应财务报表项目 | 限制和扣减 |
| --- | --- | --- | --- | --- | --- |
| 1 | 权益资本 | 一级 | 普通股本 | 实收资本或普通股 | 扣除商誉 |
| | | | 永久性非累积优先股 | 优先股 | |
| 2 | 公开储备 | | 股本溢价 | 股本溢价 | |
| | | | 留存收益 | 留存收益和未分配利润 | |
| | | | 一般储备 | 一般风险准备 | |
| | | | 法定储备 | 盈余公积 | |
| | | | 少数股权 | 少数股权 | |

续表

| 序号 | 资本要素分类 | 定性 | 监管资本要素 | 对应财务报表项目 | 限制和扣减 |
|---|---|---|---|---|---|
| 3 | 未公开储备 | | 未公开的累积税后留存收益 | — | |
| 4 | 资产重估增值 | | 已确认的固定资产重估增值 | 资产重估增值 | |
| | | | 未确认的按历史成本计量的权益证券的潜在增值 | — | 按历史成本和市场价值差价的55%核算计入资本 |
| 5 | 一般准备或一般贷款损失准备 | 二级 | 一般贷款损失准备 | 一般准备 | 计入资本的金额不超过风险加权资产的1.25% |
| 6 | 混合（债务和权益）资本工具 | | 累积优先股 | 累积优先股 | |
| | | | 长期优先股 | 长期优先股 | |
| | | | 永久性次级债和优先股 | 从属债和优先股 | |
| | | | 强制性可转换债务工具 | 可转债或混合债 | |
| 7 | 长期次级债 | | 最低原始发行期限为5年以上的常规未保险债务性资本工具 | 长期次级债 | 总额不超过一级资本的50%，在最后5年内每年累积折扣率为20% |
| | | | 非永久性可赎回优先股 | 可赎回优先股 | |
| 8 | 短期次级债 | 三级 | 最低原始发行期限为2年以上的常规未保险债务性资本工具 | 短期次级债 | 不超过一级资本的250% |

注：关于监管资本要素内容，本书参照 Basel Committee on Banking Supervision, International Convergence of Capital Measurement and Capital Standards, A Revised Framework, pp. 41–718, June 2006。

表 4-2　　　　　商业银行资产负债表一般模板

| 资产项目 | 负债项目 |
|---|---|
| 现金及存放中央银行款项 | 向中央银行借款 |

续表

| 资产项目 | 负债项目 |
|---|---|
| 存放同业及其他金融机构款项 | 同业及其他金融机构存放款项 |
| 拆出资金 | 交易性金融负债 |
| 交易性金融资产 | 零售存款 |
| 衍生金融资产 | 公司客户存款 |
| 买入返售金融资产 | 应付职工薪酬 |
| 客户贷款及垫款 | 应付税收 |
| 可供出售金融资产 | 递延所得税负债 |
| 持有至到期投资 | 长期次级债券 |
| 应收款项类投资 | 混合资本债券 |
| 长期股权投资 | |
| 递延所得税资产 | 所有者权益项目 |
| 无形资产 | 实收资本（股本） |
| | 资本公积 |
| | 盈余公积 |
| | 未分配利润 |
| | 外币报表折算差额 |
| | 少数股东权益 |

**表4-3　　　2012年中国银行年度资产负债表** 单位：百万元人民币

| 资产 | 2012年 | 2011年 |
|---|---|---|
| 现金及存放中央银行款项 | 1925443 | 1840982 |
| 存放同业款项 | 679512 | 520325 |
| 贵金属 | 145174 | 91642 |
| 拆出资金 | 338525 | 416340 |
| 交易性金融资产 | 29654 | 31887 |
| 衍生金融资产 | 15939 | 20969 |
| 买入返售金融资产 | 96958 | 160893 |
| 应收利息 | 49288 | 50174 |
| 发放贷款及垫款 | 5990570 | 5546805 |
| 可供出售金融资产 | 307010 | 271364 |

续表

| 资产 | 2012 年 | 2011 年 |
|---|---|---|
| 持有至到期投资 | 1163416 | 1025620 |
| 应收款项债券投资 | 261262 | 290387 |
| 长期股权投资 | 87329 | 83837 |
| 投资性房地产 | 1474 | 1280 |
| 固定资产 | 81223 | 74529 |
| 无形资产 | 11369 | 10967 |
| 商誉 | — | — |
| 递延所得税资产 | 22084 | 19648 |
| 其他资产 | 35890 | 21188 |
| 资产总计 | 11242120 | 10478837 |
| 负债项目 | | |
| 向中央银行借款 | 118262 | 73847 |
| 同业及其他金融机构存放款项 | 1516858 | 1273561 |
| 拆入资金 | 243727 | 270316 |
| 衍生金融负债 | 16382 | 17387 |
| 卖出回购金融资产款 | 69389 | 33993 |
| 吸收存款 | 8111074 | 7806900 |
| 应付职工薪酬 | 26854 | 24567 |
| 应交税费 | 32900 | 26527 |
| 应付利息 | 105450 | 73809 |
| 预计负债 | 1777 | 2087 |
| 应付债券 | 178438 | 148271 |
| 递延所得税 | 186 | 124 |
| 其他负债 | 47419 | 42234 |
| 负债合计 | 10486716 | 9793623 |
| 所有者权益项目 | | |
| 实收资本（股本） | 279147 | 279147 |
| 资本公积 | 114770 | 114274 |
| 盈余公积 | 63562 | 50487 |
| 一般风险准备 | 12663 | 76515 |

续表

| 资产 | 2012 年 | 2011 年 |
|---|---|---|
| 未分配利润 | 191079 | 166950 |
| 外币报表折算差额 | (1817) | (2159) |
| 负债和所有者权益总计 | 11242120 | 10478837 |

资料来源：中国银行2012年年度报告摘录。

表 4-4　　　　2012 年中国银行资本充足率列表　　　单位：%

|  | 2012 年 12 月 31 日 | 2011 年 12 月 31 日 |
|---|---|---|
| 资本充足率 | 13.63 | 12.98 |
| 核心资本充足率 | 10.54 | 10.08 |
| 杠杆率 | 5.15 | — |

资料来源：中国银行2012年年度报告摘录。

表 4-5　　　　　　中国银行资本构成表　　　单位：百万元人民币

| 资本基础组成部分 | 2012 年 12 月 31 日 | 2011 年 12 月 31 日 |
|---|---|---|
| 核心资本 | | |
| 股本 | 279123 | 279122 |
| 储备 | 478876 | 389156 |
| 少数股东权益 | 36865 | 33223 |
| 核心资本小计 | 794873 | 701501 |
| 附属资本 | | |
| 一般准备 | 68647 | 63428 |
| 已发行长期次级债券 | 146433 | 123451 |
| 已发行可转换公司债 | 39776 | 39776 |
| 其他 | 11141 | 8108 |
| 附属资本小计 | 256997 | 234763 |
| 扣减前资本基础小计 | 1060870 | 936264 |
| 扣减 | | |
| 商誉 | (1796) | (1727) |
| 对未并表银行及未并表非银行金融机构的资本投资 | (10581) | (9383) |

续表

| 资本基础组成部分 | 2012年12月31日 | 2011年12月31日 |
|---|---|---|
| 对非自用不动产的投资 | (17142) | (14616) |
| 对工商企业的资本投资 | (27313) | (28587) |
| 其他扣减项 | (15380) | (17680) |
| 扣减后资本基础合计 | 988658 | 864271 |
| 扣减后核心资本基础 | 764261 | 671244 |
| 加权风险资产及市场风险资本调整 | 7253230 | 6656034 |

资料来源：中国银行2012年年度报告摘录。

表4-6 巴克莱（Barclays）（英国）银行2012年年度资产负债表

单位：百万英镑

| As at 31 December（£ m） | 2012年 | 2011年 |
|---|---|---|
| Assets | | |
| Cash and balance at central banks | 86175 | 106894 |
| Items in the course of collection from other banks | 1456 | 1812 |
| Trading portfolio assets | 145030 | 152183 |
| Financial assets designated at fair value | 46061 | 36949 |
| Derivative financial investments | 469146 | 538964 |
| Available for sale investments | 75109 | 68491 |
| Loans and advances to banks | 40489 | 47446 |
| Loans and advances to customers | 425729 | 431934 |
| Reverse repurchase agreements and other similar secured lending | 176956 | 153665 |
| Prepayments, accrued income and other assets | 4360 | 4563 |
| Investments in associates and joint ventures | 570 | 427 |
| Property, plant and equipment | 5754 | 7166 |
| Goodwill and intangible assets | 7915 | 7846 |
| Current tax assets | 252 | 374 |
| Deferred tax assets | 3016 | 3010 |
| Retirement benefit assets | 2303 | 1803 |
| Total assets | 1490321 | 1563527 |
| Liabilities | | |

续表

| As at 31 December (£ m) | 2012年 | 2011年 |
|---|---|---|
| Deposits from banks | 77010 | 94116 |
| Items in the course of collection due to other banks | 1573 | 969 |
| Customer accounts | 385707 | 366032 |
| Repurchase agreements and other similar secured borrowing | 217342 | 207292 |
| Trading portfolio liabilities | 44794 | 45887 |
| Financial liabilities designated at fair value | 78280 | 87997 |
| Derivative financial instruments | 462468 | 527910 |
| Debt securities in issue | 119581 | 129736 |
| Subordinated liabilities | 24018 | 24870 |
| Accruals, deferred income and other liabilities | 12232 | 12580 |
| Provisions | 2766 | 1529 |
| Current tax liabilities | 621 | 1397 |
| Deferred tax liabilities | 719 | 695 |
| Retirement benefit liabilities | 253 | 321 |
| Total liabilities | 1427364 | 1498331 |
| Shareholders' equity | | |
| Shareholders' equity excluding non-controlling interest | 53586 | 55589 |
| Non-controlling interests | 9371 | 9607 |
| Total shareholders' equity | 62957 | 65196 |
| Total liabilities and shareholders' liabilities | 1490321 | 1563527 |

资料来源：http://www.barclays.com/annualreport。

表4-7 2012年巴克莱（Barclays）（英国）银行资本充足率列表

单位：百万英镑、%

| 项目名称 | 2012年12月31日 | 2011年12月31日 |
|---|---|---|
| Capital ratios | | |
| Core tier 1 ratio | 10.9 | 11.0 |
| Tier 1 ratio | 13.3 | 12.9 |
| Total capital ratio | 17.1 | 16.4 |
| Capital resources | | |

续表

| 项目名称 | 2012年12月31日 | 2011年12月31日 |
|---|---|---|
| Core tier 1 capital | 42121 | 43066 |
| Tier 1 capital | 51634 | 50473 |
| Total capital | 66063 | 63948 |
| Risk weighted assets | 386858 | 390999 |

资料来源：http://www.barclays.com/pillar3report。

表4-8　2012年巴克莱（Barclays）（英国）银行年度监管资本构成

单位：百万英镑

| Key capital ratios | 2012年12月31日 | 2011年12月31日 |
|---|---|---|
| Capital resources | | |
| Shareholders' equity (excludingnon-controlling interests) pe rbalance sheet | 53586 | 55589 |
| Own credit cumulative loss/(gain) | 804 | (2680) |
| Unrealized (gains)/losses on available for sale debt securities | (417) | 803 |
| Unrealized gains on available for sale equity (recognized as tier2 capital) | (110) | (828) |
| Cash flow hedging reserve | (2099) | (1442) |
| Non-controll inginterests per balance sheet | 9371 | 9607 |
| -less：other tier 1 capital-preference shares | (6203) | (6235) |
| -less：non-controlling tier 2 capital | (547) | (573) |
| Other regulatory adjustments to non-controlling interests | (171) | (138) |
| Other regulatory adjustments and deductions： | | |
| Defined benefit pension adjustment | (2445) | (1241) |
| Goodwill and intangible assets | (7622) | (7560) |
| 50% excess of expected losses over impairment | (648) | (506) |
| 50% of securitization positions | (1206) | (1577) |
| Other regulatory adjustments | (172) | (153) |
| Core tier 1 capital | 42121 | 43066 |

续表

| Key capital ratios | 2012年12月31日 | 2011年12月31日 |
|---|---|---|
| **Other tier 1 capital** | | |
| Preference shares | 6203 | 6235 |
| Tier 1 notes | 509 | 530 |
| Reserve capital instruments | 2866 | 2895 |
| **Regulatory adjustments and deductions** | | |
| 50% of material holdings | (241) | (2382) |
| 50% of the tax on excess of expected losses over impairment | 176 | 129 |
| Total tier 1 capital | 51634 | 50473 |
| **Tier 2 capital** | | |
| Undated subordinated liabilities | 1625 | 1657 |
| Dated subordinated liabilities | 14066 | 15189 |
| Non–controlling tier 2 capital | 547 | 573 |
| Reserves arising on revaluation of property | 39 | 25 |
| Unrealized gains on available for sale equity | 110 | 828 |
| Collectively assessed impairment allowable | 2002 | 2385 |
| **Tier 2 deductions** | | |
| 50% of material holdings | (241) | (2382) |
| 50% excess of expected losses over impairment (grossoftax) | (824) | (635) |
| 50% of securitization positions | (1206) | (1577) |
| **Total capital regulatory adjustments and deductions** | | |
| Investments that are not material holdings or qualifying holdings | (1139) | (1991) |
| Other deductions from total capital | (550) | (597) |
| Total regulatory capital | 66063 | 63948 |

资料来源：http://www.barclays.com/pillar3report。

从表4-5可知，中国银行2012年核心资本（一级资本）为7948.73亿元，包括股本2791.32亿元、储备4788.76亿元和少数股东权益 368.65 亿元；从表 4-3 可知，《中国银行 2012 年度报告》中披露的所有者权益总额为 8615.42 亿元；所核算的一级资本与年报资产负债表所有者权益之差额为 666.69 亿元。从《中国银行 2012 年度报告》中"金融风险管理"部分可以看出：该行核算的核心资本（一级资本），包括股本、资本公积、特定储备、未分配利润和少数股东权益。① 对照该行的 2012 年年报中的资产负债表，发现两个差异：一是将"一般风险准备"表述为"特定储备"；二是未将"盈余公积"纳入一级资本核算之中。《中国银行 2012 年度报告》中列示的"盈余公积"为 653.62 亿元。扣除"盈余公积"的影响之后，一级资本与所有者权益之差额仍有 13.07 亿元。对于该差额，中国银行的解释是：根据银监会 2007 年 11 月发布的《中国银监会关于银行业金融机构执行企业会计准则后计算资本充足率有关问题的通知》，对未实现的公允价值利得在考虑税收影响后从核心资本中扣除，即计入利润表的交易性金融工具公允价值利得计入附属资本，计入权益中的公允价值利得按一定比例计入附属资本。② 这就是应用"审慎过滤器"的结果。

从表 4-8 可知，巴克莱（英国）银行 2012 年一级资本核算依据"所有者权益"（shareholders' equity）和"少数股东权益"（non-controlling interests）两个项目。虽然巴克莱银行并未在资产负债表中列示其所有者权益的具体内容，但从其调整过程观察（主要针对未实现利得或损失和不符合条件的优先股），该行一级资本的核算过程和调整依据与中国银行是一致的。依据《巴塞尔协议Ⅱ》一级资本内涵与财务报告项目的对比以及中外商业银行一级资本核算实务可知，一级资本核算是在财务报告"所有者权益"数据基础上调整确定的，即财务报告所有者权益项目金额是一级资本核算的基础、对一级资本产生直接影响。

从表 4-1 可知，《巴塞尔协议Ⅱ》所界定的二级资本内涵有资产

---

① 《中国银行 2012 年度报告》，第 290—296 页。
② 同上书，第 296—298 页。

重估增值（包括确认和未确认的）、一般准备或储备（包括公开和未公开的）、混合资本工具（债务和权益）和长期次级债四类。资本监管主要目的是要求商业银行保持一定的损失吸收能力。一级资本具有在持续经营情况吸收损失的能力，二级资本具有在破产清算情况下吸收损失的能力。《巴塞尔协议Ⅱ》界定的二级资本内涵所对应的财务报表项目有资产账户（如资产重估增值）、资产备抵账户（如一般准备）和负债账户（如混合资本工具和次级债），也包括一些财务报表中未列示的项目（如未确认资产重估增值和未公开储备）。将未确认资产重估增值和未公开储备纳入二级资本中，是因为这些项目在商业银行破产清算情况下均具有吸收损失的能力；将混合资本工具纳入二级资本中，是因为这些工具具有某些权益工具的特征，在特定情况下具有部分吸收损失的功能；将次级债纳入二级资本，是因为这些债务的索偿权顺序排在其他债务之后，具有在破产清算情况下满足其他债权要求的功能。从上述比较分析可知，不同于集中在财务报表中"所有者权益"部分的一级资本要素，《巴塞尔协议Ⅱ》界定的二级资本分散于财务报表资产与负债之中，有一些还游离于财务报表之外。《巴塞尔协议Ⅱ》确定二级资本内容的依据是能否在破产清算时吸收损失，而不在意它们财务报表的位置，也不关注它们是否列示在财务报表之上，这进一步佐证了本书第三章阐述的商业银行会计监管与资本监管目标的差异。

从表4-5可知，在中国银行2012年资本核算中，二级资本（附属资本）包括一般准备、已发行长期次级债券、已发行可转换公司债券和其他四项，其中，其他是指计入损益和权益的公允价值利得。[①] 从表4-8可知，在巴克莱（英国）银行2012年资本核算中，二级资本包括次级债、少数股东权益、不动产重估增值、可供出售权益证券的未实现利得和资产减值准备四项，其中，少数股东权益是指不符合一级资本标准但可纳入二级资本的少数股东权益部分。从中国银行与巴克莱（英国）银行的二级资本核算实务来看，虽然《巴塞尔协议

---

① 《中国银行2012年度报告》，第296—298页。

Ⅱ》允许将未确认的资产重估增值和未公开储备计入二级资本，但实务操作中，中外银行核算二级资本时仍以财务报表项目为基础。

表4-1将《巴塞尔协议Ⅱ》界定的监管资本要素与对应财务报表项目进行对照，并以两家中外银行2012年财务报表与资本构成表为案例进行分析，重点分析了《巴塞尔协议Ⅱ》所界定的一级资本和二级资本内涵与财务报表中资产、负债和所有者权益各项目的对应关系。因《巴塞尔协议Ⅱ》的三级资本要求规范并未在监管资本实务中贯彻实施[1]，本书也未涉及三级资本内涵与财务报表项目的比较。本书分析发现，《巴塞尔协议Ⅱ》界定的一级资本要素对应财务报表中的"所有者权益"项目，二级资本要素对应财务报表中的部分资产项目、部分资产备抵项目和部分负债项目。本书还发现，尽管《巴塞尔协议Ⅱ》允许将未确认资产重估增值和未公开储备计入二级资本，但从本书案例分析来看，财务报表表外项目计入二级资本的操作实务并不常见。总体上看，商业银行监管资本核算实务是以财务报表相关项目数据为基础的，这是银行会计监管与资本监管密切关联并对其产生重要影响的根本原因。

### 三 商业银行会计监管对资本监管影响分析

全球有两套权威财务报告准则体系，分别是《美国财务会计准则》（US GAAP）与《国际财务报告准则》（IFRSs），前者适用于美国上市公司，后者适用于欧盟上市公司并被100多个国家或地区指定为上市公司的会计监管规范。美国会计准则委员会（FASB）与国际会计准则理事会（IASB）一直致力于两套准则协调与趋同，尽管目前两者仍存在一些差异，但共性方面占主流，因此在分析银行会计监管对资本监管影响时，本书既涉及《国际财务报告准则》对《巴塞尔协议Ⅱ》资本监管的影响又涉及《美国财务会计准则》对美国资本监管的影响，既使用欧盟商业银行的数据佐证又摘取美国商业银行的数据佐证。另外，由于商业银行的资产负债表项目多为各类金融工具，本书关于银行会计监管对资本监管影响分析主要聚焦于金融工具

---

[1] Frans de Weert, *Bank and Insurance Capital Management*, p.47, Wiley, 2011.

会计准则对资本监管规范的影响，虽然这可能无法涵盖银行会计监管对资本监管影响的所有方面，但包含重要的方面，抓住了问题的关键。

本书首先对银行会计监管对资本监管可能产生的影响进行一般性分析。前文对《巴塞尔协议Ⅱ》一级资本要素、二级资本要素与财务报表项目进行一一对照，发现一级资本核算的财务报表项目集中在所有者权益，包括普通股、优先股、股本溢价、留存收益、未分配利润、一般风险准备和少数股权等；二级资本核算的财务报表项目是资产重估增值、一般贷款损失准备、混合资本工具和长期次级债等。可以将这些财务报表项目划分为三类：第一类是基本稳定项目，包括普通股、优先股、股本溢价、少数股权、混合资本工具和长期次级债六个项目，它们属于长期持有项目，按历史成本计量；在财务报表上列示的金额保持基本稳定不变，对监管资本的贡献也稳定不变，它们对监管资本核算的影响不是本书分析的重点；第二类是受损益影响的波动项目，包括留存收益、未分配利润和一般风险准备三项，它们与利润直接关联，受其直接影响，在发生亏损时，最先被用于吸收损失，从短期看，损益既受经济周期、宏观政策、经营管理能力等因素影响也受会计监管制度影响，因此，它们对监管资本核算的影响是本书分析的重点；第三类是受市场影响的波动项目，包括资产重估增值和贷款损失准备，这些项目既受市场影响又受会计处理方法影响，它们对监管资本核算的影响也是本书分析的重点。在这样分类之后，我们认识到，可能对商业银行资本监管产生重要影响的，又可能受到会计监管制度影响的财务报表项目主要集中在损益与资产增减值两个方面，下文对银行会计监管对资本监管影响的分析也主要从这两个方面展开。

（一）金融资产计量会计规范对资本监管的影响

商业银行资产负债表中的资产和负债项目大多为各类金融工具。Nissim 和 Penman（2007）对 2001—2005 年向美国联邦储备系统提交《监管合并财务报表》（FR Y-9C Report）的所有银行控股公司资产负债状况进行统计分析，整理出美国不同规模商业银行的一般资产负债状况表。依据该文献统计数据，在美国所有银行控股公司的一般资产负债表上，金融资产占总资产的 90.44%，金融负债占负债和权益的 90.96%。①

因为金融资产和金融负债在商业银行资产负债表中占有绝对比重，金融工具计量规范成为银行会计监管对资本监管产生影响的重要方面。自 20 世纪 90 年代以来，基于对美国储蓄贷款协会危机经验教训，无论是 FASB 还是 IASB 都努力在金融工具计量规范中越来越多地应用公允价值，这一变革给商业银行带来的挑战（包括对资本监管管理的挑战）使公允价值会计成为几十年来会计界和金融界争论不休的热点问题。因此，分析会计计量规范对资本监管的影响实质上就是分析公允价值计量对资本监管的潜在影响。

在美国，会计监管规范"某些债务和权益证券投资的会计处理"（SFAS115）因引入公允价值而备受金融行业关注；在欧盟及世界其他国家，IAS39《金融工具：确认与计量》同样因公允价值而成为持续性热点议题。SFAS115 将债务和权益证券投资划分为三类，要求交易性和可供出售两类证券投资在每一报告日按公允价值计量；IAS39 将金融工具划分为四类，要求以公允价值计量且其变动计入损益的金融资产和金融负债和可供出售金融资产两类项目在每一报告日按公允价值计量。除 SFAS115 外，US GAAP 还要求衍生金融工具按公允价值计量（SFAS133）并允许金融机构选择对其他金融工具按公允价值计量（SFAS159）；IASB 在 IAS39 中规范衍生金融工具和公允价值选择权等问题，具体要求与 US GAAP 相似。

尽管 US GAAP 与 IFRSs 金融工具计量规范有些差异，但它们显著的共性趋势是要求更多的金融工具按公允价值计量，使计量公允价值的金融资产占总资产的比率显著增加。美国证券交易委员会（SEC，2008）的统计结果表明，样本商业银行资产负债表上平均有 45% 的

---

① Doron Nissim and Stephen Penman, "Fair Value Accounting in the Banking Industry", 2007. Available at http://academiccommons.columbia.edu/catalog/ac%3A125367.

金融资产和15%的金融负债按公允价值计量。① 国际四大会计师事务所之一毕马威（KPMG，2009）针对欧洲大型商业银行的统计结果显示，按公允价值计量的金融资产和金融负债占所有金融资产和所有金融负债的比率最高超过70%、最低不足20%。② 这些数据说明，按公允价值计量的金融资产和金融负债在商业银行资产负债表上已经占有较大比重。

那么，对商业银行而言，"金融工具按公允价值计量"这一会计监管规范是如何影响资本监管的呢？对这一问题的分析不仅需要我们了解公允价值计量的应用状况，更需要认识公允价值计量结果对监管资本要素的影响渠道。表4－9整理各类金融工具公允价值计量结果确认位置及对监管资本要素的影响渠道。

表4－9　　各类金融工具公允价值计量结果确认位置及对监管资本要素的影响

| 项目类别 | 公允价值计量结果确认位置 | 对监管资本要素的影响 |
| --- | --- | --- |
| 可供出售金融资产 | 权益 | 无（审慎过滤器剔除） |
| 交易性金融资产和金融负债 | 损益 | 直接影响 |
| 衍生金融工具（套期和非套期） | 损益或权益（如果应用套期会计） | 计入损益部分有直接影响或计入权益部分被审慎过滤器剔除 |
| 指定为公允价值计量且其变动计入损益的金融资产和金融负债（公允价值选择权） | 损益 | 直接影响 |

从表4－9可知，按照US GAAP和IFRSs的会计监管规范，在每

---

① SEC, *Report and Recommendations Pursuant to Section 133 of the Emergency Economic Stabilization Act of 2008: Study on Mark‐To‐Market Accounting*, 2008, pp. 45－50.

② KPMG, *Focus on Transparency, Trends in the Presentation of Financial Statements and Disclosure of Information by European Banks*, 2009, p. 17.

一报告日均需要按公允价值计量的金融工具项目主要有可供出售金融资产、交易性金融资产和金融负债、衍生金融工具、指定为公允价值计量且其变动计入损益的金融资产和金融负债（公允价值选择权）。依据公允价值计量结果确认位置的差异，可以将这些项目进一步划分为两组，第一组是计量结果计入损益的项目，第二组是计量结果计入权益的项目。按照当前的监管资本制度，在监管资本核算时，要将计入权益的金融工具未实现利得或损失予以剔除①，因此，这些项目的公允价值计量结果对监管资本核算没有直接影响。对监管资本核算产生直接影响的仅限于公允价值计量结果计入损益的项目，具体包括交易性金融资产和金融负债、非套期衍生金融工具、部分套期工具、指定为公允价值计量且其变动计入损益的金融资产和金融负债（实施公允价值选择权的金融工具）。依据 SEC（2008）统计，在样本商业银行资产负债表上，有占总资产 25% 的金融工具按公允价值计量并将计量结果计入损益。②

在分析了商业银行公允价值计量规范影响监管资本核算的渠道，以及美国商业银行按公允价值计量并将结果计入损益从而直接影响监管资本的金融资产规模后，我们以一个简化的商业银行资产负债表为例，阐述会计监管规范对监管资本核算的影响。Song（2011）参照美国十大商业银行各项资产和负债占比以及相关财务比率编制了一份简化的商业银行资产负债表，假设该银行本期收益为 135 万元并直接向股东分配该收益，同时假设没有税收负担。这份资料符合本书研究需要，本书稍加调整后，予以采用，见表 4-10。

从表 4-10 可知，该银行按公允价值计量并将变动计入损益，从而对监管资本核算产生直接影响的金融资产金额为 2500 万元，在所有资产中占 25%，与 SEC（2008）统计数据一致。出于简化分析和突出影响程度的考虑，本书借鉴 Song（2011）的做法，假设该银行其

---

① SEC, *Report and Recommendations Pursuant to Section 133 of the Emergency Economic Stabilization Act of* 2008: *Study on Mark – To – Market Accounting*, 2008, p. 2.

② Ibid., pp. 45 – 50.

表4-10　　　简化的某商业银行资产负债表① 　　单位：百万元

| 项目名称 | 期初数 | 升值20% | 贬值20% |
|---|---|---|---|
| 资产 | | | |
| 　现金及现金等价物 | 15 | 15 | 15 |
| 　贷款 | 34.5 | 34.5 | 34.5 |
| 　贷款减值准备 | -0.5 | -0.5 | -0.5 |
| 　公允价值计量并将变动计入损益金融资产 | 25 | 30 | 20 |
| 　公允价值计量并将变动计入权益金融资产 | 14 | 14 | 14 |
| 　商誉 | 3 | 3 | 3 |
| 　其他资产 | 9 | 9 | 9 |
| 　资产总额 | 100 | 105 | 95 |
| 负债 | | | |
| 　流动负债 | 20 | 20 | 20 |
| 　存款 | 37 | 37 | 37 |
| 　公允价值计量并将变动计入损益金融负债 | 10 | 10 | 10 |
| 　公允价值计量并将变动计入权益金融负债 | 1 | 1 | 1 |
| 　长期债务 | 15 | 15 | 15 |
| 　短期债务 | 5 | 5 | 5 |
| 　其他负债 | 3 | 3 | 3 |
| 所有者权益 | | | |
| 　普通股份 | 2.5 | 2.5 | 2.5 |
| 　留存收益 | 6.5 | 11.5 | 1.5 |
| 负债和所有者权益总额 | 100 | 101 | 95 |

他资产和负债数据保持不变，仅对"公允价值计量且其变动计入损益金融工具"项目设定增值20%和贬值20%两种情况，观察这两种情况下商业银行会计监管制度对监管资本核算的影响方式和程度。

首先，依据该银行资产、负债和收益的期初数据对其盈利能力和监管资本充足状况进行分析评价；然后依据相同标准分析在金融资产

---

① Guoxiang Song, "The Benefits of Decoupling Financial Reporting from Bank Capital Regulation", 2011, pp. 56–60. Available at http://ssrn.com/abstract=1955453.

升值和贬值情况下公允价值计量结果的潜在影响。本书使用净资产收益率（ROE）分析和评价该银行的获利能力，该指标是衡量盈利能力的重要指标，是指利润额与平均股东权益的比值。本书使用美国商业银行资本监管规范分析和评价该银行的资本充足状况，因为该简化银行资产负债数据是依照美国十大商业银行各项资产和负债占比以及相关财务比率编制。关于美国商业银行最低资本充足要求，本书第二章有详细论述，它主要关注全部风险资本充足率、核心资本/风险资本比率和核心资本/杠杆比率三个指标，据此，将商业银行资本充足状况划分为五档：资本十分充足、资本适当充足、资本不足、资本显著不足和资本严重不足。① 全部风险资本充足率是全部监管资本与风险加权资产之比，核心资本/风险资本比率是核心监管资本与风险加权资产之比，核心资本/杠杆比率是核心监管资本与扣减商誉等无形资产后的平均资产之比。计算上述三项指标还需要了解该银行风险加权资产数据，它是各项资产乘以各自风险权重后的总和，本书假设该数据为7500万元。这样就可以依据表4-10数据计算"公允价值计量且其变动计入损益金融工具"项目升值和贬值20%情况下该银行盈利能力和资本充足水平变化，见表4-11。

表4-11　　　　公允价值计量且其变动计入损益金融
工具市值变化影响分析

| 项目名称 | 期初数 | 升值20% | 贬值20% |
| --- | --- | --- | --- |
| 净收益（百万元） | 1.35 | 6.35 | -3.65 |
| 净资产收益率（%） | 15 | 45.36 | -91.25 |
| 核心资本（百万元）<br>（一级资本，所有者权益减商誉） | 6 | 11 | 1 |
| 附属资本（百万元）<br>（二级资本，贷款减值准备） | 0.5 | 0.5 | 0.5 |

---

① FDIC Law, *Regulations, Related Acts*, 2000 - Rules and Regulations, Part 325 - Capital Maintenance. http：//www.fdic.gov/regulations/laws/rules/2000-4400.html.

续表

| 项目名称 | 期初数 | 升值20% | 贬值20% |
|---|---|---|---|
| 监管资本总和（百万元） | 6.5 | 11.5 | 1.5 |
| 全部风险资本充足率（%） | 8.6 | 15.3 | 2 |
| 核心资本/风险资本比率（%） | 8 | 14.7 | 1.3 |
| 核心资本/杠杆比率（%） | 6.19 | 11.3 | 1.03 |
| 资本十分充足 | | √ | |
| 资本适当充足 | √ | | |
| 资本不足 | | | |
| 资本显著不足 | | | |
| 资本严重不足 | | | √ |

从表4-11可知，公允价值计量且其变动计入损益金融资产的会计处理结果对商业银行获利能力和监管资本充足水平的影响是十分显著的。从获利能力角度看，按期初数和常规盈利水平，该银行的获利能力为15%；在公允价值计量且其变动计入损益金融资产市值上升20%的情况下，依据会计监管规范，这些变动计入损益后该银行获利能力为45.36%，上升幅度大于200%；在公允价值计量且其变动计入损益金融资产市值下降20%的情况下，依据会计监管规范，这些变动计入损益后，该银行获利能力为-91.25%，下降幅度大于700%。从监管资本充足水平角度看，按期初数和常规盈利水平，该银行全部风险资本充足率是8.6%、核心资本/风险资本比率是8%、核心资本/杠杆比率是6.19%，按照美国资产充足水平指南是资本适当充足，与美国银行（Bank of America）和摩根大通（JP Morgan）的监管资本充足水平相当；[1] 在公允价值计量且其变动计入损益金融资产市值上升20%情况下，依据会计监管规范，这些变动计入损益后该银行全部风险资本充足率是15.3%、核心资本/风险资本比率是14.7%、核心资本/杠杆比率是11.3%，按照美国资产充足水平指南是资本十分充足；在公允价值计量且其变动计入损益金融资产市值下降20%的情况

---

[1] Guoxiang Song, "The Benefits of Decoupling Financial Reporting from Bank Capital Regulation", 2011, pp. 56-60. Available at: http://ssrn.com/abstract=1955453.

下，依据会计监管规范，这些变动计入损益后该银行全部风险资本充足率是2%、核心资本/风险资本比率是1.3%、核心资本/杠杆比率是1.03%，按照美国资产充足水平指南是资本严重不足，该银行将被接管，面临破产清算或兼并的命运。SEC（2008）统计表明，25%资产按公允价值计量且其变动计入损益是美国商业银行普遍的情况，欧盟大型商业银行2007年也有20%以上资产按公允价值计量且其变动计入损益[1]，因而表4-11确定的按公允价值计量且其变动计入损益的金融资产规模并非脱离实际；美国股票市场87年（1926—2013年）波动率统计数据表明，在经济运行周期内，尤其是在经济或金融危机期间，股票市场价值20%波幅并不是小概率事件。在公允价值计量且其变动计入损益的金融资产规模和股票证券市值波动均贴近经济现实的情况下，本书所分析的商业银行会计监管对资本监管影响的数据应该是可靠的。

可以将会计计量规范对监管资本影响总结为三点：①使商业银行收益大幅度波动；②使商业银行监管资本充足水平大幅度波动，从而引发监管风险；③负面影响远远大于正面影响，即在经济下行、金融资产市值下跌时盈利能力和资本充足水平下降的幅度，远远大于经济上行、金融资产市值上升时盈利能力和资本充足水平上升的幅度，如表4-11所示，市值上升20%的结果是盈利能力提高200%、资本充足率由适当充足提升为非常充足，而市值下跌20%的结果是盈利能力下降700%、资本充足率由适当充足剧降为严重不足。巴思和兰斯曼（Barth and Landsman，1995）实证分析公允价值计量对商业银行盈利能力和资本充足水平的影响，发现：①基于公允价值的收益比基于历史成本的收益波动幅度大；②在公允价值计量下商业银行会更频繁地违反资本监管规范。[2] 这一结论与本书分析结果一致，解释了为什么

---

[1] KPMG, *Focus on Transparency*, *Trends in the Presentation of Financial Statements and Disclosure of Information by European Banks*, 2009, p. 17.

[2] Mary E. Barth, Wyane R. Landsman and James M. Wahlen, "Fair Value Accounting: Effects on Banks Earning Volatility, Regulatory Capital and Value of Contractual Cash Flows", Vol. 19, *Journal of Bank & Finance*, 1995, pp. 577-605.

银行家一直对拓展公允价值应用强烈抵制，因为盈利水平大幅度波动预示风险的存在，会增加资本成本，而由此引发的监管资本违规风险则更难以应对，更让银行家们心惊胆战，因此，欧洲中央银行（2004）将拓展公允价值应用所衍生的收益波动性问题列为公允价值六大罪状之首。[1] 本书另一发现可以解释为什么经济或金融危机期间公允价值会更受关注，因为经济下行期间公允价值的负面影响远远高于经济上行期间的正面影响，即在经济或金融危机期间公允价值的"杀伤力"更强。自2008年国际金融危机以来，公允价值成为各大金融机构、行业组织领袖、各国首脑，甚至20国集团讨论的核心议题。其背后的推动力并非仅限于会计监管，而是内在关联的会计监管与资本监管共同作用的结果。

（二）金融资产分类会计规范对资本监管的影响

会计计量规范对监管资本影响是通过将商业银行持有的、市值发生变化后金融工具的未实现利得或损失计入损益而实现的。市场发展历程表明，金融工具市值具有波动性且在经济或金融危机期间会很大。公允价值将金融工具市值波动传导至商业银行收益上，形成收益波动；银行收益是监管资本核算的基础，收益波动引发监管资本充足水平波动；这是会计计量规范对监管资本影响的基本模式。商业银行收益波动可能向市场传递风险信号，增加融资成本，负面波动还会触发监管风险，招致监管干预或被监管机构接管，这是金融机构一直抵制在金融工具领域拓展公允价值应用的主要原因。

会计资产分类规范对资本监管的影响是通过影响计量规范选择以及计量结果确认位置而实现的。会计监管规范确定金融资产的分类标准、适用的计量属性、计量结果确认的位置和重新分类的条件。分析金融资产分类规范对资本监管的影响，首先要了解相关会计制度内容。

根据IAS39，金融资产按公允价值初始确认，后续计量可采用摊余成本、公允价值或成本。按照摊余成本计量的金融资产包括持有至到期的债务工具和没有市场报价的工具；不满足使用摊余成本条件的

---

[1] European Central bank, *Fair Value Accounting and Financial Volatility*, 2004, p.7.

金融资产按照公允价值计量，所确认的利得和损失计入损益或其他综合收益账户中。衍生工具通常按公允价值计量，所确认的利得和损失计入损益账户；权益工具通常按公允价值计量，但未上市权益工具投资，如果无法可靠计量其公允价值，可按成本计量。金融资产确认和计量的结果有时会影响权益，有时会影响损益，这主要取决于银行管理层之管理意图及据此所进行的类别划分。上述与金融资产分类有关的会计监管规范归纳总结于表 4 – 12 中。

表 4 – 12　　　　　　　　IFRSs 金融资产分类及其影响

| 计量属性选择 | | 金融资产类别 | 会计计量影响的项目 | |
| --- | --- | --- | --- | --- |
| | | | 资本负债表项目 | 收益表项目 |
| 公允价值 | 价值变动计入损益 | 交易性金融资产或非套期衍生工具或部分套期 | 公允价值 | 计量结果 |
| | 价值变动计入损益 | 指定公允价值计量 | | |
| 公允价值 | 价值变动计入其他综合收益 | 可供出售金融资产 | 公允价值 | 减值 |
| 摊余成本 | 不确认价值变动 | 贷款和应收账款 | 摊余成本扣除减值 | 减值 |
| | 不确认价值变动 | 持有至到期金融资产 | | |
| 成本 | 不确认价值变动 | 无报价权益工具 | 摊余成本扣除减值 | 减值 |

资料来源：IASB, *International Accounting Standard No.* 39 (*IAS* 39), *Financial Instruments*: *Recognition and Measurement*, 2004, pp. 14 – 54。

IFRSs 的金融工具分类、确认和计量规范集中在 IAS39。但 US GAAP 的相关规范分散在多项准则公告中。本书效仿 SEC（2008）的做法，按资产类别进行梳理。① 对于权益证券而言，会计监管规范涉及四种不同类别：①对子公司投资，依据合并财务报表规范处理；②对有重要影响公司的权益证券投资，按成本计量；③对无法确定公允价值的权益证券投资，按成本计量；④对其他可以确定公允价值的

---

① SEC, *Report and Recommendations Pursuant to Section* 133 *of the Emergency Economic Stabilization Act of* 2008: *Study on Mark – to – Market Accounting*, 2008, pp. 25 – 30.

权益证券投资,均要按公允价值计量,但划分为交易性权益证券投资的要将计量结果计入损益、划分为持有待售权益证券投资的要将计量结果计入权益。对于债务证券而言,会计监管涉及三种不同类别:①对于划归为交易性的债务证券,要按公允价值计量并将计量结果计入损益;②对于划归为持有至到期的债务证券,要按摊余成本计量;③对于既没有划归为交易性的也没有划归为持有至到期的债务证券,将其归入准备出售债务证券类别,按公允价值计量但计量结果计入权益。对于贷款而言,会计监管规范涉及两种不同类别:①持有型贷款(银行自己持有并管理至到期的),按摊余成本计量,只确认信用减值损失;②出售型贷款(银行计划打包出售或证券化的),按成本与公允价值孰低计量。对于衍生工具而言,会计监管规范比较复杂。简言之,就是非套期衍生工具按公允价值计量并将结果计入损益;套期工具要根据不同情况进行不同处理,部分要将计量结果计入损益,部分计入权益。US GAAP 也允许对会计监管规范没有涉及的金融工具按公允价值计量,但计量结果要计入损益。上述与金融资产分类有关的会计监管规范归纳总结于表 4–13 中。

表 4–13 　　　　US GAAP 金融资产分类及其影响

| 计量属性选择 | | 金融资产类别 | 计量结果确认位置 | |
| --- | --- | --- | --- | --- |
| | | | 资本负债表 | 收益表 |
| 公允价值 | 价值变动计入损益 | 交易性债务和权益证券或非套期衍生工具或部分套期 | 公允价值 | 计量结果 |
| | 价值变动计入损益 | 指定公允价值计量的项目 | | |
| 公允价值 | 价值变动计入其他综合收益 | 可供出售债务和权益证券 | 公允价值 | 减值 |
| 摊余成本 | 不确认价值变动 | 贷款和应收账款 | 摊余成本扣除非暂时性减值 | 减值 |
| | 不确认价值变动 | 持有至到期债务证券 | | |
| | 不确认价值变动 | 持有型贷款 | 摊余成本扣除信用减值损失 | 信用减值 |

续表

| 计量属性选择 | | 金融资产类别 | 计量结果确认位置 | |
|---|---|---|---|---|
| | | | 资本负债表 | 收益表 |
| 成本与公允价值孰低 | 价值下跌计入损益 | 出售型贷款 | 成本或公允价值 | 损失 |
| 成本 | 不确认价值变动 | 子公司、有重大影响公司的权益证券投资和无法确定公允价值的权益证券投资 | 成本扣除非暂时性减值 | 减值 |

除金融资产分类规范之外，还需要了解金融资产重新分类的相关会计监管规范，这些规范设定了商业银行变更金融资产分类的条件，这些条件能代表商业银行调整金融资产分类所付出的代价或成本。商业银行不惜成本进行金融资产分类调整，可能是经济或市场环境变迁、风险管理形势逼迫下的无奈选择，是金融资产分类会计规范影响监管资本的很好证据。

IAS39 对金融资产重新分类设定了严格的条件：①不允许将持有或已发行的金融资产重新归入或划出以公允价值计量且其变动计入损益的金融资产类别；②在意图或能力发生变化时，可将持有至到期投资重新分类为可供出售金融资产；③如果出售或重新分类部分持有至到期投资，剩余所有持有至到期投资都应归类为可供出售金融资产；④之前无法可靠计量公允价值的金融资产，在能够可靠计量时，可重新分类为相应的资产类别；⑤之前能可靠计量公允价值的金融资产，在无法可靠计量的情况下，可按成本或摊余成本计量并进行重新分类。①

US GAAP 金融资产重新分类规范相对复杂（SFAS115 "某些债务与权益证券投资的会计处理"），但对重新分类的限制相对宽松：①在发行者信用恶化、税收法规调整、重大商业合并等客观情况发生时，

---

① IASB, *International Accounting Standard No. 39* (*IAS39*), *Financial Instruments*: *Recognition and Measurement*, 2004, pp. 50 – 54.

可以出售或重新分类部分持有至到期证券，而不影响剩余部分的类别划分；②不同类别证券可以相互转化，但要应用公允价值进行会计处理；③除客观情况变化引发的持有至到期证券出售或重新分类外，其他情况下的持有至到期证券重新分类应该很少，交易性证券的重新分类也应该很少。[1]

上述关于IFRSs与US GAAP金融资产分类和重新分类会计监管规范的梳理，为本书分析金融资产分类规范对资本监管影响奠定了基础。正如前文所述，金融资产分类会计规范对资本监管的影响是通过影响按公允价值计量且其变动计入损益金融资产的规模来实现的。如果商业银行划归为交易性金融资产数量大，则对资本监管影响大；反之则小。从这个角度看，计量规范对资本监管的影响与金融资产分类规范对监管资本的影响是一个问题的两个方面。但是，金融资产分类规范对资本监管的影响具有独特性，这主要体现在两个方面：一是商业银行在金融资产初始分类时具有一定的选择空间，二是商业银行在金融资产持有期间可行使重新分类选择权。

在金融资产分类规范出现之前，商业银行在金融资产投资组合管理方面有很大的自由空间。以美国为例，在SFAS115发布之前，商业银行对于有意图和能力长期持有的债务证券投资，按摊余成本计量、不确认因利率变动所产生的价值变动；对于预计未来要出售的债务和权益证券投资，按成本与公允价值孰低计量并将价值下降损失计入权益；对于交易性债务证券按公允价值计量并将变动计入损益。与SFAS115比较，这些规范要求按公允价值计量的金融资产较少，另外，也没有设定对金融资产出售或重新分类的限制条件。这些自由空间较大的会计处理规范为商业银行提供了充足的操作弹性，使其能够利用所持有的金融资产投资组合机动地应对多种偶发性经营管理问题，比如，满足紧急的流动性需要、作为临时的存款和其他债务的抵

---

[1] Financial Accounting Standards Board, *Statement of Financial Accounting Standards No. 115 - Accounting for Certain Investments in Debt and Equity Securities*, Stamford, CT: FASB, 1993, pp. 3 - 16.

押品、应对突发的融资来源、期限变化和外币兑换风险等。另外,由于不同债务和权益证券投资中累积了大量未确认利得或损失,有选择地出售这些证券也能有效地操纵财务报告的权益和损益数据。① 金融资产分类规范(SFAS115)实施以后,对于划分为可供出售债务和权益证券,商业银行出售或重新分类的自由度没有变化;但对于划归为交易性的证券投资和划归为持有至到期的债务证券投资,商业银行的自由度较以前减少。对于划归为交易性的债务和权益证券投资,商业银行仍保留出售决策的自由,但重新分类选择权仅局限于很少情况;对于划归持有至到期债务证券投资,随意出售或重新分类可能会被监管者认为商业银行已改变持有意图,从而被迫将剩余部分划归为交易性或可供出售证券。② 在选择空间压缩以后,商业银行的金融资产分类决策要综合考虑会计监管规范要求,金融资产特征和法律形式,使用这些金融资产意图,对权益、损益和监管资本的影响以及重新分类的成本等多种因素。对于常见的债务和权益证券投资组合而言,如果要保留较强的流动性支持,就应将较多投资归类为"交易性"和"可供出售"的,但这无疑会加大财务报告权益和损益数据波动幅度;如果要减少对财务报告数据影响,就应将较多投资归类为持有至到期的,但这又会损害流动性。因此,霍德(Hodder, 2002)指出,商业银行将较多投资归类为持有至到期以避免损益波动和监管风险是以损害流动性为代价的。商业银行在权衡金融资产分类的各种影响因素时,会重点关注分类决策对损益和监管资本的影响,即使这样会损害其他投资组合管理目的,因为损益波动和监管风险对银行整体经营影响较大。这里有一个说明在金融资产分类时商业银行非常关注划分结果对监管资本影响的客观证据(Beatty, 1995; Hodder, 2002)。在SFAS115 颁布之前,美国商业银行金融资产投资组合的未实现利得和

---

① Beatty, A., "The Effects of Fair Value Accounting on Investment Portfolio Management: How Fair Is It?", *Review of Federal Reserve Bank of St. Louis* (January/February), 1995, pp. 25 – 38.

② Ibid..

损失是纳入监管资本核算的。① 据此，按照 SFAS115 划归为交易性和可供出售证券投资的未实现利得和损失都要计入监管资本。但在 SFAS115 生效 9 个月后，银行监管机构突然宣布调整监管资本核算制度，将划归为可供出售证券投资的未实现利得和损失排除在监管资本核算之外。之后，在 1995 年 11 月，FASB 宣布允许商业银行在 1995 年 12 月 31 日前将前期分类的金融资产投资进行一次性集中调整。这一事件背后的政治力量博弈及最后的结果充分说明了金融资产分类会计规范对监管资本核算具有重大影响。

在金融危机期间，欧洲商业银行强烈要求金融资产重新分类的案例进一步佐证了金融资产分类对监管资本的重大影响。从前文整理的金融资产重新分类规范可知，SFAS115 重新分类规范比 IAS39 宽松，前者允许对所有类别金融资产进行重新分类，后者禁止对划归为交易性的金融资产进行重新分类。因交易性金融资产在危机期间的价值下跌直接计入损益，对监管资本的侵蚀性最强。在 2008 年国际金融危机期间，金融资产市值大幅度下跌，欧洲商业银行监管资本面临很大压力，它们游说金融监管机构，向 IASB 施加压力，要求欧盟商业银行也能像美国银行一样，可以通过金融资产重新分类的方式将未实现损失排除在监管资本核算之外，从而降低监管干预风险。② 欧盟内部市场和服务委员会主席查理·迈克里维（Charlie McCreevy，2008）在一次讲话中指出："我们正竭力敦促对我们的会计制度进行修订，以保证欧盟的银行和美国的银行一样获得一些灵活处理的空间，即给予银行将'交易账户'资产转移到'银行账户'的选择权"③，他还建议将银行交易账户金融资产的账面价值调整为最初确认时的历史成本金额，从而提高银行资本金。④ IASB 迅速做出回应，于 2008 年 10 月

---

① 这些未实现利得和损失包括按公允价值计量交易性债务和权益性证券投资的未实现利得或损失，还有按历史成本和公允价值孰低计量的债务和权益证券投资的跌价损失。

② G8, *Summit of European G8 Members*（2008）"*Statement*", 4 October, 2008.

③ Charlie McCreevy, Lamfalussy, "Follow Up: Future Structure of Supervision", 8 October 2008.

④ Commissioner McCreevy Urges Easing Accounting Rules for Banks, October 2008, http://www.iasplus.com/restruct/euro2008.htm.

13日发布对IAS39《金融工具：确认与计量》和IFRS7《金融工具：披露》的修改意见，修订后的IAS39允许商业银行在特定情况下对前期归类为"以公允价值计量且其变动计入损益"的非衍生资产进行重新分类。① 实证研究（Fiechter，2011）发现，在重新分类限制放松后，约有1/3的欧盟商业银行实施了对原归类为"以公允价值计量且其变动计入损益"金融资产重新分类处理，重新分类资产金额约占商业银行总资产的3.9%，占权益账面价值的131%。② 这些证据说明，金融资产重新分类会计规范对监管资本核算的影响是非常显著的。

（三）金融资产减值会计规范对资本监管的影响

本节前两部分分析了金融资产计量和分类会计规范对资本监管影响，认识到这种影响是通过将金融资产未实现利得和损失直接计入损益而产生的。接下来，本书分析金融资产减值会计规范对资本监管的影响，了解另一个会计监管影响资本监管的渠道和方式。我们首先介绍IFRSs与USGAAP的金融资产减值规范，然后结合欧盟和美国商业银行数据进行分析。

IAS39将金融资产划分为四类，其中，"按公允价值计量且其变动计入损益"金融资产不需要减值处理，需要减值处理的有可供出售金融资产、贷款和应收账款、持有至到期证券、无报价权益工具等。根据IAS39，金融资产减值以已发生损失为基础，在金融资产初始确认时不计提任何减值准备，仅在初始确认后有客观证据表明某一资产发生了减值时才计提减值损失。不同金融资产减值的核算方法不同，按公允价值计量的可供出售金融资产，如果有客观证据表明发生了减值，应将已计入权益的累积损失从权益中转出计入损益；按摊余成本计量的贷款和应收账款或持有至到期投资发生了减值时，减值损失的金额应按照该金融资产账面金额与以其初始实际利率折现的预计未来现金流量现值之间的差额计量，减值损失金额应计入损益；如果按历

---

① IASB, *IASB Press Release, IASB Amendments Permit Reclassification of Financial Instruments*, 13 October, 2008.

② Peter Fiecher, "Reclassification of Financial Assets under IAS39: Impact on European Banks' Financial Statements", 2011. Available at http://ssrn.com/abstract=1527107.

史成本计量的无报价权益工具发生了减值，减值损失的金额应按该金融资产的账面金额与类似金融资产当前市场回报率折现的预计未来现金流量现值之间的差额进行计量。①

按照 US GAAP，贷款分为持有型和出售型两类。出售型贷款按历史成本与公允价值孰低计量，其公允价值损失要计入损益，不涉及减值问题。持有型贷款按摊余成本计量，涉及减值问题，但仅局限于可能的信用损失；信用损失确认方法与公允价值损失截然不同，是基于已发生事件对贷款预计现金流量金额和时间的负面影响，只关注已发生的信用损失，不涉及市场风险、流动性风险等其他方面影响；贷款减值处理主要依据商业银行对已发生信用损失估计和判断，所确认的减值损失要计入损益。② 另外，可供出售债务及权益证券投资和持有至到期债务证券投资也可能涉及减值处理，但只有这些减值属于非暂时性减值时，才能确认减值损失并计入损益。③ 商业银行要依据经验对资产减值性质做出判断，确定是否属于非暂时性的，通常考虑的因素包括：①公允价值低于账面价值的程度和持续的时间；②发行者财务状况和前景；③保留该投资至其公允价值恢复原状的意愿和能力。④

比较 IFRSs 与 US GAAP 金融资产减值会计规范可知，它们之间有相同或相似之处，但也存在一些差异。在减值判断上，两者均以已发生事件的负面影响为基础，不考虑预期损失；在贷款减值处理方面，虽然两者表述有差异，但实质是相同的，都重视可能发生的信用损失，将其他风险的影响排除在外；减值损失确认的位置也相同，均要求计入损益。不同之处体现在持有至到期投资和可供出售金融资产减

---

① IASB, *International Accounting Standard No. 39（IAS39）, Financial Instruments：Recognition and Measurement*, 2004, pp. 58 – 70.

② Financial Accounting Standards Board, *Statement of Financial Accounting Standards No. 114 – Accounting by Creditors for Impairment of a Loan*, Stamford, CT：FASB, 1993, pp. 8 – 10.

③ Financial Accounting Standards Board, *Statement of Financial Accounting Standards No. 115 – Accounting for Certain Investments in Debt and Equity Securities*, Stamford, CT：FASB1993, pp. 3 – 16.

④ SEC, *Report and Recommendations Pursuant to Section 133 of the Emergency Economic Stabilization Act of 2008：Study on Mark – To – Market Accounting*, 2008, p. 30.

值处理上。依据 IAS39，持有至到期金融资产减值处理方法与贷款相同，可供出售金融资产减值要参照公允价值；但 SFAS115 要求持有至到期和可供出售金融资产减值判断均要参照公允价值且只有非暂时性减值才予以确认。

金融资产减值会计规范要求商业银行将所确认的减值损失计入损益，因而对监管资本核算产生直接影响。另外，金融资产减值会计处理涉及估计和判断，已有多项实证研究（Ahmed，1998；Sood，2011；Ng，2013）发现了商业银行管理层利用金融资产减值操纵监管资本的证据，这也是值得关注的相关问题。金融资产减值对资本监管影响可划分为两类：一是贷款减值的影响；二是其他金融资产减值的影响。贷款是商业银行主要资产，该类资产占银行总资产比例高，减值金额对监管资本充足水平潜在影响大，是本书重点分析的内容。

当商业银行根据已发生事件计提贷款减值准备时，在资产负债表上，该准备冲减贷款资产总额；在损益表上，该准备冲减税前利润，它既影响资产又影响收益。贷款减值准备对监管资本核算影响体现在两方面：一是会削弱一级资本，是监管资本的扣减项；二是可能计入二级资本，是监管资本的增加项。但是，由于税收的存在，扣减项与增加项的金额并不相同。Ng（2013）给出的一个简单例子恰好说明了这个问题。[①] 假定某一商业银行在一个会计年度中新计提贷款减值准备 100 美元（适用所得税税率是 40%），这一会计处理对监管资本产生双重影响：一是对一级资本的影响，二是对二级资本的影响。该银行新计提贷款减值准备后，税后利润减少 60 美元，即 100 × (1 - 40%)，致使所有者权益和一级资本均减少 60 美元。但因贷款减值准备可计入二级资产，使二级资本增加 100 美元。此次计提贷款减值准备，不仅没有侵蚀监管资本总额，反而使其增加 40 美元。这一例子说明，在没有其他限制的情况下，银行计提贷款减值准备会提升其监管资本充足水平。但《巴塞尔协议Ⅱ》限制计入二级资本的贷款减值

---

[①] Jeffrey Ng and Sugata Roychoudhury, "Do Loan Reserves Behave Like Capital? Evidence from Recent Bank Failures", *Review of Accounting Studies*, Vol. 19, 2014, pp. 1234 - 1279.

准备金额，要求不超过加权风险资产的1.25%。[1] 在这一限制条件下，贷款减值准备对监管资本影响会出现三种情形：①如前期累计贷款减值准备远低于限制标准、新计提贷款减值准备可全额计入二级资本，则一级资本会受到负面影响，二级资本会受到正面影响，总资本会受到正面影响；②如前期累计贷款减值准备接近限制标准、新计提贷款减值准备部分计入二级资本，则一级资本受到负面影响，二级资本受到正面影响，总资本受影响的方向取决于计入二级资本金额是否超过计入一级资本金额；③如前期累计贷款减值准备已超过限制标准、新计提贷款减值准备无法计入二级资本，则一级资本受到负面影响，二级资本不受影响，总资本受到负面影响，程度与一级资本相同。这说明，贷款减值准备对监管资本影响不是开放式的，监管机构为鼓励商业银行多计提贷款减值准备而允许部分计入二级资本的政策使两者关系复杂化，但由于金融资产减值处理涉及估计和判断，商业银行利用这种关系操纵监管资本可能性仍存在。这种监管资本操纵的基本规律是：在面临监管资本压力的情况下，如果新计提的贷款减值准备可全额计入二级资本，则商业银行会利用超额计提贷款减值准备方式增强资本充足水平，因为这种会计处理对监管资本总额有增量贡献；如果新计提贷款减值准备无法计入二级资本，则商业银行会不提或少提贷款减值准备，即使预示贷款减值的事件已发生，以防这类会计处理进一步加剧监管资本压力。Ng（2013）对国际金融危机期间美国商业银行新计提贷款减值准备情况研究发现，前期累计贷款减值准备接近或超过监管限制标准的银行计提贷款减值准备动机远低于其他银行。[2] 国际金融危机期间商业银行利用贷款减值准备操纵监管资本的证据说明，商业银行了解和重视贷款减值准备对监管资本的影响并将其作为应对监管风险问题的重要工具。

以上从理论角度分析了贷款减值会计规范对监管资本产生影响的

---

[1] Basel Committeeon Banking Supervision, *International Convergence of Capital Measurement and Capital Standards, A Revised Framework*, Introduction, June 2006, p. 41.

[2] Jeffrey Ng and Sugata Roychoudhury, "Do Loan Reserves Behave Like Capital? Evidence from Recent Bank Failures", *Review of Accounting Studies*, Vol. 19, 2014, pp. 1234–1279.

可能渠道以及商业银行利用这种渠道操纵监管资本的方式。下面结合美国与欧盟商业银行合并报表相关数据，分析商业银行贷款减值影响监管资本的程度，见表4-14。

表4-14　　　　美国与欧盟商业银行合并报表贷款及
其减值准备数据①

| 地区 | 项目 | 2008年 | 2009年 | 2010年 |
| --- | --- | --- | --- | --- |
| 美国 | 贷款总额（千美元） | 6841274223 | 6498874141 | 6597361518 |
| | 贷款占总资产比重（%） | 55.57 | 54.96 | 54.67 |
| | 贷款减值准备总额 | 156659219 | 213817010 | 217973473 |
| | 减值准备占贷款比重（%） | 2.28 | 3.29 | 3.30 |
| 欧盟 | 贷款总额（十亿欧元） | 14664.46 | 14031.1 | 14099.07 |
| | 贷款占总资产比重（%） | 43.14 | 43.7 | 43.8 |
| | 贷款减值准备总额 | 201.53 | 220 | 219.7 |
| | 减值准备占贷款比重（%） | 1.37 | 1.56 | 1.57 |

从表4-14可知，贷款资产占商业银行总资产比重很高②，美国2008—2010年三年均值是55.06%，欧盟2008—2010年三年均值是43.55%，美国比欧盟高出11.51个百分点；美国商业银行计提的贷款减值准备三年均值为1961.6亿美元，占贷款总额的2.96%；欧盟商业银行计提的贷款减值准备三年均值为2137.4亿欧元，占贷款总额的1.5%；美国贷款减值准备占贷款总额的比重比欧盟高出1.46个百分点。从这些数据可以看出，美国占贷款总额2.96%的贷款减值准备可能计入监管资本核算，对监管资本产生直接影响；欧盟占贷款总额1.5%的贷款减值准备可能计入监管资本核算，对监管资本产生直接影响；美国商业银行所计提贷款减值准备对监管资本影响程度较

---

① 美国商业银行合并报表数据来源于Federal Deposit Insurance Corporation；欧盟商业银行合并报表数据来源于European Central Bank。

② 美国商业银行贷款包括持有型和出售型两种，但后者所占比重小于5%（见CEASA，2011），本书忽略其影响。

大，约是欧盟商业银行计提贷款减值准备对监管资本影响的两倍。另外，桑德斯（Sanders，2010）将金融危机期间美国主要商业银行支付股利数据与计提贷款减值准备数据对监管资本影响进行比较研究（见表4-15），发现贷款减值准备对监管资本的负面影响是-15.63%，支付股利对监管资本的负面影响是-6.15%，贷款减值准备的负面影响超过支付股利影响的两倍多。这说明贷款减值准备会计规范对监管资本核算影响是非常大的。

表4-15　贷款减值、股利支付对监管资本影响的比较[①]　　单位：%

| 银行名称 | 股利支付的影响 | 贷款减值准备的影响 |
| --- | --- | --- |
| JPMorgan Chase | -4.8 | -15.7 |
| Citigroup | -5.5 | -24.5 |
| Bank of America | -9.1 | -20.8 |
| Wells Fargo | -6.5 | -20.6 |
| PNC | -5.3 | -8.6 |
| US Bancorp | -12.4 | -12.9 |
| Bank of NY Mellon | -7.7 | -1.0 |
| Suntrust | -6.5 | -14.6 |
| State Street | -3.6 | -0.0 |
| Capital One | -3.7 | -25.9 |
| BB&T | -8.4 | -11.4 |
| Regions | -6.1 | -16.7 |
| Fifth Third | -3.8 | -30.4 |
| KeyCorp | -2.7 | -15.7 |
| 平均值 | -6.15 | -15.63 |

注：日期：2008年12月31日。

在金融资产减值会计规范对监管资本影响分析中，贷款减值准备对监管资本影响是重点分析的方面，因为贷款资产在商业银行总资产

---

[①] Sanders Shaffer，"Fair Value Accounting：Villain or Innocent Victim，Federal Reserve Bank of Boston"，*Working Paper* No. QAU10-01，2010，本书略加整理和改动。

中占比较高，相关会计处理涉及金额大，对监管资本影响也较大。其他金融资产减值处理对监管资本影响较小，本书仅做简要分析。除贷款之外，其他涉及减值问题的金融资产有可供出售金融资产、持有至到期投资和无报价权益工具投资等。在这些金融资产中，可供出售金融资产按公允价值计量，其价值变动计入权益，由于审慎过滤器作用，这些变动不影响监管资本核算；但如果商业银行确认这些金融资产发生了减值（在美国这些减值还要是非暂时性的），相关减值损失要从权益中转入损益，对监管资本核算产生负面影响。持有至到期投资和无报价权益工具按摊余成本计量、不确认价值变动，但如确认减值则要将其计入损益，也对监管资本核算产生直接负面影响。与贷款减值不同的是，上述三类金融资产投资如确认发生减值，均直接将该减值计入损益，只会对监管资本产生负面影响，而不会对其产生正面影响。与贷款减值相同的是，这些金融资产减值的会计处理主要依据估计和判断，因此，商业银行可能利用相关减值操作影响监管资本充足水平。

表4-16是2008—2010年欧盟商业银行合并报表中可供出售金融资产、持有至到期投资和无报价权益工具投资的金额及其减值数据。在2008—2010年三年中，欧洲所有商业银行平均每年持有可供出售金融资产、持有至到期投资和无报价权益工具投资的平均金额分别为16428.5亿欧元、2601.8亿欧元、1732亿欧元，所确认减值损失平均金额分别为125.4亿欧元、2.8亿欧元、4.8亿欧元，减值损失所占比重平均值分别为0.77%、0.1%、0.28%。从2008—2010年三年数据看，欧盟商业银行在2008年对这三类金融资产确认的减值损失较多，其后在2009年和2010年逐渐减少，这与欧洲金融市场在2008年步入深度危机，其后逐步恢复的基本经济形势一致。三类金融资产每年合计的减值金额分别为248亿欧元、110.3亿欧元、41.2亿欧元，远远小于对应三年的贷款减值准备金额2015.3亿欧元、2200亿欧元、2197亿欧元；三类资产每年计提减值比率平均为0.67%、0.35%、0.13%，也远低于对应三年的贷款减值比率1.37%、1.56%、1.57%。这说明，可供出售金融资产、持有至到期投资和无

报价权益工具投资三类金融资产合计减值金额对监管资本的影响远低于贷款减值准备的影响。另外,随着经济形势趋好,三类金融资产减值对监管资本影响还有进一步缩小的趋势,但贷款减值的这种趋势并不明显。

表4-16 欧盟商业银行合并报表其他金融资产及其减值数据

单位:十亿欧元、%

| 地区 | 项目 | 2008年 | 2009年 | 2010年 | 平均值 |
| --- | --- | --- | --- | --- | --- |
| 可供出售金融资产 | 持有金额 | 1602.4 | 1683.1 | 1643.06 | 1642.85 |
| | 减值金额 | 23.7 | 10.21 | 3.74 | 12.54 |
| | 减值比率 | 1.5 | 0.6 | 0.2 | 0.77 |
| 持有至到期投资 | 持有金额 | 247.7 | 247.16 | 285.7 | 260.18 |
| | 减值金额 | 0.6 | 0.16 | 0.09 | 0.28 |
| | 减值比率 | 0.2 | 0.06 | 0.03 | 0.1 |
| 无报价权益工具投资 | 持有金额 | 155.7 | 171.25 | 192.65 | 173.2 |
| | 减值金额 | 0.5 | 0.66 | 0.29 | 0.48 |
| | 减值比率 | 0.3 | 0.4 | 0.15 | 0.28 |

资料来源:欧盟商业银行合并报表数据来源于 European Central Bank。

本书利用数据分析了欧盟商业银行可供出售金融资产、持有至到期投资和无报价权益工具投资减值损失对监管资本影响的情况。桑德斯(2010)在研究公允价值会计对银行监管资本影响时,使用了一些可供出售金融资产和持有至到期投资减值损失对监管资本影响的数据,恰好适用于说明美国的情况,本书对这些数据进行适当整理并加以引用。[①] 这些数据来源于美国总资产超过1000亿美元大型银行控股公司2008年度财务报告(SEC10-K)和监管报告(Y-9C)。2008年是国际金融危机最为严重的一年,依据这些大型银行2008年数据进行的金融工具会计规范对监管资本的影响分析比较有代表性。表4-17

---

① Sanders Shaffer,"Fair Value Accounting:Villain or Innocent Victim, Federal Reserve Bank of Boston", *Working Paper* No. QAU10-01,2010.

表 4-17　　可供出售证券与持有至到期投资减值
　　　　　　处理对监管资本的影响　　　　单位：千美元

| 日期：2008年12月31日 | 可供出售证券 | | 可供出售证券和持有至到期投资 | |
|---|---|---|---|---|
| | 其他综合收益中的累积未实现损失 | 对一级资本的影响（%） | 通过非暂时性减值所确认的损失 | 对一级资本的影响（%） |
| JPMorgan Chase | -5000 | 0 | -76000 | -0.1 |
| Citigroup | 0 | 0 | -2800000 | -2.3 |
| Bank of America | 0 | 0 | -4100000 | -3.3 |
| Wells Fargo | -70000 | 0 | -1790000 | -2.0 |
| PNC | -2706 | 0 | -312000 | -1.3 |
| US Bancorp | -65000 | -0.3 | -470000 | -1.9 |
| Bank of NY Mellon | -17000 | -0.1 | -1628000 | -9.6 |
| Suntrust | 0 | 0 | -83800 | -0.5 |
| State Street | -16149 | -0.1 | -122000 | -0.9 |
| Capital One | -2351 | 0 | -10900 | -0.1 |
| BB&T | -13974 | -0.1 | -104000 | -0.8 |
| Regions | -13341 | -0.1 | -28300 | -0.2 |
| Fifth Third | -3545 | 0 | -104000 | -0.9 |
| KeyCorp | -9700 | 0.1 | 0 | 0 |
| 平均值 | -11126.14 | -0.06 | -830642.86 | -1.71 |

将美国14家最大商业银行可供出售金融资产确认并累计在权益中的未实现公允价值计量损失，与可供出售证券和持有至到期投资当年确认的减值损失以及它们对监管资本的影响进行比较。按照美国会计准则，可供出售证券和持有至到期投资的减值尽管增加了非暂时性减值的判断，但确认减值的基础是公允价值。表4-17将累计在权益的未实现损益与通过减值确认的已实现损失进行比较是合理的，因为从性质上看它们都是依据公允价值确定，只是一个确认在权益中，另一个确认在损益中。从表4-17可知，2008年，美国最大14家银行平均确认了8.3亿美元可供出售证券和持有至到期证券投资减值损失，平

均对监管资本产生的影响是 -1.71%。其中，Bank of NY Mellon2008 年确认的可供出售证券和持有至到期证券投资减值损益最高，为 162.8 亿美元，对其监管资本产生的负面影响也最大，为 -9.6%；KeyCorp 在 2008 年未确认可供出售证券和持有至到期证券投资减值损益，因而对其监管资本没有产生影响。

贷款和持有至到期金融资产减值损失要直接计入当期损益，因而直接影响商业银行一级资本。贷款和持有至到期金融资产通常是商业银行的主要资产，而且这些资产在金融危机期间因确认大量减值损失而对监管资本产生巨大影响，成为银行监管机构关注的焦点。

（四）企业合并财务报告会计规范对资本监管的影响

银行会计监管对资本监管影响，主要体现在金融资产会计规范对资本监管的影响上。一方面，金融资产计量、分类和减值处理会计规范对商业银行监管资本核算产生直接影响；另一方面，这些会计规范固有的弹性操作空间为商业银行操纵监管资本核算提供了条件，成为商业银行操纵监管资本核算的重要工具。因此，金融资产会计处理规范是银行会计监管影响资本监管最重要的方面。

除金融资产会计处理规范之外，另外一些对资本监管产生重要影响的会计规范是与企业合并财务报表相关的会计规范。这些规范界定商业银行的表外业务是否应并表列报，进而确定它们是否应纳入监管资本核算之中。在商业银行各类表外业务中，资产证券化业务对资本监管核算的影响是重大的，在某些时期，这种影响还可能是持续性的，因而受到广泛关注，焦点是商业银行为资产证券化之目的而创设的特殊目的主体（Special Purpose Entities，SPE）是否应并入其财务报告？

1. 商业银行通过创设特殊目的实体进行资本充足率管理案例分析

那么，商业银行通过设立特殊目的主体进行资产证券化操作以及相关的合并财务报表问题会如何影响监管资本核算呢？阐释这一问题仍需从监管资本核算规范说起。本书第二章、第三章和第四章部分内容详细阐述了资本监管的基本原理、核算技术及其影响，了解到资本充足率指标是资本监管的核心指标。《巴塞尔协议Ⅱ》要求的最低资本充足率是8%，即银行资本充足率＝总资本/风险加权资产≥8%。通过使用特殊目的主体工具进行资产证券化操作，商业银行能够将一些风险资产出售给名义上的独立主体（特殊目的主体），从而将风险资产转化为无风险资产，在合并财务报告会计规范允许上述业务表外处理的情况下，这一操作会大幅度提高商业银行的资本充足水平。杰克、巴巴拉和尼古拉斯（Jack，Barbara and Nicholas，2010）在分析美国相关会计规范变更对商业银行监管资本管理影响时所列举的例子生动地描述了上述情况，本书予以引用①（见表4-18）。

表4-18　样本商业银行设立特殊目的实体之前的资产负债表

单位：百万美元

| | | | |
|---|---|---|---|
| 现金及银行存款 | 2674 | 存款 | 6493 |
| 出售的联邦基金 | 544 | 购买的联邦基金 | 1722 |
| 投资 | | 短期借款 | 3062 |
| 交易账户投资 | 2860 | 长期借款 | 2815 |
| 持有待售投资 | | 其他负债 | 777 |
| 对合格特殊目的主体投资 | 0 | | |
| 其他 | 371 | | |
| 持有至到期投资 | | | |
| 抵押担保债券——政府担保 | 986 | | |
| 抵押担保债券——非政府担保 | 754 | | |
| 其他 | 407 | | |
| 贷款（净额） | 5574 | | |
| 无形资产 | 304 | 普通股 | 167 |
| 其他资产 | 1476 | 留存收益 | 914 |
| 总资产 | 15950 | 负债和股东权益 | 15950 |

---

① Jack Dorminey, Barbara Apostolou and Nicholas G. Apostolou, "Regulatory Capital at Risk under Accounting Rule Changes", *Journal of Banking & Finance*, pp.40-46, 2010.

# 第四章 商业银行会计监管与资本监管捆绑实施问题

表4-19至表4-24是样本商业银行利用特殊目的实体对其部分贷款进行证券化操作的整个过程。

**表4-19 样本商业银行设立特殊目的实体之后的资产负债表**

单位：百万美元

| 样本银行资产负债表 | | | | 特殊目的主体的资产负债表 | | | |
|---|---|---|---|---|---|---|---|
| 现金及银行存款 | 1174 | 存款 | 6493 | 现金及银行存款 | 3708 | 短期借款 | 3650 |
| 出售的联邦基金 | 544 | 购买的联邦基金 | 3922 | 贷款（净额） | 0 | 过手型抵押担保证券 | 0 |
| 投资 | | 短期借款 | 3062 | | | | |
| 交易账户投资 | 2860 | 长期借款 | 2815 | | | | |
| 持有待售投资 | | | | | | | |
| 对合格特殊目的的主体投资 | 50 | 其他负债 | 777 | | | | |
| 其他 | 371 | | | | | | |
| 持有至到期投资 | | | | | | | |
| 抵押担保债券——政府担保 | 986 | | | | | | |
| 抵押担保债券——非政府担保 | 754 | | | | | | |
| 其他 | 407 | | | | | | |
| 贷款（净额） | 5574 | | | | | | |
| 对合格特殊目的的主体贷款 | 3650 | | | | | | |
| 无形资产 | 304 | 普通股 | 167 | | | 普通股票 | 58 |
| 其他资产 | 1476 | 留存收益 | 914 | | | 留存收益 | 0 |
| 总资产 | 18150 | 负债和股东权益 | 18150 | 总资产 | 3708 | 负债和所有者权益 | 3708 |

表 4-20　样本商业银行向特殊目的实体出售贷款之后的资产负债表　　单位：百万美元

| 样本银行资产负债表 | | | | 特殊目的主体的资产负债表 | | | |
|---|---|---|---|---|---|---|---|
| 现金及银行存款 | 4825 | 存款 | 6493 | 现金及银行存款 | 58 | 短期借款 | 3650 |
| 联邦基金 | 544 | 购买的联邦基金 | 3922 | 贷款（净额） | 3650 | 过手型抵押担保证券 | 3650 |
| 投资 | | 短期借款 | 3062 | | | | |
| 交易账户投资 | 2860 | 长期借款 | 2815 | | | | |
| 持有待售投资 | | 其他负债 | 777 | | | | |
| 对合格特殊目的主体投资 | 50 | | | | | | |
| 其他 | 371 | | | | | | |
| 持有至到期投资 | | | | | | | |
| 抵押担保债券——政府担保 | 986 | | | | | | |
| 抵押担保债券——非政府担保 | 754 | | | | | | |
| 其他 | 407 | | | | | | |
| 贷款（净额） | 1924 | | | | | | |
| 对合格特殊目的主体贷款 | 3560 | | | | | | |
| 无形资产 | 304 | 普通股 | 167 | | | 普通股票 | 58 |
| 其他资产 | 1476 | 留存收益 | 914 | | | 留存收益 | 0 |
| 总资产 | 18150 | 负债和股东权益 | 18150 | 总资产 | 3708 | 负债和所有者权益 | 3708 |

表 4-21　特殊目的主体发行债务抵押证券之后的资产负债表　　单位：百万美元

| 现金及银行存款 | 3708 | 短期借款 | 3650 |
|---|---|---|---|
| 贷款（净额） | 3650 | 过手型抵押担保证券 | 3650 |
| | | 普通股 | 58 |
| | | 留存收益 | 0 |
| 总资产 | 7358 | 负债和股东权益 | 7358 |

表 4-22　特殊目的主体偿还短期借款之后的资产负债表

单位：百万美元

| 样本银行资产负债表 | | | | | 特殊目的主体的资产负债表 | | | |
|---|---|---|---|---|---|---|---|---|
| 现金及银行存款 | 8474 | 存款 | 6493 | | 现金及银行存款 | 58 | 短期借款 | 0 |
| 联邦基金 | 544 | 购买的联邦基金 | 3922 | | 贷款（净额） | 3650 | 过手型抵押担保证券 | 3650 |
| 投资 | | 短期借款 | 3062 | | | | | |
| 交易账户投资 | 2860 | 长期借款 | 2815 | | | | | |
| 持有待售投资 | | 其他负债 | 777 | | | | | |
| 对合格特殊目的主体投资 | 50 | | | | | | | |
| 其他 | 371 | | | | | | | |
| 持有至到期投资 | | | | | | | | |
| 抵押担保债券——政府担保 | 986 | | | | | | | |
| 抵押担保债券——非政府担保 | 754 | | | | | | | |
| 其他 | 407 | | | | | | | |
| 贷款（净额） | 5574 | | | | | | | |
| 对合格特殊目的主体贷款 | 0 | | | | | | | |
| 无形资产 | 304 | 普通股 | 167 | | | | 普通股票 | 58 |
| 其他资产 | 1476 | 留存收益 | 914 | | | | 留存收益 | 0 |
| 总资产 | 18150 | 负债和股东权益 | 18150 | | 总资产 | 3708 | 负债和所有者权益 | 3708 |

表 4-23　样本商业银行偿还部分联邦基金、二次放贷之后的资产负债表

单位：百万美元

| 样本银行资产负债表 | | | | | 特殊目的主体的资产负债表 | | | |
|---|---|---|---|---|---|---|---|---|
| 现金及银行存款 | 2624 | 存款 | 6493 | | 现金及银行存款 | 58 | 短期借款 | 0 |
| 联邦基金 | 544 | 购买的联邦基金 | 1722 | | 贷款（净额） | 3650 | 过手型抵押担保证券 | 3650 |
| 投资 | | 短期借款 | 3062 | | | | | |
| 交易账户投资 | 2860 | 长期借款 | 2815 | | | | | |
| 持有待售投资 | | 其他负债 | 777 | | | | | |

续表

| 样本银行资产负债表 | | 特殊目的主体的资产负债表 | | | |
|---|---|---|---|---|---|
| 对合格特殊目的主体投资 | 50 | | | | |
| 其他 | 371 | | | | |
| 持有至到期投资 | | | | | |
| 抵押担保债券——政府担保 | 986 | | | | |
| 抵押担保债券——非政府担保 | 754 | | | | |
| 其他 | 407 | | | | |
| 贷款（净额） | 5574 | | | | |
| 对合格特殊目的主体贷款 | 0 | | | | |
| 无形资产 | 304 | 普通股 | 167 | 普通股票 | 58 |
| 其他资产 | 1476 | 留存收益 | 914 | 留存收益 | 0 |
| 总资产 | 15950 | 负债和股东权益 | 15950 | 总资产 | 3708 | 负债和所有者权益 | 3708 |

表4-24　样本商业银行二次出售贷款之后的资产负债

单位：百万美元

| 样本银行资产负债表 | | | | 特殊目的主体的资产负债表 | | | |
|---|---|---|---|---|---|---|---|
| 现金及银行存款 | 2624 | 存款 | 6493 | 现金及银行存款 | 58 | 短期借款 | 0 |
| 应收账款 | 3650 | | | 贷款（净额） | 7300 | 应付账款 | 3650 |
| 联邦基金 | 544 | 购买的联邦基金 | 1722 | | | 过手型抵押担保证券 | 3650 |
| 投资 | | 短期借款 | 3062 | | | | |
| 交易账户投资 | 2860 | 长期借款 | 2815 | | | | |
| 持有待售投资 | | 其他负债 | 777 | | | | |
| 对合格特殊目的主体投资 | 50 | | | | | | |
| 其他 | 371 | | | | | | |
| 持有至到期投资 | | | | | | | |

续表

| 样本银行资产负债表 | | | | 特殊目的主体的资产负债表 | | |
|---|---|---|---|---|---|---|
| 抵押担保债券——政府担保 | 986 | | | | | |
| 抵押担保债券——非政府担保 | 754 | | | | | |
| 其他 | 407 | | | | | |
| 贷款（净额） | 1924 | | | | | |
| 对合格特殊目的主体贷款 | 0 | | | | | |
| 无形资产 | 304 | 普通股 | 167 | | 普通股票 | 58 |
| 其他资产 | 1476 | 留存收益 | 914 | | 留存收益 | 0 |
| 总资产 | 15950 | 负债和股东权益 | 15950 | 总资产 7358 | 负债和所有者权益 | 7358 |

第一步：样本商业银行设立一家特殊目的实体。在本例中，该样本商业银行向特殊目的实体注入37亿美元资金，其中：0.5亿美元以权益投资方式出资，36.5亿美元以短期借款方式提供；这些资金的来源是：15亿美元来源于自有资金、22亿美元来源于联邦基金借款；另外，依据2008年国际金融危机之前的美国相关会计准则，如果权益资本的10%来源于非发起银行的投资方，则在财务报告日发起银行不需要对特殊目的实体的财务报告进行并表操作；为此目的，本例中的样本商业银行也为特殊目的实体融得第三方权益资本800万美元（第三方权益投资为权益资本总额的13.7%），使其成为符合条件的特殊目的实体，不需要与发起银行进行并表操作。上述操作完成之后，特殊目的实体资产负债状况见表4-20。

第二步：样本商业银行将36.5亿美元贷款出售给特殊目的实体，对方以自有资金支付相关款项。该笔交易完成之后，样本商业银行及其特殊目的实体的资产负债状况见表4-21。

第三步：特殊目的实体以购买的贷款资产为基础发行过手型债务抵押证券，从而完成整个资产证券化过程见表4-21。

第四步：特殊目的实体用发行证券获得收入偿还样本商业银行的

短期借款，样本商业银行在收到该笔资金后偿还联邦基金借款（22亿美元）并新发放贷款（36.5亿美元），见表4-22和表4-23。

那么，上述资产证券化操作对样本商业银行的资本状况会产生怎样的影响呢？通过资产证券化过程中样本商业银行资本充足率指标变动的分析，可以清楚地观察到这种影响的程度。在创设特殊目的实体之前，样本商业银行的资本充足率为8%[①]，达到资本监管的最低资本充足率指标要求（见表4-18）。在创设特殊目的实体之后，样本商业银行的资本充足率下降为5.8%，因为该银行对特殊目的实体进行权益投资和发行短期贷款，增加了风险加权资产总额（增加的金额为37亿美元）（见表4-19）。但当样本商业银行完成向特殊目的实体出售36.5亿美元贷款交易之后，其资本充足率又上升至7.9%，基本恢复至最初的水平，因为这一操作使加权风险资产总额减少了36.5亿美元（见表4-20）。在完成贷款出售交易之后，特殊目的实体可发行基于贷款资产现金流量支持的债务抵押证券，完成资产证券化的最后一个环节，回笼资金，有能力偿还创设银行的短期借款（见表4-21）。样本商业银行因出售贷款现金资产大幅度增加情况，可以偿还联邦基金借款并再次放贷，假设此次放贷量为36.5亿美元，现金余额再次下降为11.74亿美元（见表4-23）。在二次放贷之后，样本商业银行因风险资产增加而导致资本充足率下降至5.8%。但这种资本充足水平恶化的情况在样本商业银行再次向特殊目的实体出售贷款资产（假定金额与二次放贷量相同）后恢复正常（见表4-24）（样本商业银行创设特殊目的实体后不同时点的资本充足率变动情况见图4-1）。从理论上讲，在商业银行创设特殊目的实体之后，通过"出售贷款资产→回笼资金→发放贷款→出售贷款资产"的循环无限制地扩充社会信用，而由于相关会计规范允许某些符合条件的特殊目

---

[①] 本例中，样本商业银行的资本总额（一级资本）为7.77亿美元（总资本10.81亿美元-无形资产3.04亿美元），加权风险资产总额为97.86亿美元（依据《巴塞尔协议Ⅱ》相关规范，交易账户资产风险权重界定为100%，对于持有至到期账户资产，有政府担保的风险权重界定为20%，非政府部门担保的风险权重界定为50%，无担保的风险权重界定为100%；商业贷款的风险权重界定为100%）；总资本充足率=7.77/97.86=8%）。

的实体进行表外处理,这使商业银行的上述行为不会因资本充足水平监管限制而受到影响,这一情况说明,会计监管规范通过影响资本监管核算间接地影响着商业银行的决策行为。

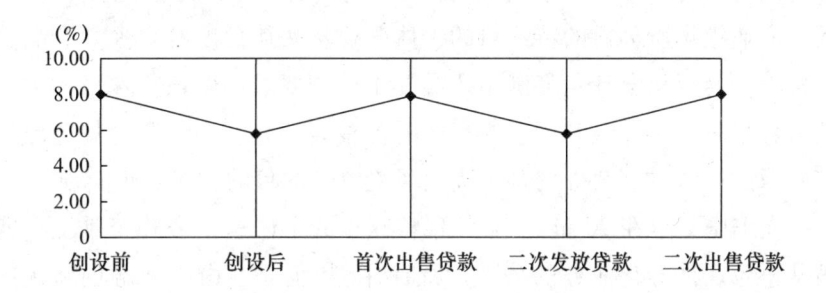

```
(%)
10.00
 8.00  ◆                    ◆                    ◆
 6.00          ◆                    ◆
 4.00
 2.00
    0
     创设前      创设后    首次出售贷款  二次发放贷款  二次出售贷款
```

**图 4-1 样本商业银行创设特殊目的实体后不同时点的资本充足率变动**

已有研究文献(Jalal and Jack,2004;Jack,Barbara,Nicholas,2010)在分析商业银行创设特殊目的实体的目的时,重点关注隔离风险资产和获取流动性两个方面。① 事实上,对于商业银行而言,隔离风险资产和获取流动是紧密相关的。或者说,它们是一个问题的两个方面。通过创设特殊目的实体并出售贷款资产,商业银行在隔离风险资产的同时回笼了资金,为进一步放贷提供了资金保障;但如果会计准则不允许对特殊目的实体进行表外操作,则商业银行会因资本充足水平限制而无法进一步放贷,获得额外流动性的意义也大打折扣;因而,在 2008 年国际金融危机之后,如何通过完善企业合并财务报告相关会计规范以限制商业银行资产剥离行为,进而约束商业银行肆意扩充社会信用,成为金融监管与会计监管关注的焦点。

2. 涉及特殊目的主体问题的会计监管规范及其后续调整

前文已述及,商业银行创设特殊目的主体的核心目的之一是隔离风险资产,即有选择地将一些风险资产置于财务报表之外,使其免受源于这些资产的风险冲击。这种表外操作给商业银行带来管理便利和

---

① Jalal Soroosh and Jack T. Ciesielski, "Accounting for Special Purpose Entities Revised: FASB Interpretation 46 (R)", *The CPA Journal*, July 2004.

经营收入，如在资本充足率偏离监管部门最低要求时可将部分风险资产移至表外，快速提升资本充足水平；再如，利用特殊目的主体工具进行的资产证券化操作，能使商业银行迅速出售贷款资产，回笼流动性，同时获得大笔佣金和手续费收入。但是，为获得上述便利和收入，商业银行所创设的特殊目的主体既要从法律角度符合独立商业主体标准，又要从会计角度满足非合并主体的要求，即该特殊目的主体的财务报表不必并入其创设银行的财务报表。只有会计监管规范允许特殊目的主体进行表外处理，隔离风险资产的目的才能真正实现。

在美国，早在20世纪70年代特殊目的主体这一表外安排工具就被从事资产证券化业务的公司广泛使用。[①] 但是，由于金融创新快速发展和资产证券化操作的复杂性、灵活性，会计监管制度一直未能有效地对商业银行创设的特殊目的主体及相关交易做出科学合理、全面系统的规范，致使公开披露的财务报告信息未能全面反映商业银行的表外操作风险，导致市场约束功能失效。安然公司利用特殊目的主体隐匿问题资产、欺骗投资者和监管机构的财务丑闻使这一表外工具一夜成名；次贷危机中金融机构又利用它无节制地放大社会信用，引发国际性金融危机。国际会计准则理事会（IASB）和美国财务会计准则委员会（FASB）等主要会计准则制定机构均紧急完善了与特殊目的主体相关的会计监管规范，一致要求金融机构将为资产证券化目的而创设的特殊目的主体纳入表内核算。这些会计监管规范的后续调整将对监管资本核算产生深远影响。

2008年国际金融危机之前，美国公认会计原则（US GAAP）涉及特殊目的主体的会计监管规范主要有2000年发布的第140号财务会计准则公告（SFAS140）《金融资产转移、服务和债务清偿的会计处理》和2003年发布的第46（R）号解释公告《变动利益主体合并处理》[FASB Interpretation 46（R）]。SFAS140界定了"合格

---

① FASB, *SFAS*140, *Accounting for Transfer and Servicing of Financial Assets and Extinguishments of Liabilities*, September 2000.

特殊目的主体"（QSPE）概念，允许对其进行表外处理。① FASB Interpretation 46（R）界定了"变动利益主体"概念，要求对大多数进行并表处理。② FASB Interpretation 46（R）为应对"安然事件"暴露的特殊目的主体会计问题而制定，它扩大了对特殊目的主体并表处理的范围，在原来仅考虑"控制"情况的基础上，增加了对所持有变动利益情况的判断。2008 年国际金融危机后，特殊目的主体会计监管规范广受诟病。2009 年 12 月，FASB 发布了第 166 号财务会计准则公告《金融资产转移会计处理》（SFAS166）、167 号财务会计准则公告《变动利益主体的合并处理》（SFAS167），对危机中暴露的相关会计监管问题进行修正。SFAS166 删除了"特殊目的主体"概念，也取消了在未让渡控制权情况下抵押贷款证券化仍可视为资产出售的例外情况；③ SFAS167 取消了识别"首要收益人"所使用的"定量法"，要求使用"定性法"，新方法注重识别谁有权决定对变动利益主体产生重大经济影响的交易，以及谁承担吸收损失的义务和拥有获得利益的权利，该方法能更有效地识别谁是变动利益主体的真正控制人。④ 从本质上分析，SFAS166、SFAS167 的核心目的是一致的，即要求所有为资产证券化或类似目的而创设的特殊目的主体和变动利益主体均进行并表处理。前文已述及，商业银行利用特殊目的主体工具进行资产证券化的主要目的是隔离风险资产和获得流动性。隔离风险资产是核心和基础，只有向特殊目的主体出售风险资产，才能回笼资金、获得流动性；只有出售资产行为被会计监管规范认可，隔离风险资产目的才能真正实现，据此进行资本充足率及其他财务指标操纵才能成为可能。SFAS166、SFAS167 实际上封杀了商业银行及其他金融机构以往惯用的"风险资产隔

---

① FASB, *Interpretation 406（R）*, *Consolidation of Variable Interest Entities*, *an Interpretation of ARB*51, January 2003.

② Jack Dorminey, Barbara Apostolou and Nicholas G. Apostolou, "Regulatory Capital at Risk under Accounting Rule Changes", *Journal of Banking and Finance*, 2010, pp. 40 – 46.

③ FASB, *SFAS*166, *Accounting for Transfer of Financial Assets*, December 2009.

④ FASB, *SFAS*167, *Consolidation of Variable Interest Entities*, December 2009.

离"路径，将对资本充足水平核算和管理及其他方面产生深远影响。

2008年国际金融危机之前，《国际会计准则》（IAS）中涉及特殊目的主体的会计监管规范主要是1998年发布的第12号解释公告《合并——特殊目的主体》（SIC12）。SIC12对发起人（特殊目的主体的创设人）在何种情况下对特殊目的主体进行并表处理做出了明确规定。这些规定与US GAAP相关规范基本一致，包括仅经营特定业务、发起人能获得多数利益并承担主要风险等。[①] 2008年国际金融危机后，IASB同样遭遇了来自各方的压力，促使其积极应对特殊目的主体会计监管规范暴露的问题，分别于2008年12月和2009年3月发布《合并财务报表》和《终止确认》两份征求意见稿。2011年5月，IASB发布了第10号国际财务报告准则《合并财务报表》（IFRS10），用它取代了SIC12。IFRS10要求主体将所有受其控制的其他主体进行并表处理，并严格界定了"控制"含义：当投资者因介入被投资者经营活动而承担了风险或有权从被投资者处获得变动权益并有能力通过对被投资者施加权利而影响这种权益时，投资者就控制了被投资者。[②] 按照这一新控制定义，商业银行为资产证券化目的而创设的特殊目的主体均需纳入其合并财务报表的并表范围。

从以上梳理的涉及特殊目的主体问题的会计监管规范及其后续调整过程不难看出，2008年国际金融危机之前的特殊目的主体会计监管规范存在很多漏洞，让金融机构随意地利用这一工具规避监管，肆意地进行资产证券化操作，灵活地操纵资本充足水平和其他财务指标，欺骗投资者、债权人和监管机构。正是基于对这一问题的深刻认识，全球主要会计准则制定机构均一致地采取强有力措施，彻底封杀金融机构利用特殊目的主体工具隐匿问题资产、操纵监管资本、美化财务报告等阴谋的途径。这些会计监管规范的调整无疑将对商业银行监管资本核算与管理产生深远影响。

---

① IASB, *IFRS 10, Consolidated Financial Statements*, May 2011.
② Ibid.

### 3. 特殊目的主体会计监管规范调整对监管资本核算的影响

为说明商业银行创设特殊目的主体进行资产证券化操作对其监管资本核算可能产生的影响，本书引用杰克、巴巴拉和尼古拉斯（2010）的模拟商业银行数据进行案例分析。这些模拟数据同样也可用于新会计监管规范对监管资本核算影响的分析。根据 SFAS166 和 IFRS10 的规定，商业银行在资产证券化过程中创设的特殊目的主体要纳入该银行合并财务报表的范围。按照这一新规范，在对表 4-18 至表 4-24 数据进行适当调整和拓展的情况下（见表 4-25 至表 4-28），分析样本商业银行资产证券化过程中不同阶段的资本充足率变化（见表 4-28 和表 4-29）。

表 4-25　　　　特殊目的主体二次发行债务抵押证券
之后的资产负债表　　　　单位：百万美元

| | | | |
|---|---|---|---|
| 现金及银行存款 | 3708 | 短期借款 | 0 |
| 贷款（净额） | 7300 | 应付账款 | 3650 |
| | | 过手型抵押担保证券 | 7300 |
| | | 普通股 | 58 |
| | | 留存收益 | 0 |
| 总资产 | 11008 | 负债和股东权益 | 11008 |

表 4-26　　　特殊目的主体偿付应付账款之后的资产负债表

单位：百万美元

| | | | |
|---|---|---|---|
| 现金及银行存款 | 58 | 短期借款 | 0 |
| 贷款（净额） | 7300 | 应付账款 | 0 |
| | | 过手型抵押担保证券 | 7300 |
| | | 普通股 | 58 |
| | | 留存收益 | 0 |
| 总资产 | 7358 | 负债和股东权益 | 7358 |

表4-27　特殊目的主体二次发行债务抵押证券并偿还应付账款之后的资产负债表　　单位：百万美元

| 样本银行资产负债表 | | | | 特殊目的主体的资产负债表 | | | |
|---|---|---|---|---|---|---|---|
| 现金及银行存款 | 6274 | 存款 | 6493 | 现金及银行存款 | 58 | 短期借款 | 0 |
| 联邦基金 | 544 | 购买的联邦基金 | 1722 | 贷款（净额） | 7300 | 过手型抵押担保证券 | 7300 |
| 投资 | | 短期借款 | 3062 | | | | |
| 交易账户投资 | 2860 | 长期借款 | 2815 | | | | |
| 持有待售投资 | | 其他负债 | 777 | | | | |
| 对合格特殊目的主体投资 | 50 | | | | | | |
| 其他 | 371 | | | | | | |
| 持有至到期投资 | | | | | | | |
| 抵押担保债券——政府担保 | 986 | | | | | | |
| 抵押担保债券——非政府担保 | 754 | | | | | | |
| 其他 | 407 | | | | | | |
| 贷款（净额） | 1924 | | | | | | |
| 对合格特殊目的主体贷款 | 0 | | | | | | |
| 无形资产 | 304 | 普通股 | 167 | | | 普通股票 | 58 |
| 其他资产 | 1476 | 留存收益 | 914 | | | 留存收益 | 0 |
| 总资产 | 15950 | 负债和股东权益 | 15950 | 总资产 | 7358 | 负债和所有者权益 | 7358 |

表4-28　样本商业银行三次放贷之后的资产负债表　单位：百万美元

| 样本银行资产负债表 | | | | 特殊目的主体的资产负债表 | | | |
|---|---|---|---|---|---|---|---|
| 现金及银行存款 | 2624 | 存款 | 6493 | 现金及银行存款 | 58 | 短期借款 | 0 |
| 联邦基金 | 544 | 购买的联邦基金 | 1722 | 贷款（净额） | 7300 | 过手型抵押担保证券 | 7300 |
| 投资 | | 短期借款 | 3062 | | | | |
| 交易账户投资 | 2860 | 长期借款 | 2815 | | | | |
| 持有待售投资 | | 其他负债 | 777 | | | | |

续表

| 样本银行资产负债表 | | | | 特殊目的主体的资产负债表 | | |
|---|---|---|---|---|---|---|
| 对合格特殊目的主体投资 | 50 | | | | | |
| 其他 | 371 | | | | | |
| 持有至到期投资 | | | | | | |
| 抵押担保债券——政府担保 | 986 | | | | | |
| 抵押担保债券——非政府担保 | 754 | | | | | |
| 其他 | 407 | | | | | |
| 贷款（净额） | 5574 | | | | | |
| 对合格特殊目的主体贷款 | 0 | | | | | |
| 无形资产 | 304 | 普通股 | 167 | | 普通股票 | 58 |
| 其他资产 | 1476 | 留存收益 | 914 | | 留存收益 | 0 |
| 总资产 | 15950 | 负债和股东权益 | 15950 | 总资产 | 负债和所有者权益 | 7358 |

表 4-29　样本商业银行首次完成资产证券化操作的合并财务报表

单位：百万美元

| 现金及银行存款 | 2682 | 存款 | 6493 |
|---|---|---|---|
| 出售的联邦基金 | 544 | 购买的联邦基金 | 1722 |
| 投资 | | 短期借款 | 3062 |
| 交易账户投资 | 2860 | 长期借款 | 2815 |
| 持有待售投资 | | 其他负债 | 777 |
| 对合格特殊目的主体投资 | 0 | 过手型抵押担保证券 | 3650 |
| 其他 | 371 | | |
| 持有至到期投资 | | | |
| 抵押担保债券——政府担保 | 986 | | |
| 抵押担保债券——非政府担保 | 754 | | |
| 其他 | 407 | | |
| 贷款（净额） | 9224 | | |

续表

| | | | |
|---|---|---|---|
| 对合格特殊目的主体贷款 | 0 | 少数股东权益 | 8 |
| 无形资产 | 304 | 普通股 | 167 |
| 其他资产 | 1476 | 留存收益 | 914 |
| 总资产 | 19608 | 负债和股东权益 | 19608 |

本书拓展了前期模拟商业银行贷款资产证券化的相关数据，增加了样本商业银行向特殊目的主体第二次出售贷款的情况。在二次出售贷款时，因自有资金不足，特殊目的主体无法及时支付交易款项，承担了短期债务（应付账款），样本商业银行获得了短期债权（应收账款）；在完成新的债务抵押债券发行工作之后，特殊目的主体用回笼资金偿付购买贷款交易承担的短期债务（应付账款），见表4-25至表4-28。

按照关于特殊目的主体的最新会计监管规范（SFAS166和IFRS10），商业银行在财务报告日应将为资产证券化目的而创设特殊目的主体的财务报表进行并表处理。据此，本书将第一次、第二次资产证券化之后的样本商业银行及其特殊目的主体的资产负债表进行并表处理（见表4-28和表4-29），核算这两种情况的资本充足水平并与创设特殊目的主体之前的情况进行比较，见表4-30。

表4-30　　　样本商业银行二次完成资产证券化
操作的合并财务报表　　　单位：百万美元

| | | | |
|---|---|---|---|
| 现金及银行存款 | 2682 | 存款 | 6493 |
| 出售的联邦基金 | 544 | 购买的联邦基金 | 1722 |
| 投资 | | 短期借款 | 3062 |
| 交易账户投资 | 2860 | 长期借款 | 2815 |
| 持有待售投资 | | 其他负债 | 777 |
| 对合格特殊目的主体投资 | 0 | 过手型抵押担保证券 | 7300 |
| 其他 | 371 | | |

续表

|  |  |  |  |
|---|---|---|---|
| 持有至到期投资 |  |  |  |
| 抵押担保债券——政府担保 | 986 |  |  |
| 抵押担保债券——非政府担保 | 754 |  |  |
| 其他 | 407 |  |  |
| 贷款（净额） | 12874 |  |  |
| 对合格特殊目的主体贷款 | 0 | 少数股东权益 | 8 |
| 无形资产 | 304 | 普通股 | 167 |
| 其他资产 | 1476 | 留存收益 | 914 |
| 总资产 | 23258 | 负债和股东权益 | 23258 |

表4-31　基于样本商业银行合并财务报表的资本充足水平变化表　单位：百万美元

|  | 创设特殊目的主体之前 | 第一次证券化之后 | 第二次证券化之后 |
|---|---|---|---|
| 一级资本 | 777 | 785 | 785 |
| 加权风险资产 | 9786 | 13436 | 17086 |
| 风险资产增加额 | 0 | 3650 | 3650 |
| 一级资本充足率 | 7.9% | 5.8% | 4.6% |
| 资本充足率变化比率 |  | -2.1% | -1.2% |

表4-32　美国三大银行报告的资本充足率数据① 　单位：十亿美元

|  | 花旗 | 美国银行 | 摩根 |
|---|---|---|---|
| 总资产 | 1938.47 | 1817.94 | 2175.05 |
| 调整后总资产 | 1953.29 | 1875.99 | 1966.90 |
| 风险加权资产 | 966.25 | 1320.37 | 1244.66 |
| 一级资本 | 118.76 | 120.81 | 136.10 |
| 二级资本 | 37.64 | 50.85 | 48.62 |

---

① Jack Dorminey, Barbara Apostolou and Nicholas G. Apostolou, "Regulatory Capital at Risk under Accounting Rule Changes", *Journal of Banking & Finance*, 2010, pp. 40-46.

续表

|  | 花旗 | 美国银行 | 摩根 |
|---|---|---|---|
| 总资本 | 156.40 | 171.66 | 184.72 |
| 一级资本充足率 | 11.92% | 9.15% | 10.93% |
| 总资本充足率 | 15.70% | 13.00% | 14.84% |

表 4-33　基于 SFAS166 规范调整的美国三大银行报告的资本充足率数据[①]　　单位：十亿美元，%

|  | 花旗 | 美国银行 | 摩根 |
|---|---|---|---|
| 特殊目的主体资产 | 822.13 | 1599.10 | 160.00 |
| 总资产 | 2760.60 | 3417.04 | 2335.05 |
| 调整后总资产 | 2775.42 | 3475.09 | 2126.90 |
| 风险加权资产 | 1407.32 | 2119.92 | 1324.66 |
| 一级资本 | 118.76 | 120.81 | 136.10 |
| 二级资本 | 37.64 | 50.85 | 48.62 |
| 总资本 | 156.40 | 171.66 | 184.72 |
| 一级资本充足率 | 8.44 | 5.70 | 10.27 |
| 总资本充足率 | 11.11 | 8.10 | 13.94 |

从表 4-31 可知，表 4-18 至表 4-23 所描述的样本商业银行的相关资产证券化操作，如若按 SFAS166 和 IFRS10 进行并表处理，则样本商业银行的上述操作将对其监管资本产生严重的负面影响，第一次证券化操作后该商业银行一级资本充足率下降 2.1%，第二次证券化操作后其一级资本充足率再下降 1.2%，按照美国的"快速纠正措施"（PCA）这一趋势将很快招致监管机构干预，引发监管风险。表 4-32 和表 4-33 的数据进一步说明，特殊目的主体会计监管规范的最新调整要求商业银行将前期的部分表外操作纳入合并报表，使其资本充足水平降低，迫使其出于资本监管压力而抑制一些如资产证券化

---

[①] Jack Dorminey, Barbara Apostolou and Nicholas G. Apostolou, "Regulatory Capital at Risk under Accounting Rule Changes", *Journal of Banking & Finance*, 2010, pp. 40-46.

等的表外操作行为，这对限制商业银行的风险投资行为有深远影响。

## 第三节 商业银行会计监管与资本监管捆绑实施引发的问题

在市场经济制度环境中，股票公开交易的上市商业银行既要执行会计信息披露监管规范，又要实施资本充足水平监管规范，面临双重监管制度约束。会计信息披露监管与资本充足水平监管的动机和目标存在显著差异，导致这两种监管制度捆绑实施产生了一些实际问题。在次贷或金融危机之前，这种监管制度捆绑实施引发的问题已受到关注；在次贷或金融危机之后，监管制度捆绑实施引发的问题成为热点议题。

### 一 次贷或金融危机前显现的问题

（一）监管套利问题

监管资本套利，是商业银行利用资本监管制度之间的差异性或制度内部的不协调性，运用某种手段，在不改变实际风险水平的情况下，提高资本充足水平的行为。① 资产证券化是商业银行监管资本套利的主要手段（Jones，2000；Ambrose，2005）。②③ 本书所阐述的监管套利问题不是源于资本监管制度之间的差异性或不协调性，但与其相似，是源于会计监管制度与资本监管政策捆绑实施所产生的不协调性和冲突问题。本书所分析的银行会计监管与资本监管捆绑所引发的监管套利行为，主要是指在资本充足水平可能触及最低要求、在可能面临监管干预或惩罚情况下，商业银行利用会计准则所提供的选择空间进行以满足监管要求为目的但未实质性改善其资本充足水平的

---

① IASB, *SIC No.12*, *Consolidation – Special Purpose Entities*, November 1998.
② David Jones, "Emerging Problems with the Basel Capital Accord: Regulatory Capital Arbitrage and Related Issues", *Journal of Banking & Finance*, Vol. 24, 2000, pp. 35 – 58.
③ Brent Ambrose, "Does Regulatory Capital Arbitrage, Reputation or Asymmetric Information Drive Securitization", *Journal of Financial Service Research*, Vol. 28, 2005, pp. 113 – 133.

行为。

1988 年发布的《巴塞尔协议 I 》要求商业银行保持 8% 的资本充足率，这在一定程度上限制了商业银行的风险投资行为，是引发监管套利的主要原因。银行盈利能力与风险资产的持有比率是相关的，为获取更多利润，商业银行管理层倾向于持有较少资本、更多资产。银行增持资产的方式有两种：一是增加杠杆比率（即将资本转化为资产）；二是增加资本。商业银行一般优选前者，因为后者需要增发股份，会稀释当前股东的控制权。如何在保持合格资本充足水平前提下增加风险资产，提高银行获利能力，是监管套利追求的目标之一。商业银行监管套利的另一目标是规避监管干预或惩罚。银行监管机构将个体银行的资本充足水平维护视为其银行系统安全与稳健的基础，对资本充足水平未达到基本要求的银行，会依据其资本缺乏程度进行干预或惩罚。例如，美国的监管干预或惩罚措施包括：①频率更高的、时间更长的检查；②对高级管理层和董事会的道德劝导；③对并购申请的否决；④下发提高资本水平的指令并采取其他措施，如限制股利发放；⑤取消存款保险或吊销经营许可证书等。[①] 比较而言，资本监管的干预和惩罚措施比会计监管的惩罚措施严厉得多，而资本监管与会计监管又捆绑在一起（资本充足水平的计算要以会计数据为基础），商业银行在面临资本监管压力时会通过调整会计数据方式进行缓解，这与会计准则给商业银行提供了一些合法的选择空间也有直接关系。商业银行利用会计准则的选择空间对资产账面价值和市场价值进行有利于提高资本充足率的确认操作，这是商业银行监管套利的最常用手段之一，已经被大量学术研究证实。

商业银行资产负债表上载有大量资产组合，与原始购买价格比较，其中一些资产的市场价值上升，另一些资产的市场价值下降。在美国，第 115 号财务会计准则《某些债务和权益证券的会计处理》（SFAS115）实施之前，商业银行多数金融资产按历史成本计量，资

---

[①] Larry D. Wall and Pamela P. Peterson, "Banks' Responses to Binding Regulatory Capital Requirements", *Economic Review*, Federal Reserve Bank of Atlanta, March/April 1996, p. 3.

本充足率计算也是基于历史成本的金融资产数据,因而商业银行的监管资本数据与其经济资本之间有很大差距。商业银行可以通过出售市场价值上升的资产,加速对利得的确认,以提升资本充足水平。例如,肖尔斯、威尔逊和沃尔夫森(Scholes, Wilson and Wolfson, 1990)检验了美国大型银行确认的证券利得或损失数据,发现与资本充足率较高银行比较,资本充足率较低银行倾向于确认较多利得、较少损失。[1]

在 SFAS115 实施以后,商业银行监管套利行为受到了一些影响。SFAS115 改变了先前银行资产交易账户和银行账户两分模式,要求划分为交易性、准备出售和持有至到期三类,前两者按公允价值计量,价值变动时一个计入损益,另一个计入权益,第三类按摊余成本计量,但要进行减值测试。这种变化对资本充足率的可能影响渠道有:第一,交易性证券价值变动计入损益对监管资本产生持续性影响;第二,可供出售证券价值变动计入权益对监管资本没有影响,但出售这些证券时要将计入权益的价值变动转入损益,会产生阶段性影响;第三,持有至到期证券价值变动对监管资本没有影响,但在发生非暂时性减值时也会产生阶段性影响。可见,如将证券投资划分为交易性的,对监管资本影响最大,且这种影响是商业银行无法左右的;如将证券投资划分为可供出售或持有至到期的,对监管资本也会产生影响,但这种影响既不是直接的也不是持续性的,而且银行在操作上有一定的灵活性和选择空间。但可供出售和持有至到期证券对监管资本的影响也不尽相同,前者是可以出售的,在出售时会影响监管资本;后者必须持有至到期,仅在发生非暂时性减值时会影响监管资本。这样看来,在三种证券类型中,持有至到期证券对监管资本的影响是最小的,但将更多

---

[1] Scholes, Myron S., G. Peter Wilson and Mark A. Wolfson, "Tax Planning, Regulatory Capital Planning, and Financial Reporting Strategy for Commercial Banks", *Review of Financial Studies*, Vol. 3, No. 4, 1990, pp. 625–650.

证券划分为持有至到期会严重影响商业银行对流动性的需求[1]，因而这种规避监管资本影响的措施也是有代价的。

商业银行利用证券投资类型划分影响监管资本的证据在次贷或金融危机前后均普遍存在。SFAS115 在美国实施以后，霍德等（2002）调查是否因该准则实施给商业银行增加监管风险，从而促使其放弃科学的资产组合与风险管理模式。他们观测了 230 家股票上市交易的商业银行，发现 SFAS115 引发的监管不确定性影响银行的会计和风险决策，如资本较弱银行将更多证券划分为可供出售的，其目的是增大监管资本；再如，在监管资本下降时，所有银行都调整了其关键证券投资组合；他们还发现，SFAS115 实施给商业银行带来新成本，因为将较多证券划分为持有至到期虽能确保监管资本不受证券价值变动影响，但也损害其流动性供应，银行承担该成本的目的是避免监管资本违规；他们的结论是，监管合约影响商业银行的会计选择和风险管理决策。[2]

通过调整金融资产划分模式以增强监管资本的证据在次贷或金融危机期间的欧洲同样存在。2008 年 10 月，在欧盟商业银行的游说压力下，国际会计准则理事会（IASB）发布对 IAS39 的修订公告，允许商业银行对先前划分为交易性和可供出售证券进行重新分类。这种重新分类对商业银行的影响是，如将交易性证券划分为持有至到期的，就能消除证券市场价值快速下跌对监管资本的影响，避免可能发生的监管干预或惩罚，因此，这种重新分类要求体现了在次贷或金融危机期间商业银行在双重监管压力下强烈的监管套利动机。Fiechter（2010）分析了按照国际财务报告准则（IFRS）编制财务报告的 219 家欧洲商业银行的 2008 年财务报表，发现约 1/3 样本银行利用金融

---

[1] Leslie Hodder, Mark Kohlbeck, Mary Lea Mcanally, "Accounting Choices and Risk Management: SFAS115 and U.S Bank Holding Companies", *Contemporary Accounting Research*, Vol. 19, Issue 2, February 2002, pp. 225 – 270.

[2] Leslie Hodder, Mark Kohlbeck, Mary Lea Mcanally, "Accounting Choices and Risk Management: SFAS115 and U.S Bank Holding Companies", *Contemporary Accounting Research*, Vol. 19, Issue. 2, February 2002, pp. 225 – 270.

资产重新分类来提升资本充足水平，重新分类涉及资产金额的均值达到银行总资产的 3.9% 和银行权益账面价值的 131%；Fiechter（2010）进一步指出，重新分类使银行避免确认巨额公允价值损失，因而大大提高了其资产收益率、权益收益率、权益账面价值和监管资本，尤其是重新分类所产生的利得使权益收益率均值由 -1.4% 上升至 1.3%。[1]

上述证据表明，通过金融资产会计处理方面的重新分类操作来提升监管资本的套利行为在次贷或金融危机前后的美国和欧洲商业银行均普遍存在。另外一种商业银行常用监管资本套利行为是针对贷款的。贷款是商业银行资产的核心部分，所占比重一般超过总资产的 50%。[2] 按照当前会计准则，贷款按摊余成本计量，不确认价值变动，这种核算方式不会对监管资本产生持续性影响。但会计准则对摊余成本计量的贷款资产有特殊要求，即进行减值处理，在确定贷款发生减值时要确认减值损失，这些损失要计入当期损失，从而对监管资本产生直接影响。商业银行在确定贷款损失准备和贷款损失过程中具有较大的灵活性，使之成为监管套利的另一重要领域。一个有代表性的案例是美国一些银行推迟确认其拉美贷款损失，以避免监管资本受损。在 20 世纪 80 年代早期，美国许多商业银行的拉美贷款组合大幅度贬值，但许多大型银行未全部确认这些损失，直至 20 世纪 80 年代末期。[3] 针对次贷或金融危机的相关研究，也发现商业银行通过推迟确认贷款损失进行监管套利的证据。Vyas（2011）分析次贷或金融危机期间美国商业银行确认贷款减值损失的及时性，他将银行季度会计减值数据与信用指数（如 ABX）下降数据进行比较，发现商业银行普遍推迟贷款减值确认；他还发现，公司治理质量、监管调查和诉讼压力等因素与银行贷款损失确认的及时程度直接相关，其中，财务杠杆

---

[1] Peter Fiechter, "Reclassification of Financial Assets under IAS39: Impact on European Banks' Financial Statements", February 2010, Electronic Copy available at: http://ssrn.com/abstract=1527107.

[2] 根据美国商业银行 2012 年 12 月的数据，贷款占总资产的 56.2%。

[3] Larry D. Wall and Pamela P. Peterson, "Banks' Responses to Binding Regulatory Capital Requirements", *Economic Review*, Federal Reserve Bank of Atlanta, March/April 1996, p.9.

高、监管资本紧张和风险头寸复杂的银行确认贷款损失的及时性较差。① 在次贷或金融危机期间，整体经济运行呈下行态势，贷款人违约率大幅度上升，银行本应及时确认因此产生的贷款资产损失，但监管调查和惩罚压力迫使其推迟确认这些损失，以保持监管资本账面价值不受影响。商业银行提升监管资本，进行监管套利机会的存在是因为监管资本核算基于会计准则而不是真实经济价值。② 这种操作不仅无益于商业银行的稳健运用，反而欺骗和蒙蔽了监管机构、投资者和储户，致使监管和监督失效，诱发金融系统动荡。这就是会计监管与资本监管捆绑实施引发的主要问题之一。

（二）会计监管容忍问题

监管容忍是指金融监管机构允许监管资本不足银行继续经营一段时间，期望它们有时间降低风险头寸并修正其他问题，恢复到标准的监管资本水平。监管容忍的目的是挽救濒临倒闭的银行，减少保险基金损失及其他救助成本。例如，美国联邦存款保险公司（FDIC，1997）指出："一个简单的事实是，大多数被认定可能给保险基金带来损失的存款机构最终恢复到安全与稳健水平；因此，有效监管，包括可随意使用的监管容忍，被证明是非常符合成本效益原则的存款保险基金的保护机制。"③

金融监管机构为减少保险基金损失，降低或放松金融监管政策的执行标准在金融危机期间是司空见惯的现象。而且，由于会计监管制度与监管资本政策捆绑在一起，金融监管机构的监管容忍问题会进一步向会计监管领域扩散，他们要求会计监管机构在金融危机期间也同样降低或放松会计监管制度的执行标准。这种由金融监管容忍所引发的会计监管容忍问题在 20 世纪 80 年代美国储蓄贷款危机时期和 2008

---

① Dushyantkumar Vyas, "The Timeliness of Accounting Write - Downs by U. S Financial Institutions During the Financial Crisis of 2007 - 2008", *Journal of Accounting Research*, Vol. 49, No. 3, June 2011, pp. 823 - 860.

② Larry D. Wall and Pamela P. Peterson, "Banks' Responses to Binding Regulatory Capital Requirements, Economic Review", *Federal Reserve Bank of Atlanta*, March/April 1996, p. 6.

③ Federal Deposit Insurance Corporation, *History of the Eighties - Lessons for the Future, Volume 1: An Examination of the Banking Crises of the 1980s and Early 1990s*, 1997.

年国际金融危机期间均存在。

在储蓄贷款危机时期，监管机构允许大量资不抵债储蓄贷款机构继续经营，其做法是：操纵监管会计准则，制造这些储蓄贷款机构仍然稳健经营的假象，例如，将净资产要求由5%降至3%、允许对资产损失摊销处理而不是立即确认、将短期债务调整为备抵资产等；通过操纵储蓄贷款机构净资产，监管机构推迟关停许多市场价值资不抵债的储蓄贷款机构。①

在2008年国际金融危机期间，金融监管机构向会计准则制定机构施加压力，要求放松会计监管执行标准。例如，在欧盟金融监管机构的游说压力下，国际会计准则理事会（IASB）于2008年10月13日发布对IAS39的修订公告，允许商业银行将先前归类为交易性证券的投资重新分类为持有至到期证券，使其可以将市场价值大幅下跌并按公允价值计量的交易账户资产改为按摊余成本计量，从而避免确认大额减值损失。在美国，考虑到金融机构的游说压力，美国财务会计准则委员会（FASB）发布《工作人员立场公告》（FSP SFAS 157-3）"如何在非活跃市场情况下确定某一金融资产的公允价值"。该公告阐述了在非活跃市场情况下如何执行SFAS157并举例说明在非活跃市场情况下计量金融资产公允价值需要考虑的关键因素，澄清了FASB对当前经济环境下报表编制者可能遇到实务问题的立场，其实质是放松了公允价值计量的标准。

会计监管与资本监管目标不同，前者致力于化解信息不对称问题，后者极力维护金融系统安全和经济运行稳定。会计监管机构的定位是"中立者"，他们负责制定规则并监督其实施，与被监管者没有利益联系；而资本监管机构的定位是"看护人"，他们既负责制定规则并监督其实施又在问题发生时实施救助并承担成本，以避免金融行业系统性事件发生、维护经济正常运行。资本监管机构的"看护人"角色对其决策行为产生重大影响，虽然它为维护金融系统安全与稳定

---

① Jonathan M. Edwards, Fdicia V. Dodd-Frank, "Unlearned Lessons about Regulatory Forbearance", *Harvard Business Law Review*, Vol. 1, 2011, p. 281.

制定了最低资本充足要求,但又出于保护存款保险基金和减少社会成本之考虑在商业银行监管资本告急情况下降低或放松相关制度要求。因而,监管容忍问题在所难免。金融监管机构预防金融行业系统性风险、维持经济正常运行的使命,表面上看,比会计监管机构化解信息不对称、提升市场效率的职责更重要、更神圣,因而尽管金融监管机构和证券监管机构在法律地位上不相上下,但金融监管机构明显的政治强势是毋庸置疑的,有学者将其形象地描述为"监管者之王"(King Regulator)。① 金融监管机构的强势地位和会计监管与资本监管捆绑实施是监管容忍由资本监管领域向会计监管领域拓展的根本原因。

会计监管容忍问题是由于会计监管制度与资本监管政策捆绑所致,金融监管机构将金融监管容忍的做法扩大至影响监管资本核算的会计监管制度,从更多方面粉饰商业银行的经营问题,努力维持商业银行经营状态,减少存款保险基金损失。会计监管容忍所产生的负面效应难以估量。通过各种粉饰手段,推迟问题银行的接管时间,其后果通常产生更大的财务救助成本,例如,统计数据表明,储蓄贷款机构危机期间的监管和会计容忍使监管机构增加了 660 亿美元的救助成本。② 逼迫会计准则制定机构放松会计监管制度的做法会严重破坏会计准则制定机构的独立性,从而危害会计信息的客观性和中立性,对恢复投资者信心也将产生重大负面影响。

## 二 次贷或金融危机中暴露的问题

会计监管制度与资本监管政策捆绑实施产生许多问题。从商业银行角度看,为避免监管干预和惩罚,他们致力于从不同方面进行监管套利,会计监管制度因与监管资本核算直接相关而成为监管套利的重灾区。从金融监管机构角度看,出于减少救助成本之考虑,他们存在监管容忍的倾向,并且从资本监管容忍领域向会计监管容忍领域拓

---

① Chester S. Spatt, "Regulatory Conflict: Market Integrity vs Financial Stability", *University of Pittsburgh Law Review*, Vol. 71, 2010, p. 637.

② Jonathan M. Edwards, Fdicia V. Dodd – Frank, "Unlearned Lessons about Regulatory Forbearance", *Harvard Business Law Review*, Vol. 1, 2011, p. 282.

展。监管套利和监管容忍均不会实质性地改善银行资本及财务和经营状况,反而会降低会计监管制度和资本监管政策对银行的约束力,纵容银行管理层放松风险管理标准,也会因信息不对称程度加剧而打击投资者信心,应该引起充分重视。

在次贷或金融危机期间,商业银行财务状况和监管资本水平均面临巨大压力,会计监管制度与资本监管政策捆绑实施所衍生的问题集中暴露。在从本质上分析这些问题与之前所显现的没有实质性差异,仍属于商业银行角度的监管套利和金融监管机构角度的监管容忍范畴,但其表现形式更加复杂化、多样化,影响层面更高、范围更广。

(一)公允价值会计问题

1.《2008紧急经济稳定法案》的公允价值会计议题

2008年10月,美国国会通过《2008紧急经济稳定法案》(又称《救市法案》)。《救市法案》第一部分"问题资产拯救计划"第132节指出:如果从公众利益和投资者保护角度考虑暂停公允价值应用是必要的或恰当的,美国证券交易委员会(SEC)可通过发布规范、制度或指令的形式暂停使用财务会计准则委员会(FASB)的第157号财务会计准则公告《公允价值计量》(SFAS157);第133节又指出:金融机构依据SFAS157中的市值会计(Mark – to – Market)指南编制财务报告,SEC应对这些指南对金融机构资产负债表、信息质量和2008年银行破产的影响以及修订的可行性和替代方法等展开研究。[①]

《公允价值计量》(SFAS157)是FASB2006年发布、2008年生效的准则公告。它整理和修订零散分布的《公允价值应用指南》,制定统一的定义、计量框架和披露规定,适用于其他会计公告要求或允许计量资产和负债公允价值的情况,未涉及应用范围问题。SFAS157发布之前,要求或允许对哪些资产和负债在何时计量(What和When)及如何计量(How)公允价值的规范分散在40多项具体会计公告中;如今,涉及"What"和"When"的规范保持原状,但有关"How"的规范汇总于SFAS157,见图4 – 2。SFAS157的贡献在于:明确公允

---

① The Emergency Economic Stabilization Act of 2008, Section 132 – 133.

价值计量目标、汇编公允价值计量指南、简化实务操作、增强计量结果可比性和扩大披露等方面。

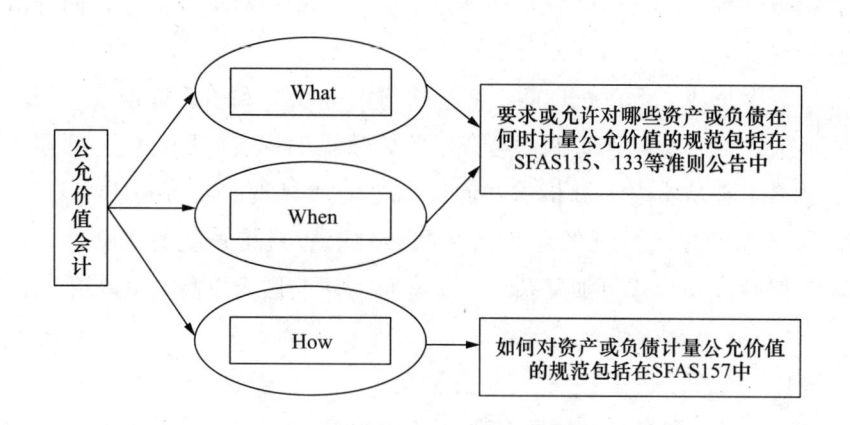

图 4-2　公允价值会计规范的内容

要求暂停 SFAS157、研究其影响的议案列入《救市法案》并获通过，说明多数国会议员确信公允价值会计应用是危机的诱因之一，这是金融机构及其行业组织半年来院外游说的结果。① 事实上，该议案提出者的初衷是"废止"，而非"暂停"。在写给 SEC 主席的信中，议案提出者非常强硬、直白地表达了这一观点："我们强烈要求 SEC 立即停止公允价值会计，以重振金融系统，用更能反映资产真实价值的'按值计价'（Mark-to-value）取而代之。"② 但是，《救市法案》未明确表达议案提出者的初衷且存在明显的概念性错误。在美国公认会计原则（GAAP）中，要求对金融工具计量公允价值的规范分散于多项准则公告中，最主要的是：①SFAS115，它要求对划分为交易性和持有待售的证券计量公允价值，前者的价格变动计入损益，后者的计入权益；②SFAS133，它要求对所有衍生工具计量公允价值，价格变动

---

① 2008 年 3 月以来，美国大型金融机构多次指责公允价值会计导致危机恶化和蔓延，要求暂停使用。

② United State Congress, "Letter to U. S. Securities and Exchange Chairman Christopher Cox", 30 September 2008.

计入损益。金融机构的问题资产主要是基于次级房地产抵押贷款（次贷）的证券及其衍生品[①]，它们大多依照这两项准则进行会计处理。基于金融机构的真实愿望考虑，《救市法案》应要求停止使用 SFAS115 和 SFAS133，而不是 SFAS157。暂停 SFAS157 不会减少任何要求或允许计量公允价值的会计规范，根本没有减少金融机构实施公允价值会计的任何压力（因为它针对"How"，不涉及"What"和"When"），反而取消了能够增加可比性和可操作性的统一指南，见图 4-3。

```
                    ┌──────────────────┐
                    │ 金融危机期间市场 │
                    │   估值持续下跌   │
                    └────────┬─────────┘
                             │
┌──────────────────────┐     │    ┌──────────────┐
│ SFAS115、SFAS133     │     ▼    │ 金融机构     │
│ 等要求或允许对一     │────────▶│ 的财务报     │
│ 些金融资产和金融     │          │ 告面临不     │
│ 负债价值计量公允     │          │ 断增大的     │
└──────────┬───────────┘          │     压力     │
           ▲                      └──────────────┘
           │
┌──────────┴────────────────────────────────────────┐
│ SFAS157 适用于按其他会计准则公告（如 SFAS115、SFAS133）要求 │
│ 或允许计量资产和负债公允价值的情况，仅提供计量和披露方法   │
└───────────────────────────────────────────────────┘
```

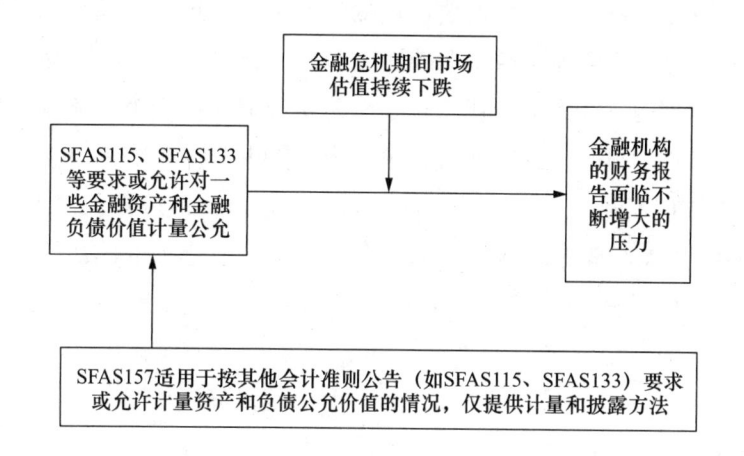

**图 4-3　SFAS157 在美国 GAAP 中的作用**

《救市法案》会计议题的谬误源于金融机构的误导性游说。美国国际集团（AIG）是最早建议取缔公允价值会计的金融机构。2008 年 3 月，AIG 披露 110 亿美元与次级抵押贷款相关的资产减计损失（Writedown），将其归咎于公允价值会计，遂向监管部门提交了停止应用 SFAS157 的建议书。[②] 其后，花旗（Citigroup）、美林（Merrill Lynch）和摩根（JPMorgen Chase）分别披露 120 亿、60 亿和 26 亿美元的次级抵押贷款资产减值损失；其间，上述金融机构均表示全力支

---

① 如房地产抵押贷款债券（MBS）、债务抵押债券（CDOs）和信用违约掉期（CDS）等。

② Francesco Guerrera and Jennifer Hughes, "AIG Urges 'Fair Value' Rethink", *Financial Times*, March 2008.

持 AIG，呼吁停止使用公允价值会计。①② AIG 是美国最大的金融保险机构，后三者是美国最重要的银行，它们联手向国会施压，暂停 SFAS157 的议案出现在救市法案中就不足为怪了。

2. 公允价值为什么成为"替罪羊"

（1）金融危机爆发后金融机构面临的主要挑战。金融危机爆发后，市场流动性枯竭，次贷及相关金融产品市场估值持续下跌。金融机构遭遇新挑战：一是交易性账户按公允价值计量要确认跌价损失；二是银行账户进行资产减值要确认减计损失，导致收益和资产大幅缩水、资本充足率急剧下降，监管压力和破产风险不断加大。交易性账户占金融机构资产总额的比重较小，公允价值计量所确认的跌价损失较少，影响不显著。比较而言，银行账户因占资产总额比重较大，进行资产减值所确认的减计损失较多，影响也非常显著。例如，SEC（2008）调查发现，2008 年前三个季度，样本金融企业确认的贷款减值高达 1210 亿美元，直接导致权益缩水 10%；而 2006 年和 2007 年全年确认的减值准备只有 270 亿美元和 620 亿美元，权益缩水仅为 3% 和 5%。因此，SEC 认为，急剧增加的贷款减值实质性地恶化了样本金融企业的净收益。③ 再如，桑德斯（2010）研究贷款减值对金融机构资本充足率的影响，以美国 14 家大型银行为样本，比较公允价值计量和贷款减值对这些银行监管资本的影响，发现贷款减值对核心资本的消极影响显著，使其平均降低 15.63%，而公允价值计量的消极影响则较小，核心资本平均仅减少 2.09%。④ 这些证据表明，巨额贷款减值不仅导致金融企业收益大幅度缩水，而且使它们的资本充足率急剧下降、监管压力和破产风险不断加大，是金融危机期间较多介入次贷业务的金融机构破产或经营面临巨大挑战的主要原因。但是，

---

① ITAC, "Fair Value Measurement for Financial Instruments", 23 May 2008.
② Marie Leone, "Investor Smack Banks for fair Value Attack", 30 May 2008.
③ SEC, *Report and Recommendations Pursuantto Section 133 of the Emergency Economic Stabilization Act of 2008: Study on Market - to - Market Accounting*, 2008, p. 94.
④ Sanders Shaffer, "Fair Value Accounting: Villain or Innocent Victim", 2010, pp. 18 - 20. http://ssrn.com/abstract=1543210.

资产减值会计与公允价值会计具有显著差异。金融机构避重就轻,将确认巨额贷款减值损失的责任也归咎于公允价值会计是一个严重的概念性错误。

(2) 公允价值会计、市值会计和资产减值会计辨析。在金融危机引发的公允价值会计争论中,把公允价值会计与市值会计和资产减值会计混为一谈的现象普遍存在。金融机构利用这种理解混乱挑起"废止公允价值"运动。因而,澄清公允价值会计与市值会计和资产减值会计之间的相互关系非常必要,见表4-34。

表4-34　公允价值会计与市值会计和资产减值会计的关系

| 名称 | 应用公允价值程度 | 公允价值变动处理方法 | 特征 |
| --- | --- | --- | --- |
| 公允价值会计 | 全面应用 | 计入损益或权益 | 双向反映公允价值变动 |
| 市值会计 | 全面应用 | 计入损益 | 双向反映公允价值变动 |
| 资产减值会计 | 特定条件下应用 | 计入损益 | 单向反映公允价值变动 |

第一,公允价值会计和市值会计。公允价值会计要求或允许主体在持续经营前提下按公允价值报告某些资产和负债并将其价格变动计入损益或权益 (Ryan,2008)。市值会计要求或允许主体对财务报告中某些资产和负债按公允价值计量并将其变动计入损益 (SEC,2008)。[①] 上述两定义的差异体现在被计量项目价值变动的处理上,公允价值会计包括价值变动计入损益和权益两种情况,而市值会计仅指价值变动计入损益的情况。很显然,公允价值会计涵盖市值会计。

第二,公允价值会计和资产减值会计。资产减值是指资产未来可回收金额或者价值低于账面金额时,减计资产的会计处理;它虽然涉及公允价值,但是单向的,即在可回收金额低于账面金额时确认资产的减值,而在可回收金额高于账面金额时不确认资产的增加,所以不

---

① SEC, *Report and Recommendations Pursuant to Section 133 of the Emergency Economic Stabilization Act of* 2008: *Study on Market-to-Market Accounting*, 2008, pp. 1-12.

是公允价值会计。① 资产减值会计蕴涵会计稳健思想，它仅反映资产持有期间无法预料因素对其可回收金额的负面影响，是单向反映。公允价值会计强调客观性，反映资产持有期间价值波动的负面影响和正面影响，是双向反映。

国际金融危机爆发后，美国金融机构的资产减计损失主要源于次贷及基于次贷的证券（如房地产抵押证券 MBS）和衍生工具（如信用违约掉期 CDS）。依据 SFAS5、SFAS65 和 SFAS114，贷款划分为为投资而持有（Held - for - Investment，HFI）和为出售而持有（Held - for - Sale，HFS）两类。前者按摊余成本计量，仅确认可能的信用损失减值；后者按成本与公允价值孰低计量，公允价值的下降计入损益它们都不属于公允价值会计。依据 SFAS115，证券分为三类：①交易性证券和准备出售证券按公允价值计量，前者的价值变动计入损益，后者的计入权益；②它们都归类于公允价值会计，但只有交易性证券的核算属于市值会计；③持有至到期证券按摊余成本计量，但要比照公允价值进行减值测试，它不属于公允价值会计。依据 SFAS133，基于次贷的衍生工具应按公允价值计量，其价值变动计入损益，属于公允价值会计。在次贷及基于次贷的证券和衍生工具会计中，衍生工具与交易性证券和可出售证券的核算属于公允价值会计，其中，仅衍生工具和交易性证券的核算属于市值会计，而次贷和持有至到期证券的核算不属于公允价值会计。上述分析表明，SFAS157，不涉及公允价值计量的范围和时间问题，但美国国会出于减轻金融机构财务报告压力考虑，要求暂停其使用；与贷款减值比较，公允价值会计对金融机构财务报告和资本充足率的影响并不显著，但金融机构却将其视为引发和加剧危机的重要原因。

（3）SFAS157 压缩了金融机构的利润操纵空间。公允价值成为"替罪羊"还在于，2008 年生效的 SFAS157 包含更严格的《公允价值计量指南》，压缩了金融机构的利润操纵空间，主要体现在以下三个

---

① 财政部会计准则委员会：《资产减值会计》，大连出版社 2005 年版，第 130—133 页。

方面：

一是计量目标由模糊转为明确。SFAS157 设定的公允价值计量目标是获取资产或负债的脱手价格，不是入账价格，也不是在用价值，明确地将资产的估价权赋予市场，既客观又透明，大大压缩了以往模糊定义情况下的操纵空间。

二是计量结果由汇总列报转为分级次列报。SFAS157 以所用参数为基础将公允价值计量的资产和负债划分为三个级次，对不同程度地使用市场参数的计量结果区分对待、分别列报。与以往不加区分地汇总列报比较，这是一个很大的进步，为使用者评价不同公允价值计量结果提供了权威的框架和依据。

三是披露要求更全面、更苛刻。SFAS157 的披露规定与级次划分相结合，侧重于三级计量的披露（因为它主要依据主体内部参数），具有两个显著特征：第一，将公允价值计量的资产和负债划分为经常性和偶然性两类。前者除分类列报计量金额和级次外，还要披露当期利得或损失中未实现部分的比例及所在位置，三级计量再追加披露这些计量对当期收益的影响；后者仅披露计量的原因及所属级次，三级计量追加披露计量所用参数及推导参数所用信息。第二，定性披露和定量披露相结合。前者在所有期间都要以表格形式披露，后者针对估值技术，仅在年报中披露。这些披露规定逻辑清晰（经常性和偶然性的划分）、简单易懂（表格列示）、主次分明、定性与定量相结合且与公允价值级次相呼应，对提高公允价值计量整体可靠性有重要作用，建立一个约束主体利用公允价值计量操纵利润的有效机制。[①]

3. 引发公允价值会计问题的原因分析

本书第三章分析了银行监管机构（巴塞尔委员会，2000；欧洲中央银行，2006）对国际金融工具会计准则的忧虑，其中最主要的一项就是公允价值会计，认为它会增加银行收益和权益大幅度波动的风险，无法反映银行内在风险管理状况；还指出，在财务报告中确认公

---

[①] 于永生：《公允价值级次：逻辑理念、实务应用及标准制定》，《审计与经济研究》2009 年第 4 期。

允价值计量所产生的未实现利得和损失是一种不稳健的做法。[1][2] 2008 年国际金融危机以来，欧盟对国际金融工具会计规范变革的最大关切也是公允价值会计，认为它强迫银行确认永远不会实现的损失，人为地给财务报告造成压力，能产生顺周期性，增加金融系统风险。[3]

事实上，金融危机前后，金融监管机构和商业银行对公允价值会计指责的内容没有实质性差异，但在危机期间这些指责的影响却非常大，成为美国总统、欧盟议会和《2008 紧急经济稳定法案》关注的重大议题。一个财务报告问题为什么影响层面会如此之高，这和银行会计监管与资本监管捆绑实施有直接关系。在金融危机期间，贷款违约率上升、证券资产价格下跌是普遍的市场现象，公允价值会计要求银行确认这些市场现象的影响，导致财务报告数据大幅度缩水；银行会计监管与资本监管捆绑实施规则要求将这些缩水财务报告数据纳入监管资本核算，导致许多银行资本充足水平触及监管红线。如此一来，危机期间公允价值会计的影响就被放大：银行财务报告数据缩水引发大规模股票抛售，投资者信心遭到沉重打击；资本充足水平告急引发大范围监管干预、惩罚甚至倒闭事件，系统性风险越来越大。在这样的背景下，公允价值会计问题引起政治高层关注也不足为怪。另外，金融危机期间，次贷相关金融工具的市场估值持续下跌，出于美化财务报告和满足监管资本要求，金融机构利润操纵的动机会更强烈。但 2008 年生效的 SFAS157 却大大压缩了原有指南中存在的公允价值计量选择和操纵空间，因而遭到金融机构的强烈指责，成为众矢之的。

本书分析表明，尽管金融机构将公允价值作为"替罪羊"是一个明显的错误，但在危机初期获得普遍认可，甚至得到立法机构的积极

---

[1] Basel Committee on Banking Supervision, *Report to G7 Finance Ministers and Central Bank Governors on International Accounting Standards*, Basel, April 2000.

[2] ECB, *Assessment of Accounting Standards from a Financial Stability Perspective*, December 2006, pp. 9 – 13.

[3] European Commission, *Exposure Draft Financial Instruments (IAS39): Classification and Measurement*, 15 September 2009.

支持，这一现象令人深思。银行会计监管与资本监管捆绑实施是引发公允价值会计问题的核心因素，它使资产市场估值下跌迅速地侵蚀了银行监管资本，使许多银行陷入被迫补充监管资本、遭受监管惩罚、最终破产倒闭的旋涡中。在这样的背景下，金融机构将矛头指向先前就争议颇多的公允价值会计自然会引起更多关注，金融监管机构因急于拯救这些问题银行而盲目地支持它们对公允价值会计的指责，因而才出现了将公允价值会计视为引发金融危机因素之一的错误认识。

(二) 顺周期问题

在次贷危机加剧、市场流动性进一步恶化的情况下，表面上看，公允价值会计的确使金融机构处于不利境地。这主要是因为财务报告信息具有很强的经济后果性。针对金融机构来说，这种经济后果性主要体现在两个方面：一是在市场估值持续下跌和流动性不断恶化的情况下，公允价值会计迫使持有大量次贷产品的金融机构确认巨额减值损失；如花旗银行2007年第三季度披露资产减值损失66亿美元，而第四季度的资产减值损失高达181亿美元，其他主要金融机构也有类似的情况；资产大幅缩水引发追加保证金或增加抵押资产的要求，因为债务保证金和抵押资产价值是以财务报告信息为基础确定的。二是银行会计监管与资本监管捆绑实施，使财务报告的资产价值信息与监管资本要求有直接联系，金融机构资产缩水直接导致其被迫增加监管资本额度，如果无法及时得到额外资本补充抵销资产减值损失，许多金融机构就可能破产。

因为公允价值会计信息与金融机构监管资本要求和债务抵押或保证金规范有直接关联，使遭受投资资产减值损失的金融机构被迫增加保证金和资本储备，如果自身资本储备不充分，就不得不在已经不活跃的市场上出售优质资产。这可能使次贷产品的市场估值进一步下跌并殃及其他优质投资资产，伤及所有金融机构和投资者，进而产生更多的保证金和监管资本要求，迫使金融机构在非活跃市场上出售更多资产，使市场价格开始新一轮的下跌过程，最终使资产市场估值远远低于其"内在价值"，这就是所谓的公允价值会计的"顺周期效应"。

金融机构将"顺周期效应"的罪名强加在SFAS157之上，据此批评、指责公允价值会计并游说国会指示 SEC 行使终止使用 SFAS157 的权力。因此,"顺周期效应"是公允价值会计备受关注的最主要原因。但是,"顺周期效应"的根源是公允价值会计吗？本书认为,它与公允价值会计没有直接关系,原因有如下三点。

首先,"顺周期效应"归因于银行会计监管与资本监管捆绑实施,即财务报告信息与金融资本监管政策的关联性。财务报告的目标是为投资者和债权人提供对决策有用的信息。公允价值会计要求资产在报告日的账面价值等于公允价值,这些信息对于寻求主体资产价值的投资者和债权人来说是非常有用的,能帮助他们评价主体经营活动的业绩。金融监管政策的目标是金融稳定和安全,保证金和资产抵押制度是一种偿债能力的保障。财务报告目标与金融监管或偿债保障政策的目标不同。但是,因为监管资本和保证金或抵押资产价值的确定要依据财务报告数据,使财务报告信息就有了经济后果性。例如,在美国,如果按照 GAAP 确认的资产损失计入损益和权益,则这些损失要纳入监管资本的核算之中。[①] 准确地讲,"顺周期效应"可能应归咎于财务报告信息与金融资本监管政策的关联性,即银行会计监管与资本监管捆绑实施,而不是公允价值会计本身。因此,采用废止公允价值会计的方法来应对"顺周期效应"问题可能不是一个恰当的策略。[②]

其次,公允价值会计不同于资产减值会计。"顺周期效应"的最直接原因是越来越多的金融机构确认巨额投资工具减值损失,并且这些损失的金额被不断地刷新。但是,公允价值会计不同于资产减值会计,SFAS157 也不涉及减值会计的相关问题。减值会计在实务中应用多年,它不仅适用于金融资产,也适用于不动产、机器和设备等。如果资产发生减值,主体要按其公允价值确定减记的具体金额,这通常导致主体资产缩水。公允价值会计通过资产减值会计间接影响金融机

---

[①] SEC, *Report and Recommendations Pursuant to Section 133 of the Emergency Economic Stabilization Act of* 2008: *Study on Mark – to – Market Accounting*, January 2009, pp. 110 – 115.

[②] Center for Audit Quality, *SEC Study of Market – to – Market Accounting*, File No. 4 – 573, November 2008.

构部分投资工具估值，并非直接导致"顺周期效应"。

最后，"顺周期效应"可能与次贷产品的不透明性特征有直接关系。Ryan（2008）认为，"顺周期效应"的原因之一是许多次贷产品具有不透明性特征，这种不透明性源于次贷参与者通过证券化、信用衍生及其他金融操作对次贷产品的风险所进行复杂分割的过程，也与银行系统将许多次贷产品作为表外融资核算的事实有关。① 受此影响，市场参与者为安全目的通常对次贷产品出价很低或者干脆回避，许多持有这些资产的投资者也不计成本地抛售，造成次贷产品市场估值持续下跌并影响其他投资工具，进而导致整个市场资产估值恶性循环。前 FASB 咨询委员会委员 Young（2007）也将次贷产品的复杂性特征视为造成市场流动性不足，进而引发"顺周期效应"的主要原因。②他指出，在贝尔斯登的两只基金陷入困境之后，次贷产品，尤其是债务抵押债券（CDOs）的不确定性充分暴露，投资者竭尽全力搜寻 CDOs 资产价值和现金流量方面的详细信息，但这些产品的复杂性使投资者无从获得相关财务数据。Young 进一步指出，金融市场能够消化坏的消息，但无法面对信息真空，结果，投资者变得如此恐慌，以至于许多次贷产品的活跃交易市场突然消失了。

"顺周期效应"可能是多种因素综合作用的结果，其中，银行会计监管与资本监管捆绑实施是重要因素之一。金融机构将公允价值会计作为"替罪羊"，目的可能是转移人们的注意力，开脱自己次贷发放泛滥和风险管理疏漏的罪名。这不利于相关政府部门研究金融危机的根源，采取有针对性的应对措施；也不利于市场参与者理解问题的实质，重新介入相关市场交易；更不利于市场及早完成内部调整，重新走向正常的运行轨道。

（三）贷款减值会计问题

花旗（2007）、AIG（2008）等金融机构因确认巨额资产减值损

---

① Stephen G. Ryan, "Accounting in and for the Subprime Crisis", *Working Paper*, Stern School of Business, New York University, March 2008.

② Michael R. Young, "*Fair Value Accounting and Subprime*", December 2007.

失而指责公允价值会计引发顺周期问题。对于商业银行而言，它们在次贷危机期间所确认的资产减值损失多为贷款减值损失。原因在于，在商业银行资产组合中，贷款资产通常占比很大（如在 2012 年年末美国商业银行资产负债表中贷款资产占 56.2%[①]），而危机期间房地产大幅下跌和失业率大幅上升等因素推动贷款违约风险集中释放，在这一背景下，商业银行必须依据会计准则确认相应贷款减值准备或减值损失。商业银行确认并披露巨额贷款减值准备或减值损失会降低当期收益或加剧当期损失，对财务报表产生直接负面影响；同时，因会计监管与资本监管捆绑实施，商业银行确认贷款减值准备或减值损失行为也必然连带侵蚀其监管资本，如果致使资本充足水平低于法定标准，还将引发监管干预，甚至被接管或勒令倒闭等后果。这是"贷款减值会计问题"成为次贷或金融危机期间另一备受关注议题的根本原因。

1. 会计监管与资本监管贷款减值处理冲突理论分析

会计监管与资本监管冲突在贷款减值处理方面表现在（以下以《国际财务报告准则》和《巴塞尔协议 II》为例）：会计监管的目标是使财务报告充分地反映资产负债表日商业银行贷款已发生损失的情况（已发生损失模型），而资本监管的目标是确保商业银行持有充分准备以应对任何预期损失（预期损失模型）；两者的本质差异在于：前者关注已发生的贷款损失，所考虑的时间维度是面向过去的；而后者重视贷款的预期损失，所考虑的时间维度是面向未来的。在时间维度上两者的方向相反。依据会计监管制度计提的贷款减值准备金额与基于资本监管制度有很大差异，前者要求资产负债表日导致贷款减值的事件已经发生，将未来事件的影响排除在外；后者则要求将资产负债表日预计的未来发生事件可能导致的贷款损失考虑在内，通常情况下基于会计监管的贷款减值准备小于基于资本监管的贷款减值准备金额。

---

① 依据美国联邦储备委员会发布的 H. 8—Assets and Liabilities of Commercial Banks in US, 2012 年 12 月 28 日发布，详见第三章的分析。

会计监管制度将贷款减值界定为已发生损失模型有其合理之处：第一，为使投资者更好地评价所投资企业，财务报告致力于对企业资产负债表日的资产负债状况和某一期间净利润状况进行准确计量，因而仅关注资产负债表日前发生的可能导致贷款损失的事件；第二，依据会计应计制原则，财务报告仅能将贷款损失在引发损失的事件发生期间内确认，不能提前或延后。① 但从会计监管角度看，合理的已发生损失模型却给商业银行资本监管带来挑战，主要是在经济周期中该模型导致商业银行在经济上行期间较少确认贷款减值准备，而在经济下行期间确认大量贷款减值损失，从而产生较严重的顺周期性。资本监管机构追求金融系统稳定安全，希望商业银行在经济上行期间确认较多贷款减值准备，在经济下行期间确认较少减值准备，从而使贷款减值处理产生逆周期效果。从会计监管角度看，任何随意计提的贷款减值准备（不是基于已发生事件）都可能是出于利润操纵之目的；但在资本监管机构看来，商业银行在经济上行期间储备较多贷款减值准备用于吸收经济下行期间损失的做法不一定是操纵利润。会计监管与资本监管的冲突问题在贷款减值处理方面表现得淋漓尽致。

2. 会计监管与资本监管贷款减值处理冲突案例分析

在商业银行贷款减值处理方面，实务中发生了一些会计监管与资本监管冲突案例，本书选取其中有代表性的案例进行分析。

1998—2000 年，美国会计监管机构与银行监管机构围绕贷款减值会计问题曾经展开一场激烈争论。SunTrust 银行被迫调整其贷款减值准备事件是引发这场争论的导火索。1998 年，美国证券交易委员会（SEC）发现 SunTrust 银行在 1994—1996 年超常规确认贷款减值准备，致使财务报告无法反映其真实财务状况与盈利能力，要求进行追溯调整。1998 年年末，SunTrust 银行对 1994—1996 年不符合会计准则规

---

① Larry D. Wall and Timothy W. Koch, "Bank Loan - Loss Accounting: A Review of Theoretical and Empirical Evidence", *Economic Review*, Federal Reserve Bank of Atlanta, Second Quarter 2000, p. 1.

定条件的贷款减值准备进行调整,释放贷款减值准备10亿美元。① 贷款减值会计处理要依据判断,商业银行借此通过多提或少提贷款减值准备的方式进行盈余管理,这引起了SEC的极大关注,因为它认为这会降低银行财务报告的信息含量。② 但是,银行监管机构和银行分析专家则对SEC要求调整多计提的贷款减值准备的做法提出质疑,在他们看来,多提贷款减值准备会增强银行吸收未预期损失的能力,是一种应该积极鼓励推广的稳健操作方法。会计监管与资本监管目标的冲突和矛盾问题在这一事件中又一次表现出来。

次贷或金融危机期间,"贷款减值会计"问题再次成为关注焦点,其影响层面之高为先前类似争论所不及。

(四) 会计准则独立性问题

银行会计监管和资本监管捆绑实施产生的另一问题是会计准则的独立性遭到了破坏,这一问题在次贷或金融危机期间明显地暴露出来,主要是欧盟向国际会计准则理事会(IASB)施压,强迫其修订相关的指南案例;也包括美国金融机构要求美国会计准则委员会(FASB)放松公允价值应用标准以及FASB主席辞职等事件。会计监管制度与资本监管政策目标有显著差异,将资本监管的目标强加于会计准则之上,会严重破坏会计准则的独立性,影响会计准则目标的实现。

1. 欧盟强迫IASB发布IAS39修订公告

2008年10月,IASB发布了对IAS39《金融工具:确认与计量》和IFRS7《金融工具:披露》的修订公告。③ 修订后的IAS39允许主体在特定情况下对前期归类为"以公允价值计量且其变动计入损益"的非衍生资产进行重新分类。IAS39将金融资产划分为四类:第一类

---

① Larry D. Wall and Timothy W. Koch, "Bank Loan – Loss Accounting: A Review of Theoretical and Empirical Evidence", *Economic Review*, Federal Reserve Bank of Atlanta, Second Quarter 2000, p. 1.

② Levitt, Arthur, "The Number Games", Speech presented at the New York University Center for Law and Business, September 1998.

③ IASB, *IASB Press Release*, *IASB Amendments Permit Reclassification of Financial Instruments*, October 2008.

是以公允价值计量且其变动计入损益的金融资产；第二类是以摊余成本计量的贷款和应收款；第三类是以摊余成本计量的持有至到期投资；第四类是以公允价值计量的可供出售金融资产，其价值变动计入其他综合收益，待终止确认或转移后，再由其他综合收益计入损益。修改前的IAS39禁止主体在初始分类后将第一类重分为其他三类，也禁止将其他三类重新分类为第一类。但原IAS39未禁止在第三、第四类之间重新分类。修改后的IAS39仍禁止对前期归类为衍生工具的金融资产进行重新分类，另外，对于被指定为以公允价值计量的某些金融工具（适用公允价值选择权规定），也不允许重新分类，但允许在不再活跃的市场上对交易性和可供出售金融资产进行重新分类。IASB指出，在美国GAAP中，在某些情况下，主体可对证券和贷款进行重新分类，但按照IFRSs却没有这种重新分类可能，本次修订使IAS39与SFAS115和SFAS65基本一致，其重要意义是为金融机构通过重新分类来调整某些金融工具的计量方法提供了空间，从而为金融机构监管套利创造了条件。

金融资产重新分类公告的发布是欧盟向IASB直接施压的结果。2008年国际金融危机爆发以来，主要金融资产的市场估值持续下跌。以公允价值计量且其变动计入损益的金融资产对市场估值下跌的敏感性最强，而以摊余成本计量的持有至到期投资对市场估值下跌的敏感性最弱。对于相同金融资产而言，如果A将其归类为"以公允价值计量且其变动计入损益的"，而B将其归类为"以摊余成本计量的持有至到期投资"，那么在市场估值持续下跌的情况下，A要立即将该资产的持有损失计入损益表，从而使其财务报告承受很大压力；而B的财务报告则不会有这样的压力。正因如此，2008年国际金融危机后，许多金融机构希望通过对金融资产重新分类，即将已归类为"以公允价值计量且其变动计入损益的金融资产"变更为"以摊余成本计量的持有至到期投资"，以便可以从会计处理的角度为其财务报告减压。原IAS39禁止这样的操作，而美国GAAP却允许金融机构在少数情况下对金融资产重新分类。欧盟认为，在金融危机期间，IAS39与美国GAAP在金融资产重新分类问题上的差异使欧盟金融机构处于不利境地,强烈要求 IASB 尽快做出修订。欧盟内部市场和服务委员会委员查理·迈克里维(2008)在一次讲话中指出:"我们正竭力敦促对我们的会计制度进行修订,以保证欧盟的银行和美国的银行一样获得一些灵活处理的空间,即给予银行将'交易账户'资产转移到'银行账户'的选择权。"[1] 查理·麦克里维甚至建议将银行"交易账户"金融资产的账面价值调整为最初确认时的历史成本金额,从而提高银行资本金。[2] IASB(2008)在"允许金融工具重新分类"的新闻公告中写道:"IASB 注意到了欧盟领导人所表达的忧虑,他们认为,与其竞争对手比较,欧洲金融机构在会计制度方面处于不利境地。"IASB 主席戴维·特威迪(David Tweedie)也指出:"IASB 将快速应对欧盟领导人关注的'重新分类'问题,我们的解决方案与欧盟领导人的要求是一致的。"[3] 这些充分说明,IASB 围绕"金融资产重新分类"问题对 IAS39 的修订是在主要考虑欧盟的利益和要求的基础上完成的,而欧盟的真正目的是通过金融资产重新分类为商业银行监管套利提供空间。

2. 美国 FASB 主席被迫辞职

在欧洲,欧盟强迫 IASB 发布金融资产重新分类公告,破坏会计准则独立性;在美国,FASB 主席辞职说明会计监管与资本监管捆绑引发的破坏会计准则独立性问题并非偶然事件。2010 年 8 月,FASB 主席罗伯特·赫兹(Robert Herz)被迫辞职,因为他坚持商业银行应按公允价值列报其资产,尤其是他欲将公允价值应用范围拓展至贷款的想法最终迫使他任期结束前辞职。赫兹是公允价值会计的忠实支持者,自 2002 年 7 月就任 FASB 主席以来,一直稳步推进公允价值会计。自 2003 年起,FASB 开始为发布单独《公允价值计量》准备积极准备,2006 年 9 月发布 SFAS157《公允价值计量》,明确了公允价值

---

[1] Charlie McCreevy, Lamfalussy, "Follow Up: Future Structure of Supervision", October 2008.

[2] Commissioner McCreevy Urges Easing Accounting Rules for Banks, October 2008, http://www.iasplus.com/restruct/euro2008.htm.

[3] IASB, *Press Release*, *IASB Amendments Permit Reclassification of Financial Instruments*, October 2008.

定义，设计了公允价值计量级次并改进了相关披露规定。虽然在次贷或金融危机期间公允价值受到了金融界的猛烈抨击，但赫兹进一步扩充公允价值应用的决心并未动摇。2010年5月26日，FASB发布会计准则征求意见稿《金融工具会计、衍生工具和套期活动会计修订》。在该征求意见稿中，FASB不顾金融界对公允价值会计的激烈批评，进一步扩大了公允价值计量应用，尤其是提出了对持有至到期证券和投资型贷款等先前按摊余成本计量的金融工具进行双重计量的建议，即同时列示按公允价值计量的金额和按摊余成本计量的金额，这在金融界引起了轩然大波，导致赫兹被迫辞职，这份长达180页的征求意见稿也因此流产。

# 第五章 商业银行会计监管与资本监管冲突的化解策略

## 第一节 商业银行会计监管与资本监管捆绑实施可能产生的破坏性

在现行监管制度框架内，商业银行受到会计监管制度与资本监管政策双重约束，它们既要向市场和证券监管机构披露及提交按照公认会计原则编制的财务报告，又要向广大储户和银行监管机构披露及上报按照金融监管政策编报的资本监管报告，面临两种不同监管制度约束。银行会计监管制度与资本监管政策目标存在冲突。前者以市场有效性为前提，致力于通过增加透明度来提高市场效率；后者则以市场失灵为假设，致力于通过增加资本储备来应对可能发生的系统性冲击、维护金融系统安全与稳定。市场透明度目标与金融安全稳定目标有时可能会产生冲突。两种目标冲突的监管制度被人为地捆绑在一起，同时施加于上市商业银行，可能会导致商业银行的决策行为对金融系统产生负面效应。历史经验和次贷或金融危机中暴露的问题均表明，银行会计监管与资本监管制度捆绑实施可能产生一些破坏性。

### 一 破坏市场诚信

会计监管信息的使命是向投资者传递相关、可靠、透明、及时和无偏见的信息，有助于投资者做出知情的决策，这对资本市场稳健运行和资源有效配置至关重要。透明的财务报告信息能减少不确定性，维护市场安全与稳健。相反，缺乏透明度和诚信的财务报告无法揭示商业银行经营问题，切断了投资者和监管机构获取银行风险程度信息的渠道，是引发市场动荡的重要因素，安然公司财务丑闻就是一个典型案例。信息不对称是影响市场效率的核心因素之一，因而虚假信息和信息真空对市场的破坏性是巨大的。

银行会计监管制度与资本监管政策捆绑加剧了市场信息不对称程度，对市场诚信产生一定的破坏性。商业银行，尤其是问题银行，具有掩饰风险敞口的动机；为降低或减少监管违约风险，它们会利用监管制度捆绑产生的监管套利机会，也会利用监管机构对问题银行纵容袒护的倾向，更会通过监管制度变更来合法掩饰监管资本问题。上述措施不会从根本上改善银行经营或监管资本状况，与粉饰性欺骗与造假行为雷同，区别仅在于前者是合法而后者为非法。例如，国际财务会计准则理事会（IASB）允许金融资产重新分类、美国财务会计准则委员会（FASB）放松公允价值计量应用条件等，都是通过变更会计监管制度为商业银行美化财务报告或监管资本提供便利的真实案例。肯尼迪政府曾通过改变失业率计算模式来美化美国经济，当前美国8%或9%的失业率按照以前的方法应是13%或14%。这与改变会计监管规范为商业银行美化财务和资本数据提供条件的做法如出一辙，这种数字游戏到底对经济实质有怎样的影响？

非法掩饰财务报表和监管资本问题会严重影响市场诚信，打击投资者信心，对市场有严重的破坏性，这在安然公司、世通公司等财务丑闻事件中已得到充分证实。合法美化财务报表或监管资本的做法同样会破坏市场诚信，而且这种破坏性较前者更严重，因为在法律法规庇护下，这种美化行为的面更广、更普及、影响更大，应该引起广泛关注。

## 二 破坏市场信心

在次贷或金融危机初期，银行会计监管制度与资本监管政策捆绑实施对市场信心的破坏性十分明显。在危机初期，与次贷相关的金融产品最先遭到投资者抛弃，也引发其他金融产品市场价格大幅度下跌。根据相关会计监管制度，商业银行必须在每个季度按照不同计量属性列报各类金融资产数据，该制度迫使银行对划归为交易性和可供出售证券的金融资产立即确认市场价格下跌损失、对划归为持有至到期证券和贷款资产也要同时确认减值损失；在金融危机期间，这种季度性操作行为会导致商业银行的资产和收益与市场同步下降，给商业银行的财务报告带来很大压力。按照相关资本监管政策，商业银行同样要在每个季度上报基于财务报告数据的监管报告，银行监管机构会依据这些数据核算监管资本充足水平，而在资产和收益同时下降的情况下，许多银行的监管资本必然大幅度下降。为避免监管资本不足所引发的监管干预或监管惩罚，在市场境况不佳而无法获得外部资金的情况下，这些银行只有通过抛售资产方式增强监管资本，而银行群体性资产抛售行为必然引发新一轮市场价格下跌的狂潮。这种资产市场价格循环性下跌对市场信心打击很大，在危机初期投资者对危机爆发根源知之甚少的情况下，市场估值中枢快速下降对市场信心的破坏性更大，可能快速引发市场"羊群效应"，导致银行以外的机构投资者和个人投资者也加入资产抛售之列，致使次贷产品市场交易清淡，甚至冻结，并迅速传染到其他优质资产市场，引发全面金融危机。可见，金融危机期间，金融资产市场估值普遍下跌情况下，商业银行会计监管制度与资本监管政策捆绑实施会迫使商业银行抛售资产来应对资本监管风险，这会对市场信心产生极大的破坏性。

### 三　破坏信息透明度

银行会计监管制度与资本监管政策捆绑实施不可避免地产生监管套利和监管容忍问题，这已经被大量金融市场经验研究证实。监管套利和监管容忍本质上均是数字游戏，从账面上而非实质上保持监管资本达标，以此掩饰商业银行经营风险，这必然会破坏会计信息和监管信息透明度。巴恩和希珀（Barth and Schipper, 2008）将财务报告透明度定义为财务报告以使用者容易理解的形式来反映主体内在经济状况的程度。[①] 根据该定义，财务报告透明度的高低取决于主体的财务报告是否传递了关于其内在经济状况的真实信息，还取决于这种传递

---

[①] Mary E. Barth and Katherine Schipper, "Financial Reporting Transparency", *Journal of Accounting, Auditing & Finance*, September 2008, pp. 173–190.

方式是否易于投资者理解。监管套利行为的目的是掩饰银行监管资本方面已经存在的问题,因此均是以投资者无法识别的方式进行的(如通过资产证券化将表内资产形式上转化为表外项目),会严重破坏会计信息透明度。监管容忍是放松监管制度执行标准,允许监管资本不足银行继续经营,是欺骗广大储户和金融市场的另一个常用手段,同样会破坏监管信息透明度,增加财务救助成本。例如,统计数据表明,储蓄贷款机构危机期间的监管和会计容忍使监管机构增加了660亿美元的救助成本。[1]

**四 破坏会计准则独立性**

银行会计监管制度与资本监管政策捆绑的破坏性还体现在对会计准则独立性的影响方面。监管资本充足率核算基于银行财务报告数据,影响银行财务报告数据的会计监管制度主要是《金融工具会计准则》。20世纪90年代以来,基于金融危机经验和教训,国际会计准则理事会(IASB)和美国财务会计准则委员会(FASB)出于投资者保护之目的,在《金融工具会计准则》中逐渐扩大了公允价值计量应用。但是,由于将一些金融资产的公允价值变动计入损益账户,会直接影响银行监管资本充足水平,增加银行监管资本违约风险,而遭到金融界的强烈抵制。例如,欧盟在采用《国际会计准则》和《国际财务报告准则》过程中,最初对主要金融工具准则IAS32和IAS39推迟认可,接着对IAS39删减后认可,再到2009年又推迟认可IFRS9,均起因于公允价值应用问题。欧盟的上述行为极大地抑制了IASB在金融工具中拓展公允价值应用的进程。欧盟抑制公允价值应用主要是因为它对监管资本的影响。但投资者却对公允价值信息有极大的兴趣,因为在金融市场发展迅速、金融创新层出不穷和金融产品结构化、复杂化的情况下,唯有公允价值,才能增加金融机构财务报告的透明度。例如,CFA协会(2008)调查发现,79%的受访者反对暂停

---

[1] Jonathan M. Edwards, Fdicia V. Dodd-Frank, "Unlearned Lessons about Regulatory Forbearance", *Harvard Business Law Review*, Vol. 1, 2011, p.282.

公允价值且85%认为这一行为会严重损害投资者对银行系统的信心。① 很显然，金融界担忧公允价值应用增加监管资本风险之考虑而向准则制定机构施压的做法破坏了会计准则的独立性，限制了以保护投资者为宗旨的会计改革行为。2010年8月，前FASB主席罗伯特·赫兹因建议对银行贷款按照摊余成本和公允价值双重列报而被迫辞职事件，进一步证明了会计监管制度与资本监管政策捆绑对会计准则独立性的重大影响。

## 第二节　国际各方针对银行会计监管与资本监管冲突问题采取的措施

### 一　商业银行会计监管与资本监管冲突问题成为热点议题

银行会计监管与资本监管捆绑实施问题及其可能产生的破坏性引起全球权威国际组织高度关注。20国集团峰会讨论应对国际金融危机策略时多次涉及与此相关的议题。在2008年11月峰会上，20国集团强调指出："市场监管机构、金融监管机构和会计准则制定机构要加强合作，确保高质量会计准则的统一应用和实施。"② 20国集团认识到银行会计监管与资本监管冲突问题，说明这些监管规范制定者之间的协调工作存在不足。在2009年4月伦敦峰会上，20国集团进一步强调会计监管与金融监管加强协调的重要性，明确指出：审慎监管机构应与会计准则制定机构共同努力，在2009年年底前实施缓解"顺周期性"问题的措施，包括要求商业银行在经济上行期汇集资源储备以应对经济下行期压力的机制；20国集团还对与金融监管相关的会计监管规范提出了明确的改进要求：第一，降低金融工具会计准则复杂性；第二，贷款损失准备核算要考虑更多的信用信息；第三，改进资

---

① CFA Letter to SEC, November 11, 2008.
② G20 Summit, *Washington Summit, Declaration of the Summit on Financial Markets and the World Economy*, November 2008.

产减值、表外风险和估值不确定性的会计规范；第四，与金融监管机合作，努力实现估值准则应用的一致性和透明性；第五，努力在建立统一高质量会计准则方面取得实质性进展；第六，在独立的会计准则制定程序框架内增加审慎监管机构等其他利益相关者介入程度。① 分析20国集团伦敦峰会对会计准则提出的6项具体要求，可以清楚地观察到全球权威国际金融监管组织对2008年国际金融危机暴露的会计监管问题的认识和态度，它们是全球主要经济体和国际组织的共识，因此，具有广泛的代表性和很高的认可度。在这6项要求中，"降低金融工具会计复杂性"和"建立统一高质量会计准则"实质上没有具体约束性，并非针对金融危机暴露的问题；而另外4项则非常具有针对性，即贷款减值准备和损失处理、表外业务处理（主要是特殊目的实体问题）、资产估值（主要是公允价值）以及会计准则制定过程中如何更多地发挥金融监管机构影响等，这些都是银行会计监管与资本监管冲突的焦点问题。② 这说明，如何应对或化解银行会计监管与资本监管冲突问题已成为权威国际组织和各国政府重点关注的问题。

在世界范围内，银行会计监管与金融监管冲突问题引起20国集团高度关注。在美国，银行会计监管与金融监管冲突的核心问题，即公允价值会计问题，被最高权力机构美国国会以法律条文形式写入《美国紧急经济稳定法案》，将次贷危机爆发以来愈演愈烈的公允价值会计争论推上高潮。在美国证券交易委员会（SEC）奉命撰写的研究报告中，有一段文字揭示了这一热点争议的实质："在《美国紧急经济稳定法案》通过前几个月内，一些人指出，公允价值会计引发金融市场动荡；他们认为，公允价值会计要求金融机构按照不恰当的减值价格报告所持有证券投资，这些减值是市场不活跃、流动性枯竭或投资者非理性的结果，不能反映这些证券投资的真实经济价值；他们进一步指出，基于公认会计原则的财务报告与金融机构监管资本要求之

---

① G20 Summit, *London Summit*, *Global Plan Annex*: *Declaration on Strengthening the Financial System*, April 2009.

② 本书在第四章阐述银行会计监管与资本监管捆绑实施产生的问题时涉及上述这几方面。

间是相互关联的，在无法获得充足资本抵消证券投资减值情况下，这种关联性会导致老牌商业银行倒闭；他们认为，额外资产要求、银行倒闭和巨额减值信息将对市场和价格产生严重负面影响，引发进一步价格下跌和市场动荡。"① 这说明，在金融危机初期，美国金融机构已经对会计监管（按照公允价值报告证券投资）与资本监管捆绑实施（资本核算以财务报告数据为基础）引发的问题有深刻认识，发现在市场价格下跌情况下"财务报告与监管资本要求之间的关联性"会引发市场价格恶性循环，产生严重破坏性。

除 20 国集团和美国之外，欧盟也较早开始关注银行会计监管与资本监管冲突问题。2008 年国际金融危机爆发以来，主要金融资产的市场估值持续下跌。以公允价值计量且其变动计入损益的金融资产对市场估值下跌的敏感性最强，而以摊余成本计量的持有至到期投资对市场估值下跌的敏感性最弱。正因如此，2008 年国际金融危机后许多金融机构希望通过对金融资产重新分类，即将已归类为"以公允价值计量且其变动计入损益的金融资产"变更为"以摊余成本计量的持有至到期投资"，以便可以从会计处理角度为其财务报告减压。原 IAS39 禁止这样的操作，而美国 GAAP 却允许金融机构在少数情况下对金融资产重新分类。欧盟认为，在金融危机期间，IAS39 与美国 GAAP 在金融资产重新分类问题上的差异使欧盟金融机构处于不利境地，强烈要求 IASB 尽快做出修订。欧盟内部市场和服务委员会委员查理·迈克里维（2008）在一次讲话中指出："我们正竭力敦促对我们的会计制度进行修订，以保证欧盟的银行和美国的银行一样获得一些灵活处理的空间，即给予银行将'交易账户'资产转移到'银行账户'的选择权。"② 查理·麦克里维甚至建议将银行"交易账户"金融资产的账面价值调整为最初确认时的历史成本金额，从而提高银行资本金。③ 从欧

---

① SEC，*Study on Market – to – Market Accounting*，Executive，December 2008，p. 1.
② Charlie McCreevy，Lamfalussy，"Follow Up：Future Structure of Supervision"，October 2008.
③ Commissioner McCreevy Urges Easing Accounting Rules for Banks，October 2008，http://www.iasplus.com/restruct/euro2008.htm.

盟官员的讲话可以看出,欧盟要求 IASB 放松金融工具分类标准的宗旨是减少证券投资市场价格下跌对银行资本的负面影响,这一事实说明,银行会计监管与资本监管冲突问题也引起欧盟高度关注。

## 二 哪些商业银行会计监管与资本监管冲突问题受到关注

德勤全球会计新闻网(the #1 website for global accounting news, www.iasplus.com)开设了一个"国际金融危机"(global financial crisis)专栏,收集了金融危机中暴露并受到广泛关注的主要会计问题以及国际组织和各国政府应对这些问题的政策或建议。截至 2014 年 7 月 16 日,该栏目共收集相关报道 206 项。① 本书梳理国际组织和各国政府的关注点,分析哪些银行会计监管与资本监管冲突的具体问题受到关注,见表 5-1。

表 5-1 各方关注的银行会计监管与资本监管冲突问题及应对措施

| 受关注的问题 | 受关注的次数 | 关注的内容 | 关注方 | 针对性措施 |
| --- | --- | --- | --- | --- |
| 公允价值会计 | 31 | ①非活跃市场境况下如何应用;②是否应暂停使用;③如何改进;④如何一致、透明地应用;⑤不应用于贷款;⑥如何反映投资证券内在现金流量 | 20 国集团、30 国集团、八国集团、七国集团、欧盟、FSF、欧盟主席、IOSCO、美国议会、英国议会、美国总统、ABA | IASB、FASB 均发布非活跃市场境况下应用公允价值指南 |
| 特殊目的主体 | 14 | ①紧急改进特殊目的主体会计与披露;②如何准确披露特殊目的主体的风险敞口和潜在损失;③统一 IASB 和 FASB 的特殊目的主体会计规范;④取消 FASB 针对特殊目的主体会计的新建议 | 20 国集团、八国集团、欧盟、FSF、IOSCO、ICGN、FSB、ABA、CRMPG | IASB 修订"企业合并"准则,涵盖特殊目的主体问题;FASB 修订与特殊目的主体相关的会计准则 |

---

① http://www.iasplus.com/en/search?content_types_vocabulary_resource=85dfda71-a05d-4e68-b9e9-733d4f77f1d9&sort_order=reverse&b_start:int=200&title=Global%20financial%20crisis&portal_type:list=News%20Item&sort_on=getDateAdded.

续表

| 受关注的问题 | 受关注的次数 | 关注的内容 | 关注方 | 针对性措施 |
|---|---|---|---|---|
| 资产减值会计 | 8 | ①如何避免在金融危机中确认资产减值；②改进已发生损失模型；③借鉴西班牙"动态准备"做法；④改进"非暂时性减值"处理；⑤准备出售证券投资减值应计入权益 | 20国集团、欧盟、FSF、美国总统、ABA | IASB发布应用"预期损失模型"的征求意见稿，但尚未发布终稿；FASB发布应用"公允价值模型"的征求意见稿，但被否决。 |
| 信息披露问题 | 4 | ①银行经营模式和结构性融资活动披露；②银行高风险投资活动披露；③银行衍生工具和担保情况披露 | FSB、CEBS、FSF、欧盟 | IASB发布IFRS7；FASB发布FASB Staff Position (FSP) No. 133-1 and FIN 45-4 |
| 金融工具分类 | 3 | ①允许对金融工具进行重新分类；②IASB的相关规范不应不FASB的严格，使欧盟金融机构处于不利境地 | 欧盟主席、欧盟经济和财政部长委员会、EC | 2008年10月，IASB发布允许对金融工具重新分类的会计规范 |

毫无疑问，公允价值会计是最受关注的问题，受关注次数最高（31次），占15%，主要关注"非活跃市场境况下如何应用"和"是否应暂停使用"两个问题，关注者的层次很高，有权威国际组织、各国首脑、各国议会等。特殊目的主体会计问题受关注程度位居第二，主要关注合并和披露问题，关注者主要是国际行业组织。资产减值会计问题受关注程度位居第三，主要关注如何应对商业银行金融危机中要确认巨额减值损失问题以及贷款减值准备计提方法改革问题，关注者主要是国际组织和国家首脑。信息披露问题受关注程度位居第四，主要关注商业银行资产证券化操作披露问题，关注者主要是国际组织和行业组织。金融工具分类问题受关注程度位居第五，主要关注金融工具重新分类问题，关注者主要是欧盟及欧盟内部的行业组织。

在这五项广为关注的议题中，公允价值会计、资产减值会计和金融工具重新分类三个问题具有很强的相关性。这些议题受到关注，尤其是受到金融监管机构和金融企业关注，主要是因为在金融危机期间，金融资产市场估值普遍下挫，这些会计监管规范要求商业银行确认资产持有损失、计提资产减值损失或减值准备，进而侵蚀监管资本（因财务报告数据是资本核算的基础），导致资本充足水平低于监管要求；在金融危机期间，市场流动性紧缩、避险倾向明显的情况下，商业银行外部融资困难，为避免监管检查、干预或惩罚，只能通过出售资产来改善监管资本状况；而商业银行的一致性资产抛售行为通常引发金融资产市场估值进一步下跌，迫使其再次确认资产减值准备或损失，进一步影响资本充足水平，导致再次抛售资产行为，形成恶性循环，这就是"顺周期性"。出于金融系统稳定和安全考虑，金融监管机构和金融企业希望在危机期间放松上述会计监管规范的执行力度，使商业银行可以不确认市场估值下跌对所持有金融工具的影响，如金融工具估值不使用市场价格、贷款减值基于"预期损失模型"等，欧盟要求金融工具重新分类的目的也是将本应计入损益的投资损失计入权益，这样，就不会立即影响监管资本。可以看出，目标冲突的银行会计监管与资本监管捆绑实施，是导致公允价值、资产减值和金融工具重新分类等问题成为世界性热点议题的根本原因。

特殊目的主体及相关披露问题受到关注，因为基于这一工具的次级房地产抵押贷款（次贷）资产证券化是引发2008年国际金融危机的主要原因。商业银行利用特殊目的主体持续对次贷资产进行证券化操作，既隔离风险资产、快速回笼资金又能获得大量佣金或手续费收入，又能利用会计监管规范漏洞将这些特殊目的主体表外处理，不伤及自己的资本充足水平。特殊目的主体工具和相关会计监管漏洞为商业银行肆意扩充次贷资产证券化业务提供了条件，刺激社会信用消费不断放大、风险管理标准不断放松，是引发金融危机的主要原因。同时，次贷资产证券化的隐匿性处理及其结构性、复杂性操作使相关会计信息的透明度很低，市场参与者、证券和金融监管机构以及广大投资者无法了解商业银行介入次贷资产证券化业务的规模和具体风险敞口，无法做出合理的投资决策判断，致使市场约束机制失效。虽然特殊目的主体及其相关披露问题没有公允价值会计问题的关注程度高，但它却是最应该受到重视、最应该妥善解决的问题，否则相似的次贷危机还会在未来重演。从银行会计监管与资本监管冲突问题角度分析，商业银行利用特殊目的主体进行资产证券化的另一动机是规避监管检查、干预和惩罚的目的。商业银行为资产证券化目的而创设的特殊目的主体虽然形式上是法律主体，但在经济上对商业银行有很强的依赖性并实质上受其控制，因而按照相关会计监管规范均应纳入创设商业银行的合并财务报表。但由于商业银行监管资本核算基于财务报告数据，会计监管规范的上述并表要求无疑会导致其风险资产规模提升，资本充足水平下降。在资本充足水平不足的情况下，商业银行将面临监管监察、干预、惩罚，甚至摘牌。在这种监管约束下，商业银行的资产证券化操作行为既不可能规模化，也不可能具有持续性，更不会对金融系统产生如此巨大的影响。为达到隔离风险目的，商业银行利用会计监管规范漏洞，设计出不需纳入合并财务报表范围的特殊目的主体以摆脱监管资本束缚，致使次贷资产证券化规模迅速膨胀，引发金融危机。可以看出，特殊目的主体及其披露问题因会计监管与资本监管捆绑实施而出现，它是金融危机中暴露的主要监管漏洞，是亟待解决的重大监管制度问题。

### 三 国际各方采取并实施的针对性具体措施

2008年国际金融危机被公认为1929年美国经济大萧条以来最严重的世界性危机。各权威国际组织、行业组织、各国首脑、各国议会等均对危机中暴露的问题高度关注并要求相关国际组织尽快出台应对措施。受关注程度最高并要求尽快做出政策反应的问题主要集中在金融监管和会计监管领域，其中一些问题与本书研究有关（见表5-1），以下对国际各方实施的针对商业银行会计监管与资本监管冲突或捆绑实施问题的化解策略进行梳理和评价。

#### （一）针对公允价值会计问题的举措

金融危机以来，公允价值会计受到关注主要原因有三个：一是它是否会引发危机，如果是则应暂停或废止；二是非活跃市场境况下如何应用；三是它是否具有顺周期性。众所周知，后来的情况是公允价值会计没有被暂停或废止，因为人们认识到它不是"元凶"，而是"信使"。对于顺周期性问题，人们后来发现，除公允价值会计外，监管资本要求和信用评级等同样具有顺周期性，这些制度设计均以市场信息为基础，它们会对市场产生不同程度的同方向反馈效应。将这两方面排除之后，对公允价值会计问题而言，真正需要从制度角度加以完善的只有非活跃市场境况下的应用问题。

那么，公允价值会计在非活跃市场境况下面临哪些应用问题？公允价值会计基于市场有效假设，认为市场价格信息是所有市场参与者充分博弈的结果，是最合理的价格信息；它的基本理念是：从市场参与者的角度评价商业银行所持有资产的价值，将依据市场价值信息所进行的资产估值视为可靠性最高的估值，将依据金融企业内部信息所进行的资产估值视为可靠性最低的估值。依据这一理念，相关会计监管规范将金融工具估值划分为三个级次：一级估值是使用相同标的市场价格信息的估值，二级估值是使用相似标的市场价格信息并小幅度调整的估值，三级估值是使用内部信息的估值。公允价值会计上述理念在经济正常运行、市场流动性充裕情况下得到有效执行，在金融工具估值中发挥重要作用。但是，在金融危机（市场非有效）期间、市场流动性大幅度萎缩甚至枯竭的情况下，公允价值会计内在假设和理念均面临挑战：一是某些金融工具市场由活跃转为非活跃市场，该市场传导出的价格信息是否可以作为估值依据；二是某些金融工具交易市场阶段性消失，在无法获得市场价格信息情况下如何估值。长期以来，市场已经形成信赖依据市场价值信息估值、怀疑依据内部信息估值的惯性，会计监管规范也仅强调使用市场价格并未界定市场情况（或流动性情况）。在市场惯性和会计监管规范双重压力下，商业银行在危机中仍需使用"清淡交易价格"或"贱卖价格"对所持金融工具估值，被迫确认巨额资产减值损失或减值准备，进而严重侵蚀其资本金，导致监管违约风险，这的确是会计监管与资本监管捆绑实施情况下公允价值会计应用的新挑战。

1. FASB 的应对措施

为应对非活跃市场境况下公允价值会计应用的新挑战，及时为实务界提供有针对性的计量指南，美国证券交易委员会（SEC）与美国财务会计准则委员会（FASB）于 2008 年 9 月发布《阐述公允价值会计的联合公告》(以下简称《联合公告》),用问答的形式阐述了双方对非活跃市场情况下公允价值会计相关问题的看法。《联合公告》的主要内容如下:①

第一,如果某一证券投资不存在活跃市场,使用反映当前市场现金流量预期和风险回报的管理层估计与判断信息进行公允价值估值是可接受的。SFAS157 讨论了在相关市场数据无法获得时,合格编报者在估计公允价值时可能使用的信息和估价技术,如资产的预期现金流量。另外,在一些情况下,使用不可观察参数(三级)可能比可观察参数(二级)更恰当。例如,在需要对可获得市场参数进行重大调整的情况下,使用主要依据不可观察参数的估计可能更恰当。公允价值估值通常需要很大程度的判断。在某些情况下,从不同渠道获得的多种参数可能共同构成公允价值估值的最佳证据。在这些情况下,期望现金流量要与其他相关参数相结合。公允价值估计过程中对参数的权衡要依据这些参数反映资产或负债价值的程度以及与合理价值估计的相关程度。

第二,经纪人报价可被视为一种公允价值估值参数,但在活跃市场报价不存在时,该报价不一定就是估值的决定性参数。在活跃市场上,经纪人报价应该反映实际交易的市场信息。但在非活跃市场上,经纪人可能依据模型并使用仅自己可得的信息确定报价。在权衡经纪人报价时,主体不能过多地依赖无法反映市场交易结果的报价。

第三,不能将非有序交易价格作为公允价值估值的决定性参数。公允价值概念假定市场参与者之间进行有序交易。清算或被迫出售不是有序交易,因此,在权衡现有证据时,要对清算或被迫交易加以考虑。确定某一交易是否属于清算或被迫交易要依据判断。

第四,相同资产的活跃市场报价是公允价值的最佳代表,因此要优先使用。非活跃市场交易价格可作为公允价值计量参数,但并非决定性参数。如果交易是有序的,管理层在公允价值估值过程中要考虑

---

① SEC and FASB, *SEC Office of the Chief Accountant and FASB Staff Clarification on Fair Value Accounting*, September 2008.

该价格。但是，如果非活跃市场价格无法反映相同或相似资产的当前市场价格，在公允价值估值过程中，对该价格进行适当调整是必要的。在确定某一市场是否属于非活跃市场时，可以将出价和要价之间差价的显著增加或者出价人数量较少作为重要标志。确定某一市场是否属于活跃市场需要判断。

第五，确定某一减值是否属于非暂时性的，需要根据每一投资工具的具体情况做出合理判断，包括对该投资性质的评价（如证券是债务性的、权益性的，还是混合性的），因为它可能影响持有者评价其价值转回可能性的能力。当前，美国 GAAP 未对某一减值是否属于非暂时性做出严格规定。为帮助编报者和审计师做出判断，SEC 成员会计公告（SAB）提供了一些参考依据：①市场价格低于成本的时间和程度；②发行者的财务状况和近期前景，包括可能影响发行者经营的特定事件，如技术变化使该投资的盈利潜能下降；③持有者保留该投资的意图和能力是否能使该投资的市场价值得以转回。

SEC 和 FASB《联合公告》基本涵盖了当前市场情况下公允价值会计的主要问题，为解决当前公允价值会计问题提供了一个基本框架，因而具有重要意义。《联合公告》指出，在投资工具不存在活跃市场的情况下，主体可以使用内部估计和模型计量其公允价值，即放弃"按市价计值"。这一措施能防止由于某些金融工具的市场估值低于其"基本价值"而导致主体确认更多的减值损失或减值准备，遏制主体财务状况的进一步恶化。另外，《联合公告》对经纪人报价和定价机构定价信息的使用、强迫交易的判断、强迫交易价格信息的使用以及非暂时性减值的判断等问题都提出了恰当的处理原则，这些原则能帮助主体恰当地应对当前的财务报告问题，提高财务报告的透明度，对稳定市场、提高投资者信心有重要作用。

在 SEC 和 FASB《联合公告》发布不久，2008 年 10 月 10 日，FASB 又发布《工作人员立场公告》（FSP SFAS 157-3）"如何在非活跃市场情况下确定某一金融资产的公允价值"。该公告阐述了在非活跃市场情况下如何执行 SFAS157 并举例说明在非活跃市场情况下计量金融资产公允价值需要考虑的关键因素，澄清了 FASB 对当前经济环境下报表编制者可能遇到实务问题的立场。FSP SFAS 157-3 重点阐述了以下六个方面问题。①

第一，公允价值计量目标。公允价值计量目标是确定计量日市场参与者之间的有序交易（而不是强迫清算或被迫出售）中出售某一资产能够收到的价格。即使在计量日某一资产市场交易活动很少，如果有的话，该目标仍保持不变。

第二，被迫交易。即使在市场混乱期间，也不能将所有市场活动都视为强迫清算或被迫交易。然而，将任何交易价格均视为公允价值计量的决定性因素也是不恰当的。判断某一交易是否属于被迫交易要依据具体情况并可能来判断。

第三，可观察数据的相关性。为达到公允价值计量目标，可能需要对可观察参数进行较大幅度调整。例如，在资产交易量和交易频率大幅下降的情况下，在不同时间内或不同市场参与者之间市场价格可能差异较大，或者价格并非当前市场交易结果，此时可观察参数可能不是相关的并需要进行较大幅度调整。如果调整较大，该计量应是三级公允价值。

第四，管理层假设和违约与流动性风险。在相关市场数据无法获得的情况下，使用管理层关于预期现金流量和恰当风险调整贴现率的内在假设是可以接受的。另外，这些假设或技术应包括市场参与者在资产定价时可能考虑的违约和流动性风险调整。

第五，第三方报价。如果被计量金融资产的活跃市场不存在，从经纪人或定价服务机构获得的报价和其他信息不一定就是影响该资产公允价值的决定性因素。另外，主体不应过多地依赖无法反映实际市场交易价格的报价信息。

第六，示例说明。FSP SFAS 157-3 的示例解释了在活跃市场报价无法获得的情况下，主体应该如何确定"债务抵押债券"投资的公允价值。根据 SFAS157，主体所使用的估价技术应与市场法、收益法

---

① FASB, *FASB Staff Position*, *Determining the Fair Value of a Financial Asset When the Market for That Asset is Not Active*, October 2008.

和成本法一致。FSP SFAS 157-3 强调，使用市场法以外的方法确定公允价值也是恰当的。在该示例中，主体确定收益法技术的估计结果比市场法技术估计的结果更能代表公允价值，因为活跃交易市场不存在主体需要对可观察市场数据进行大幅调整（一级或二级计量不存在）。按照收益法技术，主体对该债券的合同现金流量按某一风险调整贴现率贴现来确定其公允价值。在确定风险调整贴现率时，主体恰当地权衡了自己估计的市场参与者可能使用的贴现率和两个具有代表性的经纪人报价内含的贴现率。该贴现率包括对违约风险和流动性风险的恰当调整。

FSP SFAS 157-3 是 SEC 和 FASB《联合公告》基本原则的具体指南，它在秉承《联合公告》基本原则的基础上，为主体提供了在非活跃市场情况下计量投资工具，尤其是次贷产品（如债务抵押债券）公允价值的具体指南，对金融企业的具体计量实务有重要的指导意义。

2. IASB 的应对措施

2008 年 5 月，根据"金融稳定论坛"（FSF）的建议，IASB 成立了一个特别咨询专家组，专门研究非活跃市场情况下公允价值计量应用问题。经过七次会议讨论，该专家组于 2008 年 10 月提交研究报告——《在非活跃市场情况下计量和披露金融工具的公允价值》（以下简称《IASB 报告》）。[①] 其内容主要包括公允价值计量目标、理解被计量工具、评价可获得的市场信息和如何使用模型。

（1）公允价值计量目标。《IASB 报告》将公允价值计量目标确定为：获得计量日市场参与者之间的有序交易价格，为达到该目标，主体在计量金融工具公允价值时要考虑所有可得的相关市场信息，如果使用估价技术计量公允价值，主体应最大限度地使用可观察参数，最小限度地使用不可观察参数。《IASB 报告》指出，近期市场的流动性不足引发人们对一些公允价值计量方法的讨论，因为使用这些方法估

---

① IASB Expert Advisory Panel, *Measuring and Disclosing the Fair Value of Financial Instruments in Markets That Are No Longer Active*, October 2008.

价的公允价值可能不符合公允价值计量目标。这些讨论主要围绕以下五个方面进行：①使用管理层内部估计信息计量公允价值；②使用活跃市场价格还是非活跃市场价格；③识别被迫交易；④解释不同的公允价值估价；⑤估价调整。

关于管理层内部估计信息的使用，《IASB报告》指出，如果可观察市场数据无法获得，或需要对可观察数据进行较大幅度调整，公允价值是通过使用估价模型并主要依据管理层对现金流量和恰当风险贴现率的内部假设来确定的。但是，《IASB报告》强调，无论使用何种估价技术，该技术都要恰当地反映市场参与者对信用风险和流动性风险所做的调整。《IASB报告》还指出，估价模型应将市场参与者对该工具定价时考虑的所有因素都纳入考虑范围，否则这种估计金额就不代表计量日的当前交易价格；即使可观察交易价格可得，主体可能需要对其进行大幅调整，该调整的目的是获得计量日有序交易的价格。如果该调整对公允价值计量整体影响较大，并且使用了一些不可观察参数，主体可使用多种估价模型来验证每一模型结果。

关于非活跃市场，《IASB报告》认为，非活跃市场的特征包括交易量和交易活动大幅下降、可观察价格在不同时间或不同市场参与者之间差异较大，或者价格不是当前的。但是，《IASB报告》强调，这些因素不一定意味着某一市场不再活跃，活跃市场是市场参与者在非关联基础上进行有序的市场，确定怎样的交易是"有序"要依据判断和被计量工具交易市场的具体情况。《IASB报告》指出，如果市场不活跃，主体使用估价技术计量公允价值，所选择的技术应反映当前的市场条件。因此，在估计公允价值时，相同或相似工具的交易价格应首先予以考虑，但不能一贯地认为任何交易价格都是确定公允价值的决定性参数；在已经变得不活跃的市场上确定公允价值，要依据具体情况并可能要使用判断；不论使用怎样的估价技术，主体必须考虑市场参与者可能做出的恰当的市场调整，如信用风险和流动性风险。

关于被迫交易，《IASB报告》明确公允价值计量不是强迫清算或贱卖的价格（强迫交易）。但是，《IASB报告》强调，即使在市场不活跃时，也不能断定所有市场活动都代表强迫交易，主体应考虑所有可得信息，但如果有证据表明交易是强迫的，主体不能使用该交易价格。《IASB报告》指出，不能总是将供求不平衡视为确定被迫交易的因素；出售者可能因财务压力而出售，但如果市场存在一个以上的潜在购买者并且有充足时间进行市场推介，那么出售者仍有能力以市场价格出售。《IASB报告》认为，被迫交易的标志可能包括法律规定的交易（如监管指令）、立即处置资产的迫切性且无充足时间进行市场推介和由于法律或时间限制仅存在单一潜在买家的情况。

关于不同的公允价值估计，《IASB报告》指出，由于使用判断，两个主体可能获得相同工具的不同公允价值，尽管双方均满足了公允价值计量目标；即使这两个主体使用相同的模型，也可能发生这样的情况，因为双方的模型依据不同的不可观察参数。

《IASB报告》认为，这种差异反映了判断和假设的应用与没有活跃市场报价工具的公允价值计量的内在不确定性。《IASB报告》强调，因为不同主体的公允价值计量结果可能不同，所以，关于公允价值计量所用技术和假设的恰当披露对投资者来说非常重要。

关于估价调整，《IASB报告》指出，如果使用估价模型计量公允价值，主体应根据可观察市场信息的变化定期校准所用模型，以保证该模型能反映当前市场条件，同时还要查找模型的潜在缺陷并及时修正。

（2）理解被计量工具。《IASB报告》指出，为满足公允价值计量目标，对于无法获得活跃市场报价的金融工具，主体公允价值计量的第一步是理解该工具的合约条款；尽管非活跃市场上存在相同或相似工具的当前或近期交易，全面、细致地理解被计量工具的条款仍然是非常必要的；否则，主体无法对相同工具的近期交易价格做出调整，以反映该交易发生以来市场情况的变化；主体也无法评价被计量工具与存在可观察交易价格工具的相似程度。进一步地讲，如果某一工具没有可观察交易，全面了解该工具以确定用于公允价值计量的可获得市场信息。为了进行充分的比较和恰当的调整，了解市场交易工具与被计量工具在合约条款方面的差异是非常必要的。

（3）评价可获得的市场信息和如何使用模型。《IASB报告》指出,在公允价值计量时,可能需要评价的市场信息包括相同工具的交易价格、相似工具的交易价格、指数和自身信用的变化。《IASB报告》指出,主体在使用模型估计公允价值时,公允价值计量目标仍保持不变,即无论使用何种估价技术,它们都要反映当前市场条件和市场参与者基于信用风险和流动性风险考虑的恰当风险调整。《IASB报告》还强调,如果可能,主体应使用多种模型并对不同的计量结果进行比较,在使用多种模型的情况下,主体应更多地依据使用较多可观察参数的模型,而不是较多使用不可观察参数的模型。在模型的使用方面,《IASB报告》强调现金流量贴现法、模型校正、模型和假设的变更、如何计量某一工具的内在组成部分以及估价调整五个方面。

《IASB报告》的贡献在于,它比较系统地阐述了次贷危机环境下金融工具公允价值计量所涉及的各类问题。首先,该报告比较全面地阐述了次贷危机环境下金融工具公允价值计量可能遇到的各类问题,如大量使用管理层估计、区分活跃市场和非活跃市场、识别强迫交易、频繁的估价调整等,并讨论了各类情况下主体可能采取的应对措施。其次,该报告特别强调在次贷危机环境下正确理解金融工具的相关条款对金融工具公允价值计量的重要意义。正如前文所述,随着次贷危机的蔓延,许多次贷产品的市场估值呈螺旋式下跌,一些已经明显低于其内在价值。那么,如何判断次贷产品市场估值的合理性就成为当前影响金融工具公允价值计量的一个重要问题。从理论上分析,如果次贷产品的市场估值低于其预期未来现金流量,就可以判断这种估值是不合理的。而对次贷产品预期未来现金流量的判断主要依据次贷产品的相关条款及信用保护措施等。最后,该报告比较全面地论述了在公允价值计量中如何选择各类市场信息以及如何有效使用估价模型的问题。总体上看,该报告是目前关于非活跃市场情况下公允价值计量问题研究的集大成者。

3. 欧盟的应对措施

2008年7月10日,欧洲证券监管机构委员会(CESR)发布《非活跃市场情况下公允价值计量的征求意见书》——"非活跃市场中金融工具公允价值计量及其相关披露"。根据该征求意见书①，主体在计量金融工具公允价值时，首先要判断该工具是否存在活跃交易市场。存在活跃交易市场的金融工具按报价计量公允价值，不存在活跃交易市场的金融工具使用估价技术确定公允价值，该技术应涉及市场参与者在定价时可能考虑的所有因素。在判断市场是否活跃方面，该征求意见书强调以下五点：①确定市场是否活跃需要判断，主体应制定系统的估价政策并在不同时期和不同金融工具上统一使用；②尽管与过去或其他市场比较，市场交易数量较少，但该市场可能仍属于活跃市场；③主体持有工具的数量不是判断市场活跃程度应考虑的因素；④活跃市场可能存在不同的定价来源，如实际交易价格或约束性报价；⑤如果没有证据表明市场报价不是可靠的估价参照，主体在公允价值计量时都要依据市场报价。在估价技术的应用方面，征求意见书强调以下五点：①估价技术涉及一些重要判断；②主体要确定估价技术所使用的标准、假设和参数并确保一致性；③非活跃市场上的交易信息通常给估价技术提供最相关的参数；④除会计准则中列举的估价技术参数外，流动性风险和关联风险也是相关的参数；⑤要谨慎使用各种指数（如 ABX HE 指数）。

  CESR 征求意见书的一个重要贡献是提出了一些判断市场是否活跃的基本原则。当前公允价值会计的一个重要问题是非活跃市场条件下如何恰当地计量金融工具的公允价值。但是，解决该问题的前提条件是如何合理区分活跃市场和非活跃市场。只有确定了区分活跃市场和非活跃市场的基本原则，才能制定针对不同市场条件的公允价值计量指南并防止主体利用这些指南进行利润操纵。

  （二）针对特殊目的主体问题的举措

  除非活跃市场境况下公允价值会计应用问题之外，另一个在金融危机中暴露并与银行会计监管与资本监管冲突有关的问题是特殊目的主体会计问题。2008 年国际金融危机缘起于美国次贷危机，次贷危机

---

① EU Committee of European Securities Regulators, *Fair Value Measurement and Related Disclosures of Financial Instruments in Illiquid Markets*, July 2008.

的根源是次贷资产证券化的泛滥，次贷资产证券化依赖于特殊目的主体工具大量应用（例如美国某一大型金融机构金融危机之前创设的特殊目的主体超过2000个[①]），特殊目的主体工具大量应用既与银行会计监管与资本监管捆绑实施情况下商业银行降低监管资本要求动机有关，也与相关会计监管规范存在漏洞为特殊目的主体表外处理创造条件有关。基于国际各方对特殊目的主体问题的一致认识，国际会计准则理事会（IASB）与美国会计准则委员会（FASB）的相关工作推进得既顺畅又高效。

利用特殊目的主体工具进行资产证券化操作基本程序是：商业银行创设一个特殊目的主体（该商业银行通常被称为发起人），然后将一定规模的次级贷款资产转移给它；特殊目的主体发行基于这些次级贷款资产的标准证券，出售给各类投资者，完成资产证券化过程。从会计监管角度分析这一过程，首先要判断商业银行（或称发起人）是否应在财务报告日将其创设的特殊目的主体纳入合并财务报表范围；其次要判断是否应将转移出去的次级贷款资产进行终止确认，即将这些贷款资产注销。

1. IASB 针对特殊目的主体会计问题的改进措施

2008年国际金融危机之前，规范特殊目的主体会计问题的国际会计准则有第27号《合并财务报表和单独财务报表》（IAS27）、解释公告第12号《合并：特殊目的主体》（SIC-12）和第39号《金融工具：确认和计量》（IAS39）。

SIC-12是IAS27的解释公告，它规范发起人应将特殊目的主体纳入合并财务报表的情况，基本原则是：发起人与特殊目的主体之间关系的实质属于控制与被控制的关系时应予以合并。SIC-12具体描述了需要合并处理的四种情况：第一，特殊目的主体的经营活动实质上是由发起人根据其特定经济业务需要实施的，以便于从特殊目的主体的经营活动中获得利益；第二，发起人实质上具有获取特殊目的主

---

[①] Basel Committee on Banking Supervision, *Report on Special Purpose Entities*, September 2009, p. 47.

体在经营活动中产生的大部分利益的决策权，或按照"自动导航"模式发起人已对这种决策权进行授权；第三，发起人实质上具有获取特殊目的主体经营活动中产生的大部分利益的权利并承担了可能存在的风险；第四，发起人实质上保留了与特殊目的主体或其资产相关的大部分剩余风险或所有权风险，以便于从其经营活动中获取利益。[1]

SIC – 12 是发起人是否应对特殊目的主体并表处理的依据，IAS39 则规范发起人是否应对转让给特殊目的主体的次级贷款资产进行终止确认。终止确认的基本原则是：发起人不应保留与被转让资产现金流量有关的几乎所有风险和报酬；具体规范是：发起人转让金融资产时应判断它在多大程度上保留了金融资产所有权的风险和报酬，如果转让了金融资产所有权上几乎所有风险和报酬，应终止确认该金融资产并将转让中产生或保留的权利或义务单独确认为资产或负债；如果保留了金融资产所有权上几乎所有风险和报酬，则应当继续确认该金融资产；如果既没有转让也没有保留金融资产所有权上几乎所有风险和报酬，则应判断是否保留了对金融资产的控制权，没有控制权时应终止确认，保留控制权时应继续确认。[2]

在发起人何时应将特殊目的主体合并处理问题上，SIC – 12 设计了一个"从经济实质角度判断是否存在控制与被控制关系"模式；在发起人何时应将转让的金融资产终止确认问题上，IAS39 引入了一个"是否保留与被转让资产现金流量有关的几乎所有风险和报酬"模式。这两种模式的共同特点是：在具体实施过程中，不论是"经济实质"还是"几乎所有风险和报酬"等关键问题判断上都具有较大的不确定性和灵活性，使商业银行有机可乘，有可能设计满足自己资产证券化需要的特殊目的主体股权结构或资产转让模式，给资产证券化泛滥创造了条件。因此，2008 年国际金融危机之后，20 国集团和国际稳定论坛（FSF）强烈要求 IASB 对特殊目的主体问题做出积极应对。在巨大的压力推动下，IASB 加速推进相关规范完善工作，2008 年 12 月

---

[1] IASB, *SIC Interpretation*, *SIC –12*, *Consolidation – Special Purpose Entities*, 1998, p. 10.
[2] IASB, *IAS39*, *Financial Instruments: Recognition and Measurement*, 2004, p. 20.

发布《合并财务报告讨论稿》，2010年9月发布《合并财务报告征求意见稿》，2011年5月发布终稿，即第10号国际财务报告准则《合并财务报表》（IFRS10）。

IFRS10将IAS27和SIC-12合二为一，消除了不同性质企业合并规范中存在的差异，同时制定了更严格的控制概念和合并要求。IFRS10的关键原则是：只有当投资方拥有对被投资方的权利已暴露于所参与被投资方的可变动报酬且有能力通过对被投资方的权利影响这些报酬时，才存在控制并要求合并。IFRS10强调，控制必须同时包括以下三个要素：一是对被投资方的权力；二是对所参与被投资方的可变动报酬的暴露或权利；三是使用其对被投资方的权力以影响投资方的报酬金额的能力。IFRS10指出，如果事实和情况显示上述任何条件发生改变，则必须重新评估是否存在控制。IFRS10还明确规定了满足条件的"投资主体"免除合并其子公司的情况。IFRS10将"投资主体"界定为同时满足以下三个条件的主体：一是从一个或多个投资者处获得资金并为他们提供投资管理服务；二是承诺其经营活动仅限于获得资本增值或投资收益；三是计量或评估几乎所有投资业绩的基础是公允价值。

IFRS10对特殊目的主体会计的改进体现在：它结合权利和面临可变动报酬的风险这两个概念来确定是否存在控制，通过引入投资才能够行使权力从而影响其报酬的额外要求，将权力和报酬连接起来判断是否存在控制。这些新规范对实体企业的合并财务报表问题没有影响，但对商业银行的资产证券化操作将产生实质性影响。按照这一规定，商业银行为降低监管资本要求而创设的特殊目的主体均需纳入合并财务报表范围，这会对商业银行的资产证券化操作产生很大的约束效果。另外，IFRS10对符合"投资主体"条件金融企业免于合并其被投资企业的规范也有一些新意。该规范严格规范了"投资主体"内涵，能防止商业银行通过特别股权结构或控制权结构设计逃避将实质上控制的特殊目的主体纳入合并财务报表范围的情况，对限制以操纵监管资本为目的的操作行为有重要意义。①

2. FASB 针对特殊目的主体会计问题的改进措施

2008 年国际金融危机之前,美国公认会计原则中有两项会计准则界定特殊目的主体会计问题,一项是规范金融资产终止确认问题的 SFAS140,另一项是规范变动利益主体合并问题的 FIN46(R)。依据 SFAS140,如果终止确认一项金融资产,该资产必须与其转让者隔离,转让者的债权人或接管者均无法获得该资产,这样,该资产转让非常接近于真实的资产出售。SFAS140 规定,如果要终止确认,转让者必须放弃对被转让资产的有效控制权,满足以下三个条件:一是被转让资产即使在转让者破产时仍不受影响;二是称让人有权质押或交换该资产;三是转让者没有保留对该资产的有效控制权。如果转让者存在以下两种情况,则被认定仍保留有效控制权:一是在该资产期满前有权回购或赎回;二是承让人有单方面退回特定资产的能力。SFAS140 还界定了一个"合格特殊目的主体"的概念,允许这一类特殊目的主体不纳入发起人的合并财务报表,需要满足的四个条件包括:一是完全独立;二是允许经营的活动非常有限;三是仅持有特定资产;四是仅在有限情况下以自动反应模式出售资产。② 除了 SFAS140 界定的"合格特殊目的主体"可不纳入发起人的合并财务报表,FIN46(R) 还界定了另一类可能不需纳入发起人合并财务报表的主体,它们是"变动利益主体"。如果在没有次级债务情况下某一主体资本金无法充分支持其经营活动,且该主体控制权并非主要由其权益持有者掌握,这一主体就是"变动利益主体",这类主体的合并财务报表问题具有独特性,即"首要受益人"(而不一定是发起人)将其纳入合并财务报表范围。③

从会计监管规范角度观察,在美国公认会计原则中,特殊目的主体表外处理的空间和灵活性均比国际会计准则大。商业银行可以通过

---

① IASB, *IFRS*10, *Consolidated Financial Statements*, May 2011, p. 10.

② FASB, *SFAS*140, *Accounting for Transfers and Servicing of Financial Assets and Extinguishments of Liabilities*, Summary, September 2000.

③ FASB, *Interpretation No. 46 (R)*, *Consolidation of Variable Interest Entities*, December 2003.

设计"合格特殊目的主体"和"变动利益主体"等多种途径实现对资产证券化工具表外处理的目的,为次级贷款资产证券化的泛滥创造了条件。因而在 2008 年国际金融危机初期,特殊目的主体会计问题就受到美国金融监管机构、市场监管机构和各行业组织高度重视。在各方敦促下,FASB 修订相关会计监管规范的工作进展迅速,于 2009 年 6 月发布第 166 号财务会计准则公告《金融资产转移会计处理》(SFAS166)和第 167 号财务会计准则公告《对 FIN46(R)的修订》(SFAS167)。SFAS166 的主要变化有三个方面:第一,删除了"合格特殊目的主体"概念,金融机构通过这一途径进行表外资产处置的渠道被封杀,发起人需对以前的"合格特殊目的主体"进行评估,将存在控制情况的纳入其合并财务报表。第二,对金融资产转移中的终止确认处理规定了严格条件,要求考虑转让者对被转让资产的"持续介入"情况;修订了 SFAS140 中的"财务组成"法,对未完全转让金融资产就对其进行终止确认的情况进行严格限制;提出了"参与权益"法,对部分转让金融资产符合出售的情况进行明确界定;这些变化使许多先前符合终止确认条件的金融资产转让无法从转让者的财务报表上剥离。第三,要求转让者增加披露对被转让资产"持续介入"而承担的风险,表外资产的透明度得到提高。①

SFAS167 的主要变化表现在如下三个方面:第一,企业要分析是否对"变动利益主体"拥有"控制性财务权益",从而成为其"首要受益人",为此,需要考虑的因素包括:①是否有权力确定对"变动利益主体"经济业绩有重大影响的经营活动;②是否有承担对"变动利益主体"而言重大潜在损失的义务,或者是否有获得对"变动利益主体"而言重要潜在收益的权力;③在确定是否有获得对"变动利益主体"而言重要潜在收益的权力时,企业还要判断是否有确保"变动利益主体"按既定方案经营的潜在财务义务;满足上述条件时,企业应将该"变动利益主体"纳入其合并财务报表。第二,取消先前用于

---

① FASB, SFAS166, *Accounting for Transfers of Financial Assets—An Amendment of FASB Statement*, No. 140, June 2009.

确定"变动利益主体""首要受益人"的定量方法,该方法观察哪一个企业承担该主体主要预期损失或获得该主体主要预期剩余收益,或者两者兼而有之。第三,企业要增加披露,提供给财务报告使用者关于其介入"变动利益主体"情况更透明的信息。

(三)针对资产减值问题的举措

资产减值问题(特别是商业银行贷款资产减值问题)是另一个在2008年国际金融危机中广为关注的问题,其焦点是当前的会计监管规范要求商业银行按"已发生损失"模式核算贷款资产减值准备,在经济上行期间计提的贷款减值准备无法对冲经济下行期间大量出现的贷款减值损失,致使金融危机发生前商业银行贷款减值准备核算普遍存在"太少、太迟"[1]、金融危机发生后贷款减值损失核算陡然剧增的问题,顺周期特征明显。在2009年4月会议上,20国集团提出按照"更长周期信用信息核算贷款减值"思路对现有贷款减值会计监管规范进行修订。[2] 2009年6月,美国总统奥巴马也要求贷款减值核算使用更多面向未来的信用信息。[3] 这些来自高层的诉求希望贷款减值准备核算方式由"已发生损失"模式调整为"预期损失"模式,使贷款减值准备核算不局限于已经发生的负面事件,还要考虑未来的可能损失,从而显著增加贷款减值计提金额,这是金融监管机构长期以来希望实现的目标。尽管金融界与金融监管机构较早建议采用"预期损失"模式核算贷款减值准备,但这一建议一直未得到主要会计准则制定机构认可,这与本书讨论的核心问题"银行会计监管与资本监管目标冲突"直接相关。众所周知,财务报告的目标主要是描述企业过去事件的财务影响(IASB,2001)[4],不预测未来可能发生情况的潜在财务影响,因而贷款减值准备只能依据财务报告日之前已经发生的事件和情况为基础进行核算。在贷款减值损失很可能发生的触发事件出

---

[1] Sue Lioyd, "IFRS9: A Complete Package for Investors", July 2014.
[2] G20, *The Declaration on Strengthening the Financial System*, April 2009.
[3] US President Obama has Released a Comprehensive Regulatory Reform Plan to Modernise and Protect the Integrity of our Financial System, June 2009.
[4] IASB, *Framework for Preparing Financial Statements*, April 2001.

现之前，会计监管规范不允许确认任何贷款减值准备，即使依据过往经验这一损失很可能在未来发生，依据可能导致额外损失的当前发展趋势确认任何可能或预期损失也是不恰当的（FASB，1993）。[①] 针对贷款减值核算的会计监管规范之所以如此，是因为财务报告的目标是决策有用，这要求信息必须相关、可靠、客观、及时，对未来预测的信息不符合这些要求；资本监管的目标是确保金融系统稳定和安全，这要求商业银行储备足以吸收损失的资本，不考虑投资者决策的信息需求。银行会计监管与资本监管目标冲突使金融界和金融监管机构推进按"预期损失"模式核算贷款资产减值的努力一直没有奏效，但2008年国际金融危机爆发后，会计准则制定机构却面临前所未有的压力，不得不背弃财务报告的目标和信息质量要求，考虑按照"预期损失"模式调整现有的贷款减值核算会计监管规范。除前文提及的20国集团和美国总统明确要求贷款减值核算会计监管规范向"预期损失"模式调整之外，IASB和FASB联合组建的"金融危机咨询小组"2009年7月报告也将"贷款及其他金融工具损失确认延误"视为会计监管规范的主要问题之一。[②] 鉴于此，IASB和FASB均积极推进对贷款减值核算会计监管规范的修订工作，虽然最初将其作为双方联合研究项目，但由于核心人员更替及博弈环境差异等原因双方合作并未善始善终，贷款减值会计监管规范修订的结果也不尽相同。

1. IASB针对资产减值问题的改进措施

IASB替换IAS39的工作分阶段进行，按照计划，第一阶段完成金融资产"分类和计量"部分，第二阶段完成"摊余成本和减值"部分，第三阶段完成"套期会计"部分。与资产减值有关的第二阶段工作从启动到完成历时五年多时间，2009年12月发布征求意见稿《金融工具：摊余成本和减值》，2011年1月又发布针对该征求意见稿的补充公告，修订资产减值相关规范并再次征求意见，2014年7月发布

---

[①] FASB, *SFAS*114, *Accounting by Creditors for Impairment of a Loan*, May 1993.

[②] IASB, *Supplement to ED/2009/12 Financial Instruments*: *Amortised Cost and Impairment*, Background, January 2011.

了金融资产减值会计监管规范的终稿。

新金融资产减值规范明确指出，资产减值规范的主要目标是向财务报告使用者提供更多关于金融工具预期信用损失的有用信息，为此，新资产减值规范设计了一个"面向未来"的减值核算模型。新金融资产减值模型要求确认所有的预期信用损失并在每一财务报告日对先前确认的信用损失金额进行调整，以反映金融资产信用风险的最新变化。这是一种"面向未来"的金融资产减值核算模式，它取消了确认预期信用损失的条件，因而以后商业银行确认贷款资产信用损失时不必再以已经发生的触发事件为先决条件，但新规范要求对预期信用损失的相关信息进行及时披露。

除将金融资产贷款减值由"已发生损失"向"面向未来"的核算模型调整外，新金融资产减值规范还拓展了确认金融资产减值的时间维度。按照 IAS39，金融资产信用损失只能依据过去事件和当前情况予以确认，任何未来的信用损失事件均不予考虑，即使预测它们会发生。新金融资产减值规范拓展了确认信用损失时应该考虑信息的时间维度，不仅包括历史信息、当前信心，还包含预测的未来信息。

另外，新金融资产减值规范要求所有金融工具均要应用相同的减值核算模型，不考虑这些金融资产存在的类别差异。新金融资产减值规范要求增加披露金融资产信用损失和信用风险信息。①

2. FASB 针对资产减值问题的改进措施

2010 年 5 月，FASB 发布了一份征求意见稿《金融工具会计与衍生工具和套期活动会计改进》②，提出，在贷款资产减值核算时假定财务报告日的经济情况会在该金融资产剩余期限内保持不变，没有将未来可能损失的影响纳入考虑范围，因而遭到金融界和金融监管机构的强烈反对。2012 年 12 月，FASB 发布针对金融资产减值的专门征求意见稿《金融工具：信用损失》，删除了 2010 年 5 月征求意见稿关于资

---

① IASB, *Project Summary*, *IFRS9 Financial Instruments*, July 2014.

② FASB, *Proposed Accounting Standards Update*, *Accounting for Financial Instruments and Revisions to the Accounting for Derivative Instruments and Hedging Activities*, May 2010.

产减值核算的原则。2012年12月征求意见稿要求，根据财务报告日预期无法收回的合同现金流量金额核算贷款资产信用损失，大大拓展了核算预期信用损失金额时考虑的信息范围，不仅要考虑历史事件、当前经济情况信息，而且要考虑影响剩余合同现金流量回收情况的合理并有依据的预测信息。①

在贷款资产核算方面，FASB已经放弃了已发生损失模型，转而采用预期损失模型，这在总体趋势上与IASB是一致的。但在具体应用预期损失模型方面，FASB与IASB的相关规范仍有一些差异，主要体现在对未来贷款损失预测时的时间段确定上，FASB要求预测贷款整个期限的未来可能损失，而IASB仅要求未来一年的可能损失。当然，FASB的征求意见稿《金融工具：信用损失》还未最终发布，也可能出于与IASB相关规范趋同的考虑进行适当调整。

（四）针对披露问题的举措

1. SEC补充SFAS157的公允价值披露

2008年3月28日，美国证券交易委员会（SEC）向美国几家主要金融机构发函，要求它们在即将发布的10-K报告"管理层讨论与分析"部分增加公允价值计量方面的信息披露。这可能是次贷危机爆发以来，市场监管部门或会计准则制定机构针对当前公允价值会计问题采取的第一项措施。尽管该函只发给少数几家大型金融企业，但其中的相关要求却适用于所有美国上市公司。

SEC在信函中指出②，如果主体认为其在公允价值计量过程中主要使用了不可观察参数，则要在"管理层讨论和分析"中披露主体是如何确定这些参数和该计量结果及其变动对主体经营成果、流动性和资本储备的可能影响。为达到该目的，"管理层讨论和分析"应涉及以下相关内容：①主要使用不可观察参数进行公允价值计量的资产和负债金额占所有公允价值计量资产和负债总额的百分比。②如果因为

---

① FASB, *Proposed Accounting Standards Update*, *Financial Instruments—Credit Losses*, December 2012.

② SEC, *Sample Letter Sent to Public Companies on MD&A Disclosure Regarding the Application of SFAS* 157, March 2008.

三级公允价值转入或转出一级或二级而导致三级计量金额变化较大，则要披露三级计量变化的具体金额和原因。③如果在本期转入三级计量的金额较大，则要披露主体认为不再是可观察的主要计量参数和本期在这些资产和负债上所确认的利得和损失。④对于三级计量的资产和负债，还要分析这些计量的实现或未实现利得或损失是否影响了主体的经营成果、流动性和资本储备。如果有，还要披露是如何影响的、主体该类公允价值计量大幅增加或减少的原因，以及该公允价值金额是否与主体当前预期在这些资产到期收回或负债到期清偿的金额相差较大；如果是，还要披露原因和根据。⑤资产抵押证券的支持资产的性质和类型，例如，贷款类型（是次贷还是优级贷款）、担保年限、证券的信用等级及其可能的变化。

另外，主体还应在"管理层讨论和分析"中讨论以下内容：①主要资产和负债公允价值计量所使用的估计技术和模型。如果本期发生变更，还要分析变更的原因和影响。②如果重要，主体要披露在计量主要资产和负债公允价值时所使用或考虑相关市场指数的方式或程度。③主体要披露它是如何验证公允价值计量所使用的估价技术和模型的恰当性和实用性的。④主体要分析公允价值计量的主要资产和负债金额对所使用的主要参数、估价技术和模型的敏感程度。⑤如果重要，主体还要分析公允价值计量资产和负债的累计金额对其流动性和资本储备的影响。

SEC 信函的披露规定补充了 SFAS157 公允价值披露的不足。SFAS157 的披露侧重于计量参数的性质和三级计量对主体当期收益的影响[1]；而 SEC 信函的披露侧重于计量结果及其变动对主体经营成果、流动性和资本储备的影响。比较而言，SEC 信函的披露规定更全面。另外，在当前市场情况下，SEC 信函的披露规定能帮助投资者更全面、正确地了解次贷危机对主体财务状况的影响。例如，在当前市场情况下，许多投资工具的市场交易清淡或交易市场完全消失，主体

---

[1] FASB, *Statement of Financial Accounting Standards* No. 157, *Fair Value Measurements*, September 2006.

以前按一级或二级计量的资产和负债现在要转为三级计量。对于这种转变,投资者可能理解为主体在市场流动性恶化情况下被迫所为,也可能理解为主体利用这种转变高估利润。而增加公允价值计量级次变动原因及其影响的信息披露能提高三级计量的透明度。再如,目前有些资产的市场交易价格已远低于其内在的预期现金流量水平。对于无意近期出售这些资产的主体而言,公允价值计量无法恰当地反映这些资产的预期现金流量水平。SEC信函要求主体披露当前持有资产到期收回时的现金流量水平,这有助于投资者了解主体未来现金流量变动情况,正确理解和判断主体依据当前市场价格所确认的资产减值损失,从而遏制市场估值呈螺旋式下跌趋势。另外,SEC信函还提出了结构性融资产品的具体披露规定,要求披露资产抵押证券的支持资产的性质和类型,例如,贷款类型、担保年限、证券的信用等级及其可能的变化。次贷危机的根源是次贷及其信用衍生产品发放或发行泛滥。投资者对次贷产品和其他资产抵押证券的恐慌及厌恶情绪达到前所未有的程度:这些证券的持有者不计成本地抛售,市场其他参与者则对这些投资工具避而远之,造成这些投资工具的市场估值持续下跌,市场交易量急剧萎缩,甚至有些资产抵押证券的交易市场完全消失。同时,资产抵押证券的市场估值风险引发银行间同业拆借利率迅速上升,原因在于这些银行不了解"交易对手"资产抵押证券的风险敞口程度,对"交易对手"履行合同义务的能力丧失信心。[1] 银行间同业拆借利率的提高进一步紧缩了市场流动性,增加了市场的系统风险。SEC信函关于资产抵押证券的披露要求能帮助投资者和各银行了解"交易对手"在这些证券投资上的风险程度,有助于提高优质资产抵押证券的投资银行的短期融资能力,缓解市场流动性不足的压力。另外,SEC还要求金融机构分析公允价值计量对其流动性和资本储备的影响,在当前市场情况下,增加这些披露信息有特殊的意义,能帮助投资者了解关于这些金融机构流动性风险和资本充足率方面的信息,从而判断破产事件发生的概率。总体上分析,SEC信函的披露规

---

[1] International Monetary Fund, *Global Financial Stability Report*, April 2008, p. 54.

定对有效地解决当前市场情况下的公允价值会计问题有重要意义。

2008年9月16日，SEC又发布《2008年3月信函附录》（以下简称《信函附录》），对应用公允价值计量的主体提出了进一步的披露要求。《信函附录》的披露规定侧重于目前不存在活跃交易市场的金融工具的公允价值计量对主体财务状况和经营结果的可能影响。前文已经述及，随着市场流动性进一步恶化，许多投资工具的交易市场完全消失，使以前一级或二级公允价值计量的资产被迫转为三级计量。在金额较大的情况下，这种转变可能增加主体公允价值计量的不透明性，使投资者对主体所报告的财务状况和经营成果的不信任程度上升、参与市场投资活动的信心进一步下降。为应对市场的这种变化，SEC要求增加对三级公允价值计量信息的披露，帮助投资者全面了解因市场状况变化而转为三级计量的金额对主体财务状况和经营成果的潜在影响。

根据《信函附录》[①]，主体在"管理层讨论与分析"部分要再增加以下披露内容：①主体在确定某一金融工具公允价值级次时所使用的主要假设。②主体在资产和负债公允价值计量过程中所考虑或包括的信用风险因素。③根据SFAS159，对于行使公允价值计量选择权的项目，主体要披露这些项目的公允价值计量利得或损失，但对于根据SFAS133按公允价值计量的衍生工具，主体则不必进行这样的披露；如果对经营成果影响较大，主体要考虑披露被要求按公允价值计量的金融工具的利得或损失，并解释主体的信用风险如何影响其衍生负债的估值，以及信用风险变化所产生利得或损失如何影响当期收益，还要解释衍生资产发行者的信用风险如何影响这些资产的估值，以及信用风险变化所产生利得或损失如何影响当期收益、衍生资产发行者的信用恶化程度和主体收回这些资产现金流量能力如何影响主体的财务状况等。④主体确定金融工具交易市场是否活跃的标准。⑤哪些金融工具的公允价值计量因市场流动性缺失而受到影响，市场流动性缺失如何影响主体所使用的估价技术，计量时主体如何权衡这种流动性缺

---

① SEC，*Sample Letter Sent to Public Companies on MD&A Disclosure Regarding the Application of SFAS*157，September 2008.

失。⑥如果主体使用经纪人或定价服务机构提供的信息估计公允价值，则在合并财务报表中要解释如何获取这些信息以及在公允价值计量过程中使用这些信息的程度；这些信息的性质和形式可能因经济情况不同而差异较大，但对这些信息的解释应至少包括以下内容：使用经纪人报价或定价服务机构提供价格进行公允价值计量资产的性质、金额及级次，针对每一工具主体通常能获得几种报价或价格；如果能获得多种报价或价格，主体如何确定最终财务报告中的金额；经纪人和定价服务机构在确定价格时使用可观察市场参数的程度；经纪人的报价是约束性的还是非约束性的。

2. FASB 完善信用衍生工具和担保合同的披露

除 SEC 出台针对公允价值计量的披露规定之外，美国财务会计准则委员会（FASB）也于 2008 年 9 月 12 日发布《工作人员立场公告》（FSP）No. SFAS133-1 和《解释公告》（FIN）No. 45-4，对信用衍生工具和某些担保合同的当前披露规定进行改进。FSP SFAS133-1 和 FIN45-4 适用于 SFAS133 所涉及的信用衍生工具和 FIN45 所涉及的嵌入信用衍生工具的混合工具以及担保等。

根据 FSP SFAS133-1，信用衍生工具出售者所披露的关于信用衍生产品和嵌入信用衍生产品的混合工具的相关信息，应能够帮助投资者评价这些工具对出售者财务状况、经营成果和现金流量的潜在影响。为达到该目的，信用衍生工具出售者应在财务报告中分类披露各种信用衍生工具的如下信息：①该信用衍生工具的性质，包括期限、签订该信用合同的原因、根据合同出售者应履行的义务、当前该信用衍生工具支付或履约风险的状况；②根据该信用衍生工具的相关条款，出售者将来可能被要求支付的最大金额；③资产负债表日该信用衍生工具的公允价值；④在特定违约事件发生时，出售者能够从第三方获得部分或全部补偿的资源储备或抵押资产的性质。另外，除信用衍生工具当前的支付或履约风险状况之外，上述披露规定与 FIN45 第 13 段关于担保人的相关披露大体一致。因此，FIN45-4 对 FIN45 进行修订，补充有关支付或履约风险状况的披露，使信用衍生工具出售者的信息披露与担保人一致。

SFAS133 第 44 段对信用衍生工具的信息披露做出具体规定①，要求持有或发行衍生工具的主体披露其持有或发行这些工具的目的、理解这些目的所需要的背景资料以及达到这些目的的策略。近些年来，信用衍生工具市场发展迅速，特别是与资产抵押证券相关的"信用违约掉期"的发展速度更快。根据国际掉期和衍生工具协会的统计②，在 2005 年 12 月全世界 CDS 的发行量仅为 17.1 万亿美元，到 2006 年 12 月上涨到 34.4 万亿美元，到 2007 年 12 月又上涨到 62.2 万亿美元。目前 CDS 已经成为信用衍生市场最主要的产品。次贷危机爆发以来，由于次贷违约和拖欠率不断上升，以次贷为标的的 CDS 的出售者面临巨额实际和潜在的赔付责任，造成一些 CDS 出售者信用级别被降低或最终破产。因而，CDS 市场已经引起市场监管部门和投资者的关注。1998 年发布的 SFAS133 的相关披露侧重于持有或出售 CDS 主体的目的，无法全面反映信用风险变化对 CDS 出售者财务状况可能产生的消极影响。FASB 新增加的信用衍生工具和担保合同的披露规定能帮助投资者了解主体所参与的衍生工具和担保合同交易对其财务状况及现金流量的潜在影响，因而具有重要的现实意义。

3. IASB 改进金融工具的披露

为应对次贷危机环境下的公允价值会计问题、响应"金融稳定论坛"（FSF）的建议，国际财务报告准则理事会（IASB）于 2008 年 10 月 15 日发布对 IFRS7《金融工具披露》进行修订的征求意见稿（以下简称《征求意见稿》），着手改进当前的金融工具信息披露规定，增加公允价值计量假设、模型、技术和不确定性以及流动性风险的性质和程度等方面的信息披露。《征求意见稿》主要从两个方面对 IFRS7 加以修订：一是公允价值计量披露；二是流动性风险披露。③

在公允价值计量披露方面，当前 IFRS 7 第 25—30 段的披露规定

---

① FASB, *Statement of Financial Accounting Standards No. 133 Accounting for Derivatives and Hedging Activities*, June 1998, pp. 44–45.

② http://www.isda.org/statistics/recent.html.

③ IASB, *Exposure Draft, Improving Disclosure about Financial Instruments, Proposed Amendment to IFRS7*, October 2008.

包括:① ①对于每类金融资产和金融负债,主体要披露其公允价值,以便于与它们的账面价值进行比较。②在披露公允价值时,主体要将金融资产和金融负债划分为不同类别。③如果主体使用估价技术估计各类金融资产或金融负债的公允价值,则要披露相关的方法和假设;公允价值计量是全部或部分直接参照活跃市场报价确定的,还是全部或部分使用估价技术估计的结果;财务报告中确认或披露的公允价值是否全部或部分依据使用不可观察参数的估价技术;如果可行,披露本期使用该估价技术估计公允价值的金额变化和在利得或损失中确认的总额。④如果金融工具不存在活跃市场,主体可使用估价技术确定公允价值,但初始确认时交易价格是公允价值的最佳证据。

《征求意见稿》拟增加公允价值级次披露,包括使用相同工具活跃市场报价(一级)、使用相似工具活跃市场报价或主要依据活跃市场参数的估价技术(二级)和使用主要依据非活跃市场参数的估价技术(三级);对于在财务报告中确认的公允价值计量金额,主体应分类披露该公允价值计量所属的级次,三级计量要披露期初和期末公允价值计量的余额调整情况(包括本期利得或损失总额、其他综合收益中确认的利得或损失总额、购销发行和结算时发生的金额、转入或转出三级计量的金额);本期利得或损失总额中未实现利得或损失所占比例;三级计量中某一或某些参数的变化是否会引起计量结果的较大变化以及计量级次之间的转化等。

当前 IFRS7 的公允价值披露侧重于金融工具的分类、公允价值计量所依据的参数和技术、未涉及公允价值计量对当期收益影响的信息。《征求意见稿》的公允价值披露侧重于公允价值级次,公允价值计量对当期收益的实际和潜在影响以及三级公允价值计量的技术和参数。在金融工具公允价值披露方面,《征求意见稿》与SFAS157 基本趋同。在流动性风险披露方面,《征求意见稿》要求主体依据对衍生金融负债流动性风险的管理模式对该工具的到期情

---

① IASB, *International Financial Reporting Standard No. 7 Financial Instruments: Disclosure*, 2005, pp. 25 - 30.

况做出分析并披露非衍生金融负债的预计剩余期限和主体管理流动性风险的方式。

（五）针对金融工具分类问题的举措

2008年10月，IASB发布了对IAS39《金融工具：确认与计量》和IFRS7《金融工具：披露》的修改意见。① 修订后的IAS39允许主体在特定情况下对前期归类为"以公允价值计量且其变动计入损益"的非衍生资产进行重新分类。正如本书第二章所述，IAS39将金融资产划分为四类。修改前的IAS39禁止主体在初始分类后将第一类重分为其他三类，也禁止将其他三类重新分类为第一类。但原IAS39未禁止在第三、四类之间重新分类。修改后的IAS39仍禁止对前期归类为衍生工具的金融资产进行重新分类，另外，对于被指定为以公允价值计量的某些金融工具（适用公允价值选择权规定），也不允许重新分类，但允许在不再活跃的市场上对交易性和可供出售金融资产进行重新分类。IASB指出，在美国GAAP中，在某些情况下主体可对证券和贷款进行重新分类，但按照IFRSs却没有这种重新分类可能，本次修订使IAS39与SFAS115和SFAS65基本一致，其重要意义是为金融机构通过重新分类来调整某些金融工具的计量方法提供了空间，从而为金融机构摆脱顺周期效应的影响创造条件。

### 四 国际各方针对性具体措施实施效果分析

2008年国际金融危机对世界经济产生了深远影响。相关国际组织和各国政府都在全面研究此次危机根源、深刻总结经验教训并积极采取针对性措施，这一过程会持续很长时间，随着人们对相关问题认识的不断深入，前期已经采取的应对措施也可能被不断调整。本书将分析国际各方针对性措施效果的工作局限在2013年年底的时间范围之内。另外，本书主题是商业银行会计监管与资本监管冲突问题研究，因此，主要分析国际各方针对会计监管与资本监管冲突而采取的针对性措施。

---

① IASB, *IASB Press Release*, *IASB Amendments Permit Reclassification of Financial Instruments*, October 2008.

从会计监管的角度分析，2008 年国际金融危机以来，世界主要会计准则机构为应对危机暴露问题所出台的措施中，有的是针对危机中暴露的具体会计监管问题的，如限制金融机构表外处理操作的规范，有的是因屈从政治压力而被迫让步的，如金融工具重新分类规范。从金融监管的角度分析，并非所有 2008 年国际金融危机以来出台的针对性会计监管措施都有利于增加银行监管资本持有量，有的甚至会给商业银行监管资本管理带来持续性的新压力，如限制金融机构表外处理操作的规范。

2008 年国际金融危机以来，公允价值计量问题成为美国商业银行和金融监管机构诟病的焦点、金融工具分类问题成为欧洲商业银行和金融监管机构攻击的重点，因此，非活跃市场境况下的公允价值应用指南和允许对金融工具重新分类两项新措施受到商业银行和金融监管机构热烈欢迎，它们积极利用这两项新会计规范调整相关财务报告项目以降低某些金融工具市场价格持续下跌对监管资本造成的持续性侵蚀，缓解资本监管压力。广大投资者也对这两项新会计规范做出积极回应，美国和欧洲各资本市场也在该会计规范发布时间窗口期内显现明显的上升趋势。虽然这两项新会计规范并不会使商业银行实质性地提升财务状况，进而改善监管资本水平，但这些新会计规范可能被看作政府救助行动组合的组成部分，因而投资者和资本市场积极予以回应。

从新近研究文献中可以找到非活跃市场境况下的公允价值应用指南和允许对金融工具重新分类两项新措施实施情况的经验证据。哈里和卢克（Harry and Luc, 2009）较早关注到美国会计准则委员会（FASB）放松公允价值计量标准对商业银行股票价格的影响[1]，他们采用事件研究法，分析 FASB 相关公告发布对商业银行"累计超常收益"[2]的影响。哈里和卢克（2009）锁定了两个核心事件：一个是 2008 年 10 月 10 日 FASB 明确在非活跃市场情况下银行可以使用现金

---

[1] Harry and Luc Laeven, "Accounting Discretion of Banks During a Financial Crisis", *IMF Working Paper*, International Monetary Fund, 2009.

[2] That is "Cumulative Abnormal Returns".

流量假设来计量金融工具公允价值;另一个是2009年4月9日FASB正式发布公告,为银行提供了更多使用非市场数据计量金融工具公允价值的灵活空间;他们以美国所有上市银行控股公司(共计270家)的《财务状况和收益报告》(Call Report)数据为基础展开分析,得到如下结果,见表5-2和表5-3。

表5-2　2008年10月10日会计事件对累计超常收益影响数据

| | 第一部分:事件窗口为2008年10月8—12日 | | | | |
|---|---|---|---|---|---|
| | 所有样本 | 大银行 | 小银行 | 持有MBS少的银行 | 持有MBS多的银行 |
| 累计超常收益 | 0.0128*<br>(0.0070) | 0.0260***<br>(0.0092) | -0.0005<br>(0.0105) | 0.0116<br>(0.0111) | 0.0140<br>(0.0087) |
| 样本数 | 270 | 136 | 134 | 134 | 136 |
| | 第二部分:事件窗口为2008年10月10日 | | | | |
| 累计超常收益 | 0.0761***<br>(0.0074) | 0.1290***<br>(0.0079) | 0.0225*<br>(0.0107) | 0.0616***<br>(0.0113) | 0.0903***<br>(0.0094) |
| 样本数 | 270 | 136 | 134 | 134 | 136 |

注:累计超常收益的计算是基于一个市场模型,其估值窗口是{t-250,t-30},t代表2008年10月10日,以交易天数为计算基础。持有MBS多(少)的银行是指银行所持有"抵押贷款支持债券(MBS)"占总资产比重超过季度样本均值。累计超常收益的标准误差列示在括号中。\*\*\*、\*分别代表显著性水平为1%和10%。

资料来源:参见Harry and Luc Laeven,"Accounting Discretion of Banks During a Financial Crisis",*IMF Working Paper*,International Monetary Fund,2009,p.35。

表5-3　2009年4月9日会计事件对累计超常收益影响数据

| | 第一部分:事件窗口为2009年4月7—11日 | | | | |
|---|---|---|---|---|---|
| | 所有样本 | 大银行 | 小银行 | 持有MBS少的银行 | 持有MBS多的银行 |
| 累计超常收益 | 0.0643***<br>(0.0066) | 0.0899***<br>(0.0092) | 0.0390***<br>(0.0090) | 0.0632***<br>(0.0094) | 0.0654***<br>(0.0083) |
| 样本数 | 255 | 127 | 128 | 127 | 128 |

续表

| | 第二部分：事件窗口为2009年4月9日 | | | | |
|---|---|---|---|---|---|
| 累计超常收益 | 0.0499*** | 0.0662*** | 0.0337* | 0.0497*** | 0.0501*** |
| | (0.0043) | (0.0054) | (0.0063) | (0.0067) | (0.0053) |
| 样本数 | 255 | 127 | 128 | 127 | 128 |

注：同表5-2。

从表5-2和表5-3可知，在FASB明确放松与最终发布放松金融工具公允价值计量的会计监管规范之后，持有较多抵押贷款支持债券（MBS）商业银行确实获得了较为可观的额外收益。虽然2008年10月10日与2009年4月9日FASB行为被一些市场评论家视为为商业银行美化财务报告数据提供便利，会导致信息透明度下降，但从实际情况看，这些行为却受到投资者欢迎和市场积极回应，可能的原因是：尽管新会计监管规范不会实质性地提升商业银行财务状况，但放松公允价值应用标准会大幅度减少MBS减值计提，切断MBS市场价格大幅度下跌对商业银行监管资本的侵蚀，确保它们不触及监管资本红线。这一事实从另一个角度说明了会计监管与资本监管捆绑实施的破坏性，它扭曲了市场的信息需求导向。

与哈里和卢克（2009）相似，Gauri、Richard和Xiumin（2011）也使用美国商业银行数据研究2009年4月9日FASB放松金融工具会计监管规范后的市场反应。[①] 他们设计了四项研究假设，其中三项与放松会计监管规范有关：第一项是在放松会计监管规范后银行持有MBS量与资产价格变化之间关系变弱；第二项是在会计监管规范放松之日银行会获得正向收益；第三项是在会计监管规范放松之日银行债券将获得零收益。他们的结论是：放松公允价值计量等会计监管规范降低了商业银行在非活跃市场出售资产的压力，因而对投资者财富产生正面影响。

彼得（Peter，2011）以欧洲银行数据为基础，研究国际会计准则

---

① Gauri Bhat, Richard Frankel, Xiumin Martin, Panacea, "Pandora's Box, or Placebo: Feedback in Bank Mortgage-Backed Security Holdings and Fair Value Accounting", *Journal of Accounting and Economics*, Vol. 52, 2011, pp. 153-173.

理事会（IASB）2008年10月13日放松金融资产分类会计监管规范、允许对非衍生的交易性和准备出售金融资产重新分类的公告发布后商业银行的反应。笔者以应用《国际财务报告准则》（IFRS）的219家欧洲银行的财务报告数据为基础，分析在重新分类会计监管规范发布后商业银行财务报告相关项目的变化情况。彼得（2011）发现，约1/3（76家）样本银行对金融资产进行了重新分类，它们在2008年7月1日至12月31日期间重新分类资产的总金额达到6325亿欧元；在进行重新分类的76家银行中，有52家银行（约占重新分类银行的68%）将交易型资产重新分类为贷款或持有至到期投资，从而大大降低了债券资产市场价格下跌对银行收益的影响；样本银行重新分类资产金额均值约是总资产的3.9%、权益账面价值的131%；重新分类操作也使商业银行确认了巨额利得，大大提升了重新分类银行的权益收益率（ROE），权益回报率均值从-1.4%提升至1.3%。[1]

美国和欧洲商业银行的经验证据表明，在2008年国际金融危机后，迫于各方压力，全球主要会计准则制定机构（IASB和FASB）均放松了金融工具分类和计量标准，为商业银行回避持续下跌金融资产市场价格对财务报告负面影响提供了契机，也大大降低了它们的监管资本压力，因而受到金融界广泛欢迎；欧美商业银行利用这些会计监管规范调整机会，及时对财务报告做出全面调整，积极将这类人造的好消息传递给市场。尽管这些放松标准的会计监管新措施允许商业银行使用内部数据对金融资产估值，也允许根据需要调整金融资产分类，会大大降低商业银行财务报告数据透明度，但广大投资者却对这些放松会计监管标准事件及商业银行后续财务报告数据调整均做出积极回应。这些市场证据充分说明，放松金融工具公允价值计量标准和允许重新分类等新措施的实施均取得了很好的效果。

---

[1] Peter Fiechter, "Reclassification on Financial Assets under IAS39: Impact on European Banks' Financial Statements", *Working Paper*, 2011, http://ssrn.com/abstract=1527107.

## 第三节　国际各方针对商业银行会计监管与资本监管冲突问题尝试或讨论的其他方法

2008年国际金融危机爆发以来，国际各方也尝试或讨论了其他一些针对银行会计监管与资本监管冲突问题的措施，本书对这些有代表性的措施进行梳理分析。

### 一　关于"双重列报"模式的尝试

商业银行资产负债表上的资产和负债项目多为金融工具（占90%以上），其适用的会计计量属性主要是"基于成本的调整额"（摊余成本）和"基于市值的调整额"（公允价值）。迫于金融产品不断结构化、复杂化趋势的压力，会计准则制定机构（IASB和FASB）不断拓展公允价值应用范围，以期全面、系统地揭示金融工具的风险和收益情况。

目前的情况是，对于商业银行而言，无论是按照《国际财务报告准则》还是《美国财务会计准则》，交易账户的各类项目已全面实现公允价值计量，即初始计量按公允价值、后续计量按公允价值、后续计量升值或贬值金额直接计入当期损益；银行账户的各类项目部分实现公允价值计量，但程度差异很大，有的初始计量按公允价值、后续计量按公允价值，但后续计量升值或贬值金额却计入其他综合收益；有的初始计量按公允价值，但后续计量按摊余成本，而后减值处理再使用公允价值。目前，金融工具会计核算现状具有两个特点：一是公允价值和摊余成本两种会计计量属性混合应用；二是在采用公允价值计量的金融工具中，公允价值应用程度不一。

在商业银行资产负债表项目中，这种会计计量属性混合应用、程度不一的现状与会计监管和资本监管目标冲突、在金融工具计量属性选择问题上长期争论不休有直接关系。会计监管聚焦资本市场信息不对称问题，致力于打造信息透明的市场环境，但资本监管关注整个金融系统安全稳定问题，追求个体商业银行不断增加资本储备和长期保持稳健经营。公允价值是连接金融市场与财务报告的桥梁,它会将金融市场的动荡快速传导给商业银行财务报告,虽然能及时揭示个体商业银行经营风险问题,但在经济下行周期中会因监管资本核算基于财务报告数据而严重侵蚀监管资本,产生顺周期性;摊余成本基于金融工具入账时的金额和利率,它切断了金融市场与财务报告的联系,尽管因呈现平稳的经营结果而成为监管资本的暂时性防火墙,但却常常因掩饰不断恶化的经营管理问题而导致后续的高额救助成本。

2008年国际金融危机爆发以来,在金融工具计量方面,关于公允价值与摊余成本孰是孰非的争论再次成为业界讨论的焦点,人们重复着过去20多年来持续争论的内容(公允价值和摊余成本优缺点),但仍各执一词、互不相让,无法达成共识。在这一背景下,学术界提出"双重列报"理论,即对于同一金融工具项目同时列报按照公允价值和摊余成本计量的不同金额,公允价值计量金额满足会计监管机构、投资者需要和商业银行管理层信息需要,摊余成本计量金额满足金融监管机构信息需求。"双重列报"理论提出者认为,在双方需要均能得到满足的情况下,会计监管与资本监管冲突问题能够得到基本解决,相关争论也可能平息下来。

艾伦和卡尔特(Allen and Carlette,2008)在国际金融危机爆发后较早提出"双重列报"理念。[1] 他们较早的一篇文献证明[2],金融危机期间,金融机构与资本市场相互影响导致资产市场价格无法反映未来回报,仅能反映市场流动性水平,即金融危机期间资产市场价格取决于流动性的多少而不是未来回报;如果此时使用公允价值计量,资产市场价值波动会直接影响商业银行资产价值,引发传染性,迫使商业银行陷入资不抵债境地,但如果允许它们经营至资产到期,这些银行完全有能力偿付义务;艾伦和卡尔特(2008)指出,在金融危机

---

[1] Franklin Allen, Elena Carlette, "Should Financial Institutions Mark – to – Market?", *Financial Stability Review*, October 2008.

[2] Franklin Allen, Elena Carlette, "Market – to – Market Accounting and Liquidity Pricing", *Journal of Accounting and Economics*, Vol. 45, 2008, pp. 358 – 378.

期间，如果使用摊余成本计量，迫使银行陷入资不抵债的情况就不会发生，因为市场价格下跌不会影响银行资产价值；他们认为，摊余成本可以阻止公允价值应用情况下可能产生的危机，因为金融危机情况下的公允价值反映了资产基础价值之外的其他因素。艾伦和卡莱特（2008）同时分析了摊余成本的缺陷，认为在市场价值真实反映资产基础价值下跌情况下公允价值优于摊余成本，这时摊余成本应用会产生严重的信息误导问题，引发系统性风险，如在20世纪80年代美国"储蓄贷款机构危机"期间就发生了类似的情况。

基于上述分析，艾伦和卡尔特（2008）指出，公允价值信息是有用的，应该予以披露，但也要披露额外信息，便于信息使用者识别哪些资产市场价格下跌源于流动性不足因素、哪些资产市场价格下跌源于资产基础价值变动因素；如果信息使用者能够识别这些信息，他们就有可能做出知情的决策。因此，艾伦和卡尔特（2008）建议，当基于最可靠假设的模型估值金额与基于市场信息估值（公允价值）金额偏差超过5%时，则应将基于公允价值、摊余成本和模型估值的金额均予以列报；他们认为，这会警示会计监管机构、资本监管机构和投资者，提醒他们认真研究当前市场情况，从而对商业银行经营状况和偿债能力做出更审时度势的判断。此时，资本监管机构可以对某些商业银行实施监管容忍，允许它们在资本不足情况下继续经营，从而避免计提巨额减值和人为的资产价值波动。

艾伦是美国非常著名的金融监管专家，他提出了通过列报多种会计计量属性金额来满足不同信息使用者需求的建议，形成了"双重列报"的理论雏形。2009年12月，时任美国会计准则委员会（FASB）主席罗伯特·赫兹在美国注册会计师协会（AICPA）年会上展示了更具体、更有操作性的"双重计量"模式，他还宣布该模式已经被FASB纳入其金融工具会计综合改进项目。[①] 罗伯特·赫兹详尽分析了会计监管和资本监管目标差异、公允价值和摊余成本的优缺点以及相

---

① Robert H. Herz, "Remarks of Robert H. Herz, Chairman, Financial Accounting Standards Board", AICPA National Conference on Current SEC and PCAOB Developments, December 2009.

关争论的焦点，表示正在寻找某种途径来化解分歧。罗伯特·赫兹还初步描述了这一途径的基本模式：对于贷款与债务证券组合而言，如果商业模式和资产特征表明其主要价值通过回收现金来实现，则在资产负债表上应同时列报其公允价值和摊余成本金额，公允价值变动计入其他综合收益而不是损益，这样，不会改变净收益中仅包含利息收入、股息收入与已实现利得和损失的现状；对于以回收现金为目的贷款和债务证券而言，仅将依据其信用损失计提的减值损失部分计入损益。另外，其他综合收益与净收益在同一界面列报，形成单一的业绩报告。

罗伯特·赫兹认为，对贷款和债务证券同时列报公允价值与摊余成本金额的"双重列报"模式有如下优点：一是通过持续地反映原有商业模式来保持当前的净收益和每股收益信息内涵不变；二是通过同时列报为回收现金或支付现金目的而持有的金融工具的公允价值和摊余成本金额，使投资者能更容易地将这些数据纳入其决策分析中；三是贷款和债务证券公允价值信息可以与财务报告等业绩信息同时披露，而不是在较晚时间在 SEC 文件附注中披露；四是该模式可以为资本监管机构提供更多信息，并确保它们按照原有方式核算监管资本。①

2010 年 5 月 26 日，在罗伯特·赫兹提出"双重计量"模式约半年之后，FASB 发布金融工具会计准则征求意见稿《金融工具会计与衍生工具和套期活动会计修订》（以下简称《征求意见稿》），为将"双重列报"模式正式引入美国公认会计原则体系做最后准备。② 该《征求意见稿》关于"双重计量"模式的相关规定有：①在资产负债表上，依据公允价值变动是计入净收益还是其他综合收益而对金融资产与金融负债进行分类单独列报；②对于公允价值变动计入净收益的金融工具，需要列报金融工具的公允价值和商业银行自己发行且流通

---

① Robert H. Herz, "Remarks of Robert H. Herz, Chairman, Financial Accounting Standards Board", AICPA National Conference on Current SEC and PCAOB Developments, December 2009.

② FASB, *Accounting for Financial Instruments and Revisions to the Accounting for Derivative Instruments and Hedging Activities*, Exposure Draft of Proposed Accounting Standards Update of Topic 825 and Topic 815, May 2010.

在外债务工具的摊余成本;③对于公允价值变动计入其他综合收益的金融工具,应单独列报摊余成本、金融资产信用损失准备、公允价值以及公允价值与摊余成本(扣除信用损失准备后)之间的累计调整金额。①

从《征求意见稿》以上相关规定可知,《征求意见稿》将金融资产和金融负债划分为两大类:一类是公允价值变动计入净收益的;另一类是公允价值变动计入其他综合收益的。根据该《征求意见稿》第19—23段的相关规定,公允价值变动计入净收益的金融资产和金融负债主要有各类权益证券和衍生金融工具;公允价值变动计入其他综合收益的金融资产和金融负债主要有债务工具(持有或发行的)和按照回收(或支付)合同约定现金流量而不是出售获取差价商业模式来管理金融工具。②

从《征求意见稿》的金融资产和金融负债分类及列报规范可知,需要"双重列报"的金融资产和金融负债主要有:①商业银行自己发行且流通在外债务工具,即使其公允价值变动计入净收益,也应同时列报公允价值和摊余成本;②其他债务工具,应列报公允价值和摊余成本以及两者的累计调整额;③按照回收(或支付)合同约定现金流量商业模式管理的金融资产和金融负债,也应列报公允价值和摊余成本及其累计调整额。

在会计监管与资本监管制度目标冲突而资本市场上两者又捆绑实施的背景下,《征求意见稿》的"双重列报"模式是满足商业银行财务报告各类信息使用者需求很好尝试。但《征求意见稿》要求商业银行核心资产(贷款)除列报摊余成本金额之外,增加列报公允价值金额,被广泛地理解为拓展公允价值应用的尝试,遭到金融机构(尤其是商业银行)的强烈反对。在征求意见结束时收到的 2971 封反馈函

---

① FASB, *Accounting for Financial Instruments and Revisions to the Accounting for Derivative Instruments and Hedging Activities*, Exposure Draft of Proposed Accounting Standards Update of Topic 825 and Topic 815, May 2010, pp. 84 – 86.

② Ibid., pp. 19 – 23.

中，超过85%的评论者反对对贷款应用公允价值①，这些反对的声音对美国证券交易委员会（SEC）和美国国会产生了很大影响，这些权力和政治机构迅速向FASB施压，极力阻止该《征求意见稿》最终成为《美国财务会计准则》。迫于各方压力，2011年1月FASB宣布，不会考虑应用公允价值计量和报告商业银行的贷款资产。这意味着"双重列报"模式被彻底否决。

为什么在保持摊余成本计量基础上，对银行贷款增加列报公允价值金额会在银行业内引起如此强烈的反应呢？霍德和霍普金斯（Hodder and Hopkins, 2012）分析了银行强烈反对对贷款应用公允价值计量的原因，发现与"摊余成本计量、按已发生损失确认减值准备"模式比较，公允价值计量增加了银行贷款资产财务信息透明度，压缩了管理层利用会计处理操纵利润和监管资本的空间，这是银行反对按公允价值计量贷款资产的根本原因。②

这样看来，尽管"双重列报"模式能更好地满足不同信息使用者需求，但对商业银行而言，贷款资产同时列报摊余成本与公允价值金额却是灾难性的。因为贷款是商业银行最主要资产，金额大、占比高，现行贷款资产的会计处理方法（摊余成本计量、按已发生损失的确认减值、仅确认非暂时性减值损失）弹性大，两者的叠加效应为管理层操纵利润和监管资本提供了巨大的弹性空间，是管理层操纵利润与监管资本的最主要对象。在对贷款资产双重列报情况下，如果摊余成本金额与公允价值金额差距较大，信息使用者会对两者差异的原因进行调查，给银行管理层带来新挑战、新压力。另外，信息使用者（尤其是投资者），存在更多信任公允价值金额而忽略摊余成本金额的趋势，可能会使摊余成本信息逐渐边缘化。上述两种担忧可能是银行管理层极力反对对贷款资产双重列报的内在原因。

---

① Leslie D. Hodder, Patrick E. Hopkins, "Accounting Slack and Banks' Response to Proposed Fair Value Accounting for Loans", *Accounting, Organizations and Society*, Vol. 39, Issue 2, 2014.

② Ibid..

## 二 关于"动态准备"模式的讨论

除"双重计量"模式的尝试之外,"动态准备"模式的讨论是 2008 年国际金融危机爆发后备受关注的另一热点议题。例如,20 国集团伦敦会议公告(2009)指出,会计准则制定机构应和资本监管机构合作,立即完善资产估值与准备计提方面的会计规则;[①] 另一公告(Turner Review, 2009)则直接呼吁建立独立于经济周期的资本储备。上述两项权威公报均认为,当前会计准则中的银行贷款减值处理规范存在严重弊端,应立即完善或修正,从而促使商业银行建立应对经济下行期吸收更多损失的准备。在 21 世纪初,西班牙为应对其银行系统严重的顺周期问题,发布并实施"动态准备"模式。这一模式在 2008 年国际金融危机爆发后被广泛关注,这里首先介绍它的基本原理和内容。[②]

"动态准备",又叫"统计性准备"或"逆周期准备",是商业银行在经济上行期间核算增量信用风险以应对贷款周期性变化对实体经济潜在影响的方法,是一种对贷款减值进行前瞻性综合评估的模式;它对统计数据显示存在既定损失比例的同质性贷款资产组合,在具体贷款资产损失尚未显现之时就评估和确认其潜在贷款损失准备;例如,某银行过往经验表明,其信用卡组合贷款损失占 5%,则该银行应按照 5% 的比率提前评估和确认其信用卡贷款组合的损失,即使目前无法确定该损失会发生在哪一位(或哪几位)信用卡用户身上;该模式的内含假设是:信用风险是在经济上行、贷款组合资产迅速膨胀期间内积累起来的,因此,贷款损失已经潜伏在银行资产负债表上,即使无法从特定贷款上甄别出来。[③]

---

[①] G20, *Declaration on Strengthening the Financial System*, London Summit, April 2009.

[②] 西班牙中央银行(西班牙银行)颁布"动态准备"模式相关制度,但因语言障碍,作者无法直接阅读该制度西班牙语原文。在收集相关文献过程中,笔者发现,自 2000 年以来,西班牙银行金融稳定部负责人 Jesús Saurina 用英文发表了大量介绍和分析"动态准备"模式的文章,是这方面的权威。本书对"动态准备"模式的介绍主要基于 Jesús Saurina 的相关文章。

[③] Jesús Saurina, "Loan Loss Provision in Spain—A Working Macroprudential Tool", *BANCO DE ESPAÑA*, *Estabilidad Financiera*, November 2009.

西班牙中央银行出台"动态准备"相关制度的国内经济背景与2008年国际金融危机爆发前西方各国的情况相似：1991—1999年，西班牙经济处于快速上行通道，商业银行信用贷款规模迅速上升，相关信用风险急剧增加；贷款违约率较低，相应的特别贷款减值准备较少。在当时，西班牙是经合组织各国中贷款损失准备金额与贷款总额占比最低的国家，也是贷款准备比率与GDP增长比率相关性最高的国家（-0.97）。① 西班牙中央银行意识到其商业银行系统的贷款减值损失具有严重的顺周期性问题，也认识到该问题无法通过基于已发生损失的贷款减值准备予以解决。为应对会计监管机构与金融监管机构在商业银行贷款减值准备核算方面的目标冲突问题，1999年年末，西班牙中央银行发布了基于"动态减值"模式的《贷款减值准备核算规范》，该规范于2000年7月1日正式生效。② 2004年，为适应欧盟采用《国际财务报告准则》（IFRS）的需要，西班牙中央银行对最初的"动态减值"模式规范进行部分修订，将贷款减值准备由三类调整为两类，并对模型所用参数值也做了部分调整。

（一）传统的"贷款减值"模式

在1999年之前，西班牙商业银行采用的贷款减值准备核算方法与其他国家商业银行的做法基本相似，包括一般准备和特殊准备。一般准备的金额是贷款总额乘以某一减值系数（0.5%—1%），每年的一般减值准备是当年的贷款增减额乘以某一减值系数。特殊准备是问题贷款的金额乘以某一减值系数（10%—100%），每年的特殊准备是当年的问题贷款增减额乘以某一减值系数。这样，某一商业银行每年的贷款减值准备增加或减少的金额是一般准备的增减额与特殊准备的增减额之和。

---

① Jesús Saurina, "Dynamic Provisioning, The Experience of Spain", *the World Bank Group*, July 2009.

② Eliana Balla and Andrew McKenna, "Dynamic Provisioning: A Countercyclical Tool for Loan Loss Reserves", *Economic Quarterly*, Volume 95, No. 4, Fall 2009.

## (二) 初始的"动态减值"模式

初始的"动态减值"模式是在原一般准备和特殊准备基础上增加的一项新准备,即"统计性贷款减值准备"。按照 1999 年的"动态减值"模式,各商业银行在每个季度末确认"统计性贷款减值准备",将其计入银行利润表。"统计性贷款减值准备"是商业银行不同贷款组合的潜在损失估计总额与特殊减值准备净额之间的差额,如果该差额为正数,则增加"统计性贷款减值准备"的累计额;如果该差额为负数,则减少"统计性贷款减值准备"的累计额。按照 1999 年的"动态减值"模式,与一般准备和特殊准备一致,"统计性贷款减值准备"在会计处理上也作为一种费用在损益表上进行处理,但税收法规没有将其确定为计税的可抵扣费用。

"统计性贷款减值准备"是贷款潜在损失估计总额与特殊减值准备净额之间的差额。特殊减值准备是一个传统贷款减值核算项目,各商业银行耳熟能详,因此,贷款潜在损失的核算是一个关键问题。按照 1999 年的"动态减值"模式,计算每季度贷款潜在损失的方法有两种。一是银行可以自创计算模型并依据自己的贷款损失经验数据核算贷款减值准备金额,前提条件是这些经验数据是时间序列的、跨越的区间超过一个经济周期且经过银行监管部门认可。二是银行可以使用西班牙中央银行设计的标准模型,它使用反映该国所有金融机构贷款组合风险的参数核算贷款减值损失金额,西班牙多数商业银行采用中央银行设计的标准模型。

标准模型假定商业银行不同贷款组合资产中同一类别贷款资产的风险是同质的,因而将贷款资产进行类别划分并确定不同的风险系数。每个季度商业银行贷款潜在损失总额即为每类贷款资产的风险敞口乘以对应的风险系数。在 1999 年的"动态减值"模式中,西班牙中央银行依据该国最近一个完整经济周期(1985—1998 年)国内所有商业银行贷款的特殊减值准备历史数据,确定不同贷款资产在一个完整经济周期内的风险敞口系数,见表 5-4。

表5-4  标准模型下的贷款资产类别及其风险系数①

| 贷款资产类别 | 风险系数（%） | 贷款资产特征描述 |
| --- | --- | --- |
| 无风险资产 | 0 | 公共部门贷款 |
| 低风险资产 | 0.1 | 风险敞口小于不动产价值80%的抵押贷款或以评级为A的长期企业债务为抵押品的抵押贷款 |
| 中低风险资产 | 0.4 | 金融租赁及其他（低风险资产类别之外的）抵押风险资产 |
| 中度风险资产 | 0.6 | 其他风险敞口（其他类别中未涉及的） |
| 中高风险资产 | 1.0 | 用于购买耐用品的个人信用贷款 |
| 高风险资产 | 1.5 | 信用卡贷款、活期账户 |

尽管这些风险系数主要反映过去一个经济周期的贷款资产特殊减值准备净额的平均值，但它们也反映了近年来西班牙信用机构在信用风险计量与管理方面的进步。② 因而商业银行核算"统计性贷款减值准备"不是为了解过去一个经济周期的问题贷款损失，而是为预测未来一个经济周期的贷款资产预期损失情况。

西班牙中央银行并不希望商业银行的"统计性贷款减值准备"累计额无限增加，唯恐这会限制放贷能力、影响市场流动性，因此，将"统计性贷款减值准备"累计额的上限设定为风险敞口与风险系数乘积的3倍。这进一步揭示了"统计性贷款减值准备"作为应对经济危机期间商业银行贷款损失工具的本质。

（三）修订的"动态减值"模式

2002年3月，欧洲议会通过一项决议，要求欧盟各成员国的所有上市公司自2005年1月1日起采用《国际财务报告准则》（IFRS）；依照该决议，7000多家上市公司放弃其国内会计准则，使用IFRS编制财务报表。③ 作为欧盟成员国，西班牙必须执行欧洲议会的决议，即从2005年起符合条件的上市公司（其中包括一些商业银行）实施

---

① Santiago Fernandez de Lis, Jorge Martinez Pages and Jesús Saurina, "Credit Growth, Problem Loans and Credit Risk Provisioning in Spain", *BIS Paper* No. 1, 2000.

② Ibid..

③ EFRAG, *Endorsement of Existing International Accounting Standards and Related Interpretations*, June 2002.

IFRS。2004年，西班牙中央银行对1999年发布的"动态减值"模式进行修订，以适应和应对这一变化。修订的"动态减值"模式的主要变化是，将每季度商业银行核算的三种贷款资产减值准备（一般准备、特殊准备和统计性准备）压缩为两种，即一般准备和特殊准备，但没有删除"统计性准备"，而是将其融入"一般准备"中，将原来的"一般准备"和"统计性准备"合二为一，特殊准备则仍保留其原来的内涵不变。另外，修订的"动态减值"模式对"贷款资产类别及其风险系数"也进行了调整。

按照修订的"动态减值"模式，商业银行每季度核算的贷款资产减值准备包括一般准备和特殊准备，因特殊准备与原来的比较没有变化，因此，以下主要介绍新模式下"一般准备"的内容。一般准备的核算公式如下：

$$dot.\ gen_t = \alpha \Delta C_t + \left(\beta - \frac{dot.\ espet}{C_t}\right) C_t$$

从一般准备的核算公式可知，在修订的"动态减值"模式中，有两个主要参数，一个是 $\alpha$，另一个是 $\beta$。$\alpha$ 代表信用损失估计的平均值或者顺周期中性年度贷款减值的综合评估值；$\beta$ 代表同质性贷款组合特殊准备的平均值。依据信用管理部门统计的自1987年来所有银行发放的6000欧元以上贷款的信用损失数据，西班牙中央银行确定了修订的"动态减值"模式中不同类别贷款资产的 $\alpha$ 和 $\beta$ 值，见表5–5。

表5–5 标准模型下的贷款资产类别及其风险系数[1]

| 贷款资产类别 | α系数（%） | β系数（%） | 贷款资产特征描述 |
| --- | --- | --- | --- |
| 风险可忽略型资产 | 0 | 0 | 现金与公共部门贷款（包括贷款和债券） |
| 低风险资产 | 0.6 | 0.11 | 风险敞口小于不动产价值80%的抵押贷款或以评级为A以上的长期企业债务为抵押品的抵押贷款 |

---

[1] Eliana Balla and Andrew McKenna, "Dynamic Provisioning: A Countercyclical Tool for Loan Loss Reserves", *Economic Quarterly*, Volume 95, No. 4, Fall 2009.

续表

| 贷款资产类别 | α 系数（%） | β 系数（%） | 贷款资产特征描述 |
|---|---|---|---|
| 中低风险资产 | 1.5 | 0.44 | 风险敞口大于不动产价值80%的抵押贷款和其他本表未涉及的抵押贷款 |
| 中度风险资产 | 1.8 | 0.65 | 其他贷款，包括无评级或A评级以下的企业贷款以及发放给中小企业的贷款 |
| 中高风险资产 | 2.0 | 1.10 | 用于购买耐用品的个人信用贷款 |
| 高风险资产 | 2.5 | 1.64 | 信用卡贷款、活期账户 |

（四）与"动态准备"模式相关的讨论

2008年国际金融危机爆发以来，西班牙"动态准备"的推广应用问题受到学术界关注。我们在"社会科学研究网"（www.ssrn.com）输入"Dynamic Provisioning"进行检索[①]，找到9篇相关学术研究成果，包括一些相关权威组织的研究报告，如国际货币基金组织、欧洲银行监管局、意大利中央银行和比利时中央银行等。本书梳理这些文献研究成果，总结与"动态准备"模式相关讨论的核心观点，为银行会计监管与资本监管冲突化解策略分析提供借鉴。

希门尼斯和翁加纳（2014）研究发现，动态减值准备能平滑周期性信用供给，能在危机期间给企业融资和业绩提供强有力支撑；他们发现，政策导向的银行资本储备每增加1个百分点会促进面向企业的信用供给增加9个百分点，因而增加就业6个百分点，企业存活率也提升1个百分点；他们还指出，在危机期间，如果加大法规执行力度会导致严重信用危机和大批企业倒闭；他们的研究结果还表明，在危机爆发之前，逐步积累资产储备对保护实体经济和避免风险扩散有重要作用，其效果远胜于在危机期间放松相关规则执行力度，然而，在经济上行期间压缩资本会引导被监管银行增加风险行为和非监管银行

---

① 检索时间是2015年5月16日。

的监管套利行为。①

作为西班牙中央银行金融稳定部门的负责人，绍里纳（2010）在国际金融危机爆发后再次撰文介绍西班牙实施动态减值准备的经验。②绍里纳指出，动态减值准备是一种宏观审慎工具，它能增强银行稳健性并帮助它们化解部分顺周期性问题。他认为，该工具能对银行损失进行早期识别，帮助建立一个银行贷款组合信用损失的应对机制，即在借贷高峰期积累一个在衰退期可用的储备。绍里纳认为，动态减值准备的逆周期性特征，既有利于增强个体银行的弹性，也有利于银行系统整体的稳健性。绍里纳还分析了动态减值准备工具可能存在的缺陷。他指出，确认动态减值准备会影响银行损益，这可能会抑制管理层承担风险的动机。他还指出，西班牙经验表明，动态减值准备这一工具无法化解银行面临的贷款周期性问题。

### 三 关于"按融资方式估值"模式的讨论

马库斯等（2009）研究发现，2008年国际金融危机暴露出金融系统性风险的显著特征是，融资渠道迅速消失和资产价格持续下跌引发的市场流动性枯竭将危机引向恶性循环通道。③例如，对于Northern Rock、Lehman Brothers和Bear Stearns三家在危机初期倒闭的金融机构而言，其核心问题是无法对到期债务进行滚动融资，也无法以正常市场价格出售其房地产抵押资产而引发的流动性危机，而不是因为债务人违约。这说明，这些金融机构问题的根源不是信用风险，而是融资风险和市场风险。马库斯等指出，当前公允价值会计应用一定程度上加剧了金融危机爆发后市场顺周期性问题，他们认为，"按融资方式估值"模式计量金融工具能部分解决上述问题。

马库斯等提出的"按融资方式估值"模式基于这样的理论认

---

① Gabriel Jimenez, Steven Ongena, "Macroprudential Policy, Countercyclical Bank Capital Buffers and Credit Supply: Evidence from the Spanish Dynamic Provisioning Experiments", *Working Paper*, September 2014.

② Jusus Saurina, "Loan Loss Provisions in Spain – A Working Macroprudential Tool", *Working Paper*, Number 2010.

③ Markus Brunnermeier, Andrew Crocket, Charles Goodhart, Avinas D. Persand, Hyun Shin, "The Fundamental Principles of Financial Regulation", *Working Paper*, May 2009.

识：金融监管仅关注银行资产质量是不够的，资产的融资方式与金融系统风险有很大关联，因而也应受到重视。长期以来，金融监管机构坚信，商业银行资产质量是至关重要的，只要个体银行保持较高资本充足率，则系统性风险事件就不会发生。马库斯等认为，只关注资产质量是不够的，资产的融资方式同样重要；例如，同样的两组资产，前者是通过短期债务获得融资，后者是通过长期债务获得融资；在金融危机中，前者因为无法获得滚动融资而被迫出售，引发市场价格螺旋式下跌；后者因有长期融资支持而不必在危机的市场中出售；因而，如果较多资产以长期负债方式融资，则金融危机会温和许多。因此他们认为，除资产质量之外，资产的融资方式也应受到充分重视。

依据马库斯等提出的"按融资方式估值"模式，金融资产的估值方法选择不是依据其持有者的意图，而是依据其持有者的融资能力，因为持有资产的能力受到该资产融资期限的直接影响。例如，如果某银行使用短期借款为其 20 年期限资产融资，应选择当前市场价格对该资产估值；如果使用 10 年期债券为该 20 年期限资产融资，则应选择基于未来 10 年现金流量的模型对该资产估值，该选择不会对当前波动的市场价格制造额外压力；这就是"按融资方式估值"。可见，如果银行以短期融资方式支持其金融资产投资，"按融资方式估值"模式要求，对该资产按当前市场价格估值，客观地反映了银行在无法进行滚动融资情况下所面临的价格风险，这和公允价值会计一样，可能产生顺周期性；但如果银行用长期债务融资方式支持其长期资产投资组合并使用"按融资方式估值"，则在该债务融资期限之内银行不会因市场价格波动而被迫出售具有长期投资价值的资产，从而部分地缓解了这些资产按公允价值会计核算所产生的额外顺周期性。马库斯等认为，"按融资方式估值"模式能够降低金融危机期间银行对市场价格下跌资产按公允价值会计核算而被迫低价出售的压力，从而部分地缓解顺周期性问题。

## 第四节　商业银行会计监管与资本监管冲突化解策略分析

本章前三部分分析了银行会计监管与资本监管捆绑实施可能产生的破坏性、国际各方已采取的应对措施以及其他一些尝试和讨论的办法。基于以上这些分析与讨论，本书阐述银行会计监管与资本监管冲突的化解策略。

从宏观角度观察，银行会计监管与资本监管共同服务于经济持续稳定发展与居民生活水平不断提升，两者的终极目标一致，但从微观角度分析他们的关注点却有本质差异。这一事实早为权威监管机构所知晓，如1938年美国货币监管署总审计长Preston Delano指出，银行系统安全依赖于国家商业和工业企业稳健运营，不应按有争议的当前市场报价估值，因为它们反映的是投机价格而不是内在价值；[1] 再如2004年巴塞尔委员会的会计工作组负责人Arnold Schilder认为，会计监管致力于中立地反映企业盈利和风险状况而资本监管则关注银行系统的长期稳定和安全，这种目标差异源于其不同的基因（DNA）……所带来的挑战需要特殊的监管制度设计予以应对。[2] 如果银行监管机构认识到会计监管与资本监管冲突及其影响，也必然会在相关制度设计及实务指引编制中积极应对这一冲突所带来的挑战；因此，尽管商业银行会计监管与资本监管冲突问题在2008年国际金融危机爆发后才引起高度关注，但化解这一冲突问题的实践及学术讨论（虽不连贯也不系统）却贯穿商业银行会计监管与资本监管制度建设与发展始终。

梳理美国与巴塞尔委员会及其他一些国家化解商业银行会计监管

---

[1] Revision in Bank Examination Procedure and in the Investment Securities Regulation of the Comptroller of the Currency, Federal Reserve Bulletin, July 1938, pp. 563–564.

[2] Arnold Schilder, "Dynamics in Accounting and Auditing in Relation to Banking Supervision", *Working Paper*, September 2004.

与资本监管冲突问题的实践及相关学术讨论，发现以下几个基本规律：一是商业银行会计监管与资本监管冲突化解策略局限于"脱钩"模式与"协调"模式两种选择；二是尽管"脱钩"模式在国际监管制度设计和少数国家监管实践中有不同程度的应用，但目前仍未成为化解冲突问题的核心策略，且具有金融危机期间被广泛关注而后逐渐淡出的基本规律；三是"协调"模式一直是化解冲突问题的核心策略，而且商业银行资本监管机构对这一策略的青睐度远远高于会计监管机构；四是以"协调"模式为核心、以"脱钩"模式为辅助的"混合"模式逐渐成为相关各方认可接受的策略选择。

### 一 "脱钩"模式

#### （一）什么是"脱钩"模式

商业银行会计监管制度与资本监管规范是两个不同的制度体系，前者致力于证券市场透明，后者聚焦于金融市场稳定。上市商业银行在证券市场中融资、在金融市场中运行，它们同时执行会计监管制度和资本监管规范。因存在显著的目标差异，商业银行捆绑实施会计监管制度与资本监管规范产生负面影响，这一影响在经济或金融危机期间尤为突出，引起各方高度关注，衍生了关于两者应"脱钩"还是"协调"的讨论。

一些会计界权威人士（Robert H. Herz，2010；David Tweedie，2008；刘玉廷，2010）、金融界权威人士（Adair Turner，2010）及学术界权威学者（Franklin Allen，2008；John C. Heaton 2010；Robert Bushman，2010；Robert C. Pozen，2009）支持将商业银行会计监管与资本监管"脱钩"[①]，但他们没有对"脱钩"概念内涵进行具体阐释，仅有几位阐述了他们期望达到的"脱钩"效果。罗伯特·赫兹（2010）认为，美国 GAAP 与银行监管规范应最大限度地脱钩，这样，会计监管和银行监管履行各自使命的能力均会得到提升；会计监管可以保持独立性，不断推动上市公司提升市场透明度；资本监管可以利

---

① 这些权威人士或学者用来表述银行会计监管与资本监管"脱钩"的词语有：Decouple、Delink、Separate 等。

用其权力采取任何必要措施以确保金融稳定,不必非要将资本监管意图嵌入会计监管制度中。① 戴维·特威迪(2008)认为,当前资本监管规范与会计监管制度捆绑在一起的做法是错误的,应该切断它们的联系,这样,既能为资本监管操作创造更多空间也能使会计监管的独立性得到保证。② 刘玉廷(2010)指出,会计目标与金融监管目标之间存在的差异势必影响到相关会计或者监管规定,为了满足不同的目标,会计规定和监管规定需要分离。③ 罗伯特(2009)指出,(商业银行)批评公允价值会计的核心原因是它腐蚀了银行的资本基础……没有必要非要协调两个完全不同的目标,如果银行可以全面披露其公允价值会计信息而不必核销其资本金额,则这一目标冲突问题就可以得到解决。④

上述文献关于商业银行会计监管与资本监管"脱钩"效果的阐述为本书定义"脱钩"模式提供了很好的借鉴。商业银行会计监管制度受到关注的根本原因是银行资本监管指标(尤其是资本充足率)核定要基于财务报表数据,财务报表是按照会计监管制度编制出来的;金融危机期间,金融资产市场价格大面积、大幅度下跌情况下,会计监管要求财务报表反映这些市场变化,导致银行核减资本金(也侵蚀其他资本监管指标);如果资本监管指标低于资本监管标准则,会引发监管干预或破产。如果商业银行资本监管指标核定不是基于财务报表数据,虽然财务报表反映了金融危机期间金融资产价格下跌情况,但商业银行不必核减资本金,也不会遭遇监管干预或破产威胁,则相关问题得以解决,这与罗伯特(2009)描述的"脱钩"效果一致,这是"脱钩"模式的内涵之一。另外,依据当前资本监管规范,商业银

---

① Robert H. Herz, "Accounting Standards and Bank Regulation", *International Journal of Disclosure and Governance*, Vol. 7, January 2010, pp. 97 – 107.

② Marie, Leone, "Could Bank Rules End the Fair Value Debate? No. 12, 2008", www.CFO.com.

③ 刘玉廷:《金融保险会计准则与监管规定加快分离》,《上海证券报》2010 年 1 月 21 日。

④ Robert C. Pozen, "Is It Fair to Blame Fair Value Accounting for the Financial Crisis?", *Harvard Business Review*, November 2009.

行资本监管指标核定虽然基于财务报表数据但并非按照拿来主义原则直接采用，而是根据资本监管目标要求进行分步筛选（第一步是对资本要素进行限制与扣减，第二步是利用审慎过滤器调整资本要素）；如果商业银行资本监管指标核定基于财务报表数据，但对财务报表数据调整与筛选的幅度和范围可以进一步扩大（或者可以随意调整），使商业银行不因财务报表反映了金融资产价格下跌（金融危机期间）而核减资本金，则相关问题得以解决，这与赫兹（2010）和特威迪（2008）阐述的脱钩效果一致，是"脱钩"模式的另一层内涵。

基于以上综合分析，本书将商业银行会计监管与资本监管的"脱钩"模式定义为：银行资本监管指标核定不基于财务报告数据或者虽基于财务报告数据但可进行灵活筛选和调整。这一定义是依据银行会计监管与资本监管的关系、归纳权威学者对两者脱钩效果阐释得出的，既包括银行资本核定完全摆脱财务报表数据（整体"脱钩"），也包括银行资本核定基于财务报表数据但进行部分删减或调整（部分"脱钩"）。整体"脱钩"实践情况可能很少，但部分脱钩实践案例较多。

（二）"脱钩"模式实践应用

1. 美国的"脱钩"实践

有关银行会计监管与资本监管"脱钩"实践的典型案例出现在1981年美国储蓄贷款危机（以下简称储贷危机）爆发之初。在1973年布雷顿森林体系崩溃后，利率市场化使以吸收储户存款发放住房抵押贷款为主营的储蓄贷款银行遭遇巨大压力。在20世纪80年代初，市场利率升至高位，储户的利率回报要求也随之提高，储蓄贷款银行前期所放贷款产生的现金流量无法支持当时的储户要求，利率倒挂现象普遍存在。为维持业务运行，储蓄贷款银行不得不出售前期贷款资产，通过提前变现方式获得现金支持。但在利率较高时出售前期利率较低时发行的贷款资产必然会产生较大损失。按照当时的会计监管制度，储蓄贷款银行必须在财务报表中确认这些损失。当时的储蓄贷款银行资本监管规范要求其资本核算基于财务报表数据。在利率不断升高的情况下，为吸收存款而支付的高额利息成本已导致大多储蓄贷款银行的资本金邻近法律红线,如再出售前期发放的贷款资产,则按照会计监管制度所确认的损失会使许多储蓄贷款银行的资本充足水平低于法律要求,导致破产或兼并情况的发生。从制度层面分析,降低法律对储蓄贷款银行资本充足水平要求或将会计监管与资本监管"脱钩"均能迅速解决问题。虽然储蓄贷款银行的最低资本要求是一项法律制度,但法律没有约定资本充足率的核算方法,而是将这一权利赋予储蓄贷款银行的监管机构联邦住宅贷款银行委员会(Federal Home Loan Bank Board,FHLBB)。然而,降低储蓄贷款银行资本充足水平必须通过国会发布另一法律文件形式予以完成,这在当时是根本无法实现的;因此,FHLBB 选择通过调整会计监管制度来规避法律对最低资本充足水平的限制,还公开批评会计监管制度无法反映出售贷款资产进行再投资的经济效果并夸大了当前的经济问题,为自己进行"脱钩"操作找借口。① 1981 年 10 月 1 日,FHLBB 发布了新的监管会计原则(Regulatory Accounting Principle,RAP),规定储蓄贷款银行出售前期贷款资产所发生的损失可以在贷款剩余年限内平均摊销而不是在当年全部确认,在出售贷款业务的处理上实践了会计监管与资本监管的"脱钩",达到了既鼓励银行出售前期贷款资产又不发生资本充足水平触及法律红线的目的,这是银行会计监管与资本监管"脱钩"实践的典型案例。

2. 日本的"脱钩"实践

本书介绍的日本银行会计监管与资本监管"脱钩"实践案例的背景与 2007 年美国次贷危机的背景很相似。在 20 世纪 90 年代的"失落十年"中,日本经济经历了一段时间的房地产泡沫之后,迅速跌入通货紧缩,许多银行持有的房地产贷款价值随之快速下跌,立即确认这些贷款损失会导致许多银行经营困难或倒闭。为避免贷款资产按会计监管要求确认损失对银行资本的侵蚀,日本资本监管机构及时将会计监管与资本监管进行"脱钩"处理。其中的一个"脱钩"措施是

---

① John W. Hill and Robert W. Ingram, "Selection of GAAP and RAP in the Savings and Loan Industry", *The Accounting Review*, Vol. LXIV, No. 4, October 1989.

通过逐步调整并扩充违约贷款定义，为银行分期逐步确认相关损失提供便利。1995 财政年度前的违约贷款定义只包括破产借款人的贷款额违约 6 个月以上的贷款；1997 财政年度上述违约贷款定义增加了重组贷款，但仅限于利率低于官方贴现利率的贷款；[①] 另外，监管机构也允许银行将先前按成本与市价孰低法计量的投资性债券改为按历史成本计量，还允许银行无限度地确认递延所得税资产。这些"脱钩"措施使原本资本充足水平不达标的银行表面上满足资本监管要求，但导致其资产负债表上长期留有大量违约贷款资产和按历史成本核算的金融工具，严重地掩饰了银行真实财务状况。在无法识别银行投资价值情况下，资本错配现象在金融市场中长期存在，进一步延长了经济复苏的时间。

3. 西班牙的"脱钩"实践[②]

1991—1999 年西班牙经济处于快速上行通道，商业银行信用贷款规模迅速上升，相关信用风险急剧增加；贷款违约率较低，相应的特别贷款减值准备较少。当时，西班牙是经合组织各国中贷款损失准备金额与贷款总额占比最低的国家，也是贷款准备比率与 GDP 增长比率相关性最高的国家（ - 0.97）。[③] 西班牙中央银行意识到其商业银行系统的贷款减值损失具有严重的顺周期性问题，也认识到该问题无法通过基于已发生损失的贷款减值准备予以解决。为应对会计监管机构与金融监管机构在商业银行贷款减值准备核算方面的目标冲突问题，1999 年年末，西班牙中央银行发布了基于"动态减值"模式的贷款减值准备核算规范，该规范于 2000 年 7 月 1 日正式生效。[④] 2004 年，为适应欧盟采用《国际财务报告准则》（IFRS）的需要，西班牙中央银行对最初的"动态减值"模式规范进行部分修订，将贷款减值

---

[①] Patricia Jackson and Dabid Lodge, "Fair Value Accounting, Capital Standards, Expected Loss Provisioning and Financial Stability", *Financial Stability Review*, June 2000, p. 111.

[②] 关于西班牙"动态减值"模式的详细介绍参见本章第三部分的内容。

[③] Jesús Saurina, Dynamic Provisioning, the Experience of Spain, the World Bank Group, July 2009.

[④] Eliana Balla and Andrew McKenna, "Dynamic Provisioning: A Countercyclical Tool for Loan Loss Reserves", *Economic Quarterly*, Volume 95, No. 4, Fall 2009.

准备由三类调整为两类,另外,模型所用参数值也做了部分调整。"动态减值"模式要求商业银行贷款资产拨备核算基于相关历史数据而非财务报告数据,在贷款拨备处理上实现了会计监管与资本监管"脱钩"。

4. 巴塞尔委员会的"脱钩"实践

2008年国际金融危机之前,巴塞尔委员会先后发布了规范商业银行资本核算的《巴塞尔协议Ⅰ》和《巴塞尔协议Ⅱ》及相关辅助文件,危机之后又发布了《巴塞尔协议Ⅲ》。商业银行资本监管的目标是银行系统稳定安全,最低资本充足率指标的目的是确保个体银行储备了足够的、能吸收未预期损失的资源,这些资源应同时具有永久性、可靠性、产权明晰、金额确定、随时可得等特征。因此,资本监管规范中的银行资本核算方法虽基于财务报表数据,但从未按拿来主义原则直接采用,而是通过等级划分、权重赋予、金额限制、数量扣减、审慎过滤等多种方法进行调整,使所核定的资本要素真正具有吸收损失的能力,这种情况属于基于财务报告数据但可进行灵活筛选和调整的脱钩方式,符合本书所界定的"脱钩"模式定义。

(1) 等级划分与权重赋予。《巴塞尔协议Ⅰ》将资本要素划分为一级资本和附属资本两类,规定前者不少于4%、两者之和不少于8%;它还对商业银行财务报表中的不同资产赋予不同的风险权重,以调整它们在资本充足率指标核算中的影响。《巴塞尔协议Ⅱ》也有相似的规定。等级划分与权重赋予是资本监管依据其目标对会计监管数据进行的针对性调整,是"脱钩"模式的具体应用。

(2) 金额限制与数量扣除。《巴塞尔协议Ⅰ》认为,一些资本要素吸收损失能力不强,不鼓励银行过多地储备这样的资源,因此,对它们纳入总资本的金额进行限制,如附属资本不超过一级资本的100%、从属债务不超过一级资本的50%、证券未实现利得形成的资产重估储备按45%计入总资本等;《巴塞尔协议Ⅰ》还要求扣除一些没有吸收损失能力的资产,如商誉、对未并表子公司的投资、对其他银行或财务公司的投资等。《巴塞尔协议Ⅱ》也有相似或更严格的规定。金额限制与数量扣除是资本监管依据其目标对会计监管数据进行的针对性裁减，也是"脱钩"模式的具体应用。

（3）审慎过滤。以上银行会计监管与资本监管"脱钩"模式应用出现在巴塞尔委员会关于资本监管的正式规范文件中。除此之外，自 2004 年《国际财务报告准则》（IFRSs）开始在欧盟 7000 多家上市公司实施以来，巴塞尔委员会开始以发布"新闻公告"形式对新出台的、新修订的会计监管制度扩大公允价值应用所带来的挑战进行灵活处理，及时过滤掉财务报表中新增的不符合监管资本定义的要素，这就是审慎过滤。2004 年 6—12 月，巴塞尔委员会发布了三份新闻公告，对 IAS39 修订所引发的资本监管问题进行及时处理，如银行自身负债按公允价值计量产生的利得或损失不计入监管资本等。

（三）"脱钩"模式利弊分析

以上介绍的银行会计监管与资本监管"脱钩"实践案例中，美国和日本的案例出现在金融危机背景下，是一种救助措施；西班牙和巴塞尔委员会的案例则是一种长期有效的资本监管规范。在金融危机期间，实施银行会计监管与资本监管"脱钩"措施，其优点是快速地解除资本监管对商业银行的约束和干预，维系其运营，暂时避免政府救助；其弊端是容易形成一味地通过监管容忍回避问题而不是解决问题的氛围，错失监管干预和问题处理的最佳时机，往往使问题演变为更严重的系统性事件，最终产生更高的救助成本。

美国在深入系统总结储贷危机经验教训基础上，美国相关监管机构及时启动了包括以下两方面的系列监管制度改革：一是在银行会计监管制度中引入和拓展公允价值会计；二是发布专门法律文件，限制监管容忍的空间。

美国从 20 世纪 90 年代开始在银行会计监管中引入公允价值，这是会计监管机构针对储贷危机暴露的主要问题所采取的应对策略，是吸收危机教训所做出的果断决策。没有储贷危机的推动，就不会出现 20 世纪 90 年代后公允价值在美国会计实务中逐步推广并进一步拓展到全世界的现状。因为储贷危机最主要的经验之一是基于历史成本的银行会计监管掩饰了储蓄贷款银行的真实财务状况，使市场纪律的约束作用彻底失效，也使政府及相关监管机构错失最佳干预和救助时机。众所周知,引发储贷危机的根源是利率上涨,这一问题在20世纪70年代末已经存在,但政府的干预和救助行动直到1986年1月才正式启动。① 许多经济学家估计,早在1981年整个储蓄贷款行业资产公允价值已不及其负债公允价值。换言之,几百家储蓄贷款银行在那时已资不抵债;但基于历史成本的会计监管直到20世纪80年代中期才反映这一现实,而依据监管会计原则(RAP),这些资不抵债的银行仍具有偿债能力、可继续经营。在这种情况下,这些问题银行为迅速摆脱困境,通常实施更冒险的投资操作,往往蒙受更严重的失败,承担更大金额的损失,使问题进一步恶化。② 这一深刻认识也得到金融界权威学则普遍认可。例如,富兰克林·艾伦(2008)指出:"在美国储贷危机期间,历史成本允许将利息损失慢慢反映出来,从而掩饰了储蓄贷款银行的问题;而公允价值能将这些问题立即揭露出来,能促使监管机构尽早采取救助措施。"③

储贷危机暴露的会计监管问题推动了公允价值应用,它暴露的监管容忍问题促使美国国会颁布了约束监管容忍的专门法案。在储贷危机期间,银行监管机构对问题银行实施的容忍措施以多种形式呈现,既有"个案容忍",也有"批发容忍"。④ 其中,"批发容忍"主要是通过将银行会计监管与资本监管"脱钩"操作实施的。当时美国国会政治家认识到银行监管容忍的巨大危害,决心用法律制度约束监管容忍行为;针对银行会计监管与资本监管"脱钩"引发的监管容忍问题,国会最终颁布的法律主要涉及两方面,一是建立了"快速纠正措施系统"(Prompt Corrective Action, PCA),明确不同资本充足水平下

---

① Timothy Curry and Lynn Shibut, "The Cost of the Savings and Loan Crisis: Truth and Consequences", *FDIC Banking Review*, 2002.

② Victor L. Bernard and Robert C. Merton, "Mark – to – Market Accounting for UB Banks and Thrifts: Lessons from the Danish Experience", *Working Paper No.* 702, The University of Michigan, 1992.

③ Frank Allen and Elena Carletti, "Mark – to – Market Accounting and Liquidity Pricing", *Journal of Accounting and Economics*, August 2008.

④ Jonathan M. Edwards, "FDICA v. Dodd – Frank: Unlearned Lessons about Regulatory Forebearance?", *Harvard Business Review*, 2011, pp. 280 – 301.

监管机构必须实施的干预措施；二是明确要求银行"监管会计原则"（RAP）必须基于通用的会计监管制度（公认会计原则 GAAP）或者一个比会计监管制度更严格的会计系统。① 这两条法律条文取缔了银行监管会计原则（RAP）存在的基础，要求银行资本监管必须基于通用的会计监管制度，彻底封杀了金融危机期间银行监管机构进行会计监管与资本"脱钩"操作的可能性，将银行会计监管与资本监管紧紧地捆绑在一起。因此，有学者将其形象地描述为"银行监管会计原则与公认会计原则一致性"条款（RAP–GAAP Conformity）。②

以上关于美国储贷危机期间银行会计监管与资本监管"脱钩"实践影响的分析，可以肯定地说，这种"脱钩"实践的弊病远远超过益处，这是各方的共识。因此，美国国会强势推进相关改革，将银行会计监管与资本监管紧密地联系在一起。日本 20 世纪 90 年代"失落十年"中的银行会计监管与资本监管"脱钩"实践也产生了十分严重的经济后果，因此也采取了加强会计监管、将会计监管与资本监管统一起来等措施，从基本理念上看，与美国储贷危机后的相关改革一致。这里不再赘述。③

2008 年国际金融危机之前，"审慎过滤器"与"动态减值准备"涉及的银行会计监管与资本监管"脱钩"的利弊问题，业界与学界都较少讨论，可能是因为它们仅涉及银行会计监管与资本监管的某一方面，属于有选择的"脱钩"实践，影响较小；但是，2008 年国际金融危机之后，人们对它们的关注度明显提高。巴塞尔委员会出人意料地在新发布的《巴塞尔协议Ⅲ》中压缩了"审慎过滤器"，要求将银行财务报表"其他综合收益"项目中的未实现利得或损失纳入资本核算范围之内，因为将这些利得或损失过滤出去会掩饰银行早期问题的

---

① Federal Deposit Insurance Corporation Improvement Act of 1991, Public Law No. 102 – 242, Title 12, Chapter 16.

② Leslie D. Hodder and Patrick E. Hopkins, "Accounting Slack and Banks' Response to Proposed Fair Value Accounting for Loans", *Accounting, Organizations and Society*, Vol. 39, Issue 2, 2014.

③ 参见 Curtis J. Milhaupt, "Japan's Experience with Deposit Insurance and Failing Banks: Implications for Financial Regulatory Design", *Monetary and Economic Studies*, August 1999。

识别信号①，增加监管资本的波动性。② 巴塞尔委员会此举加强了银行会计监管与资本监管的联系，但"动态减值准备"受到关注则反映了人们将银行会计监管与资本监管进一步"脱钩"的愿望，是两种方向相反的行为。加布里埃尔和希门尼斯（2014）以西班牙商业银行1999—2013年的全周期数据危机基础进行研究，发现"动态减值准备"能缓解金融危机期间顺周期性问题并能显著地支撑企业的融资和业绩。③ 约瑟尔菲亚等（2010）基于美国的背景研究"动态减值准备"的效用，得出的结论是："如果美国银行在经济上行期间储备更多准备，它们在2008年国际金融危机初期的境况会好一些，但在危机后期仍将遭遇困难与挑战。"④ 伊莱安娜芭拉（2009）等学者的模拟数据研究也发现，如采用"动态减值准备"美国银行在2007—2009年确认的贷款减值损失将大大减少，因此而产生的顺周期性问题也会降低很多。⑤

正如前文所述"审慎过滤器"的运用是依据监管资本定义对财务报表项目的删减处理，其目的是降低银行监管资本项目的波动性和不确定性。"审慎过滤器"应用的范围越广，银行会计监管与资本监管"脱钩"的程度越大。银行监管机构在"审慎过滤器"内容设计上有充分的自主权和灵活度，它是一种监管工具。"动态减值准备"的运用针对商业银行占比最大的贷款资产，其目的是要求银行在经济上行期间多提贷款减值准备以备经济下行期间吸收相关的违约损失，它是另一种监管工具。如果银行会计监管与资本监管仍继续捆绑在一起，

---

① Laux, C., "Financial Instruments, Financial Reporting, and Financial Stability", *Accounting and Business Research*, 2012, pp. 239–260.

② Isabel Argimón, Prudential Filters, "Portfolio Composition and Capital Ratios in European Banks", *Working Paper*, 2015.

③ Gabriel Jiménez, Steven Ongena, "Macroprudential Policy, Countercyclical Bank Capital Buffers and Credit Supply: Evidence from the Spanish Dynamic Provisioning Experiments", *Working Paper*, September 2014, available at: http://ssrn.com/abstract=2049284.

④ Jose L. Fillat, Judit Montoriol-Garriga, "Addressing the Pro-cyclicality of Capital Requirements with Adynamic loan loss Provision System", *Working Paper*, September 2010.

⑤ Eliana Balla and Andrew McKenna, "Dynamic Provisioning: A Countercyclical Tool for Loan Loss Reserves", *Economic Quarterly*, Vol. 95, No. 4, Fall 2009, pp. 383–418.

这两种监管工具会继续存在，因为银行及其监管机构不会完全接受财务报表数据，而政治家也不希望资本监管完全与会计监管"脱钩"，这样，"审慎过滤器"与"动态减值准备"等监管工具成为权衡这种冲突的有效策略，因而必不可少。

## 二 "协调"模式

### （一）什么是"协调"模式

本书将商业银行会计监管与资本监管的"脱钩"模式定义为：银行资本监管指标核定不基于财务报告数据或者虽基于财务报告数据但可进行灵活筛选和调整。在2008年国际金融危机后，许多会计界权威专家提倡将银行会计监管与资本监管"脱钩"，因为两者捆绑实施的现状使会计准则制定机构遭受前所未有的政治压力。政治家、银行监管机构及金融机构向会计准则制定机构施压的目的是让会计监管制度为资本监管服务。由于两者目标存在显著差异，如果会计监管服务于资本监管就会背离自己的目标，无法满足财务报表信息使用者的需求，也就失去了存在的基础和意义，因此受到会计准则制定者强烈反对。例如，FASB前主席罗伯特·赫兹（2010）呼吁："会计监管要保持独立性，不断推动上市公司提升市场透明度；资本监管应利用其权利采取任何必要措施以确保金融稳定，不必非要将资本监管意图嵌入会计监管制度中。"[①] 会计准则制定机构希望会计监管与资本监管之间的协调应以不损害其目标为前提，但金融监管机构及金融行业则希望会计监管制度能反映和体现资本监管目标。本书从金融监管机构及金融行业角度定义银行会计监管与资本监管的"协调"模式，因为它是长期存在于会计监管制度发展历程中并对其产生切实影响的力量。本书认为，银行会计监管与资本监管的"协调"模式的内涵是，银行会计监管要反映资本监管目标，即要将资本监管目标嵌入会计监管制度中，使财务报表数据符合资本监管规范要求。

### （二）"协调"模式实践应用

"协调"模式的实质是希望会计监管为资本监管服务，这样的实

---

① Robert H. Herz, "Accounting Standards and Bank Regulation", *International Journal of Disclosure and Governance*, Vol. 7, January 2010, pp. 97 – 107.

践应用案例在国际与美国及其他国家的会计监管体系发展历程中屡见不鲜。本书仅介绍几个代表性案例。

现代银行会计监管与资本监管制度框架均是在 1929 年美国经济大萧条后逐步建立和发展起来的,由于目标差异以及恢复经济的迫切性,组建之初双方就开展了一些相关的协调工作。1929—1933 年,美国许多大型银行倒闭。1933—1937 年,美国经济开始复苏,但因惧怕经济二次探底,在美联储推动下,罗斯福总统在 1938 年年初召集美联储、美国货币监管署和联邦存款保险公司一起商讨如何调整资本监管规范以支持经济持续复苏。① 在 1938 年之前,出于资本监管需要,银行监管机构要求银行对其投资性证券组合按公允价值计量;但因担忧这一会计监管制度会影响银行业绩,进而侵蚀其资本或者抑制其投资行为,在 1938 年 6 月 26 日罗斯福总统宣布的"银行监管程序统一协定"中要求银行投资性资产按"摊余成本"计量。② 这是为金融稳定之目的对会计监管制度进行专项调整的早期案例,是一个典型的银行会计监管与资本监管"协调"实践案例。

国际层面的银行会计监管与资本监管"协调"典型案例出现在 2008 年国际金融危机爆发以后。2008 年 10 月,国际会计准则理事会(IASB)发布了对 IAS39《金融工具:确认与计量》的修订公告③,允许主体在特定情况下对前期归类为"该以公允价值计量且其变动计入损益"的非衍生金融资产进行重新分类。金融资产重新分类公告的发布是欧盟向 IASB 直接施压的结果。2008 年国际金融危机爆发以来,主要金融资产的市场估值持续下跌,许多金融机构希望通过对金融资产重新分类,即将已归类为"以公允价值计量且其变动计入损益的金融资产"变更为"以摊余成本计量的持有至到期投资",以便可以从会计处理的角度为其财务报告减压。原 IAS39 禁止这样的操作,

---

① Andrew G. Haldane, "Fair Value Foul Weather", Bank of England, March 2010.

② Alan Greenspan, "A Letter from Federal Reserve Chairmen to SEC Chairman Richard Breeden", November 1990.

③ IASB, *IASB Press Release, IASB Amendments Permit Reclassification of Financial Instruments*, October 2008.

而美国 GAAP 却允许金融机构在少数情况下对金融资产重新分类。欧盟认为，在金融危机期间，IAS39 与美国 GAAP 在金融资产重新分类问题上的差异使欧盟金融机构处于不利境地，强烈要求 IASB 尽快做出修订。IASB 围绕"金融资产重新分类"问题对 IAS39 的修订是在主要考虑欧盟的利益和要求的基础上完成的，而欧盟的真正目的是通过金融资产重新分类为商业应行监管套利提供空间。这是银行资本监管目标强加于会计监管制度之上的典型案例。

金融危机期间，银行会计监管与资本监管"协调"的案例频繁出现，除 IASB 允许"金融资产重新分类"案例之外，影响更大的"协调"案例是美国金融工具会计综合改革项目征求意见稿的流产事件。2010 年 5 月 26 日，美国财务会计准则委员会（FASB）发布《金融工具会计综合改革征求意见稿》（以下简称《征求意见稿》）[1]，其核心内容有：①在资产负债表上，依据公允价值变动是计入净收益还是其他综合收益而对金融资产与金融负债进行分类单独列报；②对于公允价值变动计入净收益的金融工具，需要列报金融工具的公允价值和商业银行自己发行且流通在外债务工具的摊余成本；③对于公允价值变动计入其他综合收益的金融工具，应单独列报摊余成本、金融资产信用损失准备、公允价值以及公允价值与摊余成本（扣除信用损失准备后）之间的累计调整金额。《征求意见稿》将金融资产和金融负债划分为两大类，一类是公允价值变动计入净收益的，另一类是公允价值变动计入其他综合收益的。《征求意见稿》要求以下金融资产和金融负债要披露摊余成本和公允价值两类估值信息，即"双重列报"：①商业银行自己发行且流通在外的债务工具，即使其公允价值变动计入净收益，也应同时列报公允价值和摊余成本；②其他债务工具，应列报公允价值和摊余成本以及两者的累计调整额；③按照回收（或支付）合同约定现金流量商业模式管理的金融资产和金融负债，也应列

---

[1] FASB, *Accounting for Financial Instruments and Revisions to the Accounting for Derivative Instruments and Hedging Activities*, Exposure draft of Proposed Accounting Standards Update of Topic 825 and Topic 815, May 26, 2010.

报公允价值和摊余成本及其累计调整额。在会计监管与资本监管制度目标冲突而资本市场上两者又捆绑实施的背景下,FASB《征求意见稿》的"双重列报"模式是满足商业银行财务报告各类信息使用者需求很好尝试。但《征求意见稿》要求商业银行核心资产(贷款)除列报摊余成本金额之外,增加列报公允价值金额,被广泛地理解为拓展公允价值应用的尝试,遭到金融机构(尤其是商业银行)的强烈反对。在征求意见结束时收到的 2971 封反馈函中,超过 85% 的评论者反对对贷款应用公允价值[1],这些反对的声音对美国证券交易委员会(SEC)和美国国会产生了很大影响,这些权力和政治机构迅速向FASB施压,极力阻止该《征求意见稿》最终成为美国财务会计准则。迫于各方压力,2011 年 1 月 FASB 宣布,不会考虑应用公允价值计量和报告商业银行的贷款资产。这意味着"双重列报"模式被彻底否决,也标志着 FASB 的金融工具会计综合改革项目正式流产。

(三)"协调"模式利弊分析

本书所界定的"协调"模式是指银行资本监管通过对会计监管施加影响,使其不同程度地反映资本监管目标的行为方式,它是通过会计监管制度变更来影响监管资本。在当前国际和各国的银行会计监管与资本监管制度框架约束下,尽管"脱钩"模式有部分应用,但在银行会计监管与资本监管之间"协调"模式仍是主流。国际公认原则和各国法律一般要求银行资本监管数据以会计监管数据(财务报告)为基础,这是"协调"模式主流地位的基石。银行资本监管基于会计监管这一法律决议是总结金融市场发展及相关制度建设经验基础上形成的一般性共识,被广泛接受和认可,也彰显了"协调"模式的长处和优势。

1. "协调"模式能约束监管容忍行为

本书第三章以美国为背景分析银行会计监管与资本监管冲突根

---

[1] Leslie D. Hodder, Patrick E. Hopkins, "Accounting Slack and Banks' Response to Proposed Fair Value Accounting for Loans", Accounting, Organizations and Society, Vol. 39, Issue 2, 2014.

源，认为会计监管机构仅制定规则、监督规则实施，是银行系统的中立者；而资本监管机构不仅要制定规则、监督规则实施，还要有选择地对问题银行实施救助，是银行系统的利益相关者。作为银行系统的利益相关者，资本监管机构出于救助成本等多方面考虑，天生具有偏袒、容忍银行问题的特性。如在本章前述内容所介绍的美国20世纪80年代"储贷危机"案例中，监管机构允许储贷机构递延确认出售问题资产损失，容忍它们继续经营，致使问题进一步恶化，最终政府支付了更高的救助成本。"储贷危机"案例的深刻教训是：如果资本监管与会计监管彻底"脱钩"，资本监管机构对商业银行的容忍可能无法控制；将资本监管与会计监管捆绑在一起，仅允许资本监管通过"协调"方式反映诉求，能有效地约束监管容忍行为。

2."协调"模式能提升市场纪律约束

由于各类市场投资者普遍熟悉和频繁使用会计监管制度、各类市场研究机构经常发布会计监管制度调整潜在影响的分析和预测报告，市场参与者一般能够了解会计制度变化对银行资产、负债及监管资本的影响，能够及时做出投资决策调整。因此，尽管"协调"模式会导致会计监管制度中融入了资本监管因素，但在相关信息充分公开透明情况下，市场纪律的约束作用相比"脱钩"模式下的情况会有很大提升。

各国法律一般将会计监管与资本监管捆绑在一起，因为政治家从以往经验中认识到了将两者"脱钩"的严重后果和沉重代价，在这一前提下，资本监管机构及商业银行就会有很强的积极性通过"协调"模式对会计监管施加影响，但也产生了一些负面影响。本书第四章分析了银行会计监管与资本监管捆绑实施所引发的问题就是这些负面影响的具体体现，如监管套利、监管容忍拓展至会计监管领域、会计准则制定独立性问题等。这里不再重复阐述。

# 第六章 我国商业银行会计监管制度应用对资本监管的影响及对策

## 第一节 我国商业银行会计监管制度与资本监管规范

**一 商业银行会计监管制度**

我国商业银行执行全国统一的会计标准体系，即财政部2006年2月发布的《企业会计准则》；经过后续修订和补充，目前它包含一项基本准则和41项具体准则。尽管商业银行的日常会计工作涉及多种业务，但其资产负债表项目多为各类金融资产和金融负债，因而与金融工具有关的会计准则是商业银行会计监管规范的核心内容。本章介绍金融资产计量、分类、减值的会计规范，而在这些方面我国会计准则与国际财务报告准则基本一致，因而为避免重复，仅做简单介绍。

（一）关于金融工具分类与计量的规范

依据《企业会计准则第22号——金融工具确认和计量》[①]，金融工具分类与计量是关联的，金融资产分为4类，金融负债分为2类，商业银行要依据不同金融工具的具体分类情况选择相应的计量属性，具体见表6-1。

---

[①] 《企业会计准则第22号——金融工具确认和计量》规范的金融工具分类和计量内容与国际会计准则第39号《金融工具：确认与计量》相关内容基本一致。

表 6-1　　　　　　　　我国金融工具分类与计量规范

| 项目名称 | 分类情况 | 初始计量 | 后续计量 | 影响内容 |
|---|---|---|---|---|
| 金融资产 | 以公允价值计量且其变动计入当期损益 | 公允价值 | 公允价值 | 当期损益 |
| | 持有至到期投资 | 公允价值 | 摊余成本 | — |
| | 贷款和应收账款 | 公允价值 | 摊余成本 | — |
| | 可供出售金融资产 | 公允价值 | 公允价值 | 所有者权益 |
| 金融负债 | 以公允价值计量且其变动计入当期损益的金融负债 | 公允价值 | 公允价值 | 当期损益 |
| | 其他金融负债 | 公允价值 | 摊余成本 | — |

（二）关于金融资产减值的规范

依据《企业会计准则第 22 号——金融工具确认和计量》，商业银行应在资产负债表日对以公允价值计量且其变动计入当期损益的金融资产之外的金融资产的账面价值进行检查，有客观证据表明该金融资产发生减值的，应当计提减值准备；以摊余成本计量的金融资产发生减值时，应当将该金融资产的账面价值减记至预计未来现金流量现值，减记的金额确认为资产减值损失，计入当期损益；可供出售金融资产发生减值时，即使该金融资产没有终止确认，原直接计入所有者权益的因公允价值下降形成的累计损失，应当予以转出，计入当期损失。

## 二　商业银行资本监管规范

我国商业银行执行全国统一的资本监管制度，即银监会 2012 年 6 月颁布的《商业银行资本管理办法（试行）》，分别对监管资本要求、资本充足率计算、资本定义、信用风险加权资产计量、市场风险加权资产计量、操作风险加权资产计量、商业银行内部资本充足评估程序、资本充足率监督检查和信息披露等进行了规范；它参考《巴塞尔协议Ⅲ》的规定，将资本监管要求分为四个层次：第一层次为最低资本要求，核心一级资本充足率、一级资本充足率和资本充足率分别为 5%、6% 和 8%；第二层次为储备资本要求和反周期资本要求，前者为 2.5%，后者为 0—2.5%；第三层次为系统重要性银行附加资本要求，为1%；第四层次为第二支柱资本要求。具体要求见表6-2。

表6-2　　　　　多层次的资本充足率监管要求①　　　　　单位:%

| 各层次资本要求 | | 核心一级资本 | 一级资本 | 总资本 |
| --- | --- | --- | --- | --- |
| 最低资本要求 | | 5 | 6 | 8 |
| 储备资本要求 | | 2.5 | — | — |
| 反周期资本要求 | | 0—2.5 | — | — |
| 系统重要性银行附加资本 | | 1 | — | — |
| 正常时期资本要求 | 国内系统重要性银行 | 8.5 | 9.5 | 11.5 |
| | 其他银行 | 7.5 | 8.5 | 10.5 |
| 第二支柱资本要求 | | 基于判断的灵活性要求 | | |

## 三　商业银行会计监管与资本监管的目标定位及冲突问题

我国《企业会计准则》与《国际财务报告准则》（IFRS）实质性趋同，《商业银行资本管理办法（试行）》大量借鉴了《巴塞尔协议Ⅲ》的内容。鉴于银行会计监管与资本监管制度冲突及其捆绑实施的破坏性问题本质上是相同或相似的，为避免重复，本章对我国的相关问题仅做简要介绍和分析。

### （一）目标定位及冲突问题

查阅当前有效的银行会计监管与资本监管制度发现，前者的目标是"提供与企业财务状况、经营成果和现金流量等有关的会计信息，反映企业管理层受托责任履行情况，有助于财务报告使用者做出经济决策"②；后者的目标是"维护银行体系稳健运行、保护存款人利益"。③ 正因为如此，"在具体监管政策取向上，当投资者利益与存款人利益发生冲突时，金融监管要求保护存款人利益优先；当公平与效率发生冲突时，金融监管要求以效率优先；当公允与审慎发生矛盾

---

① 证监会：《商业银行资本管理办法（试行）》，2012年。
② 财政部：《企业会计准则——基本准则》第四条，2006年。
③ 证监会：《商业银行资本管理办法（试行）》，2012年6月8日。

时,金融监管要求以审慎优先"。① 这些事实说明,我国商业银行会计监管与资本监管目标冲突问题也是客观存在的。

(二) 学术界的观点综述

在 2008 年国际金融危机之前,学术界和实务界对银行会计监管与资本监管关系问题的研究缘起于会计准则变更对资本核算的影响。王胜邦(2005)较早分析了国际会计准则第 39 号《金融工具:确认与计量》(IAS39)变更对监管资本核算的影响,指出,IAS39(2003 修订版)对商业银行资本计算、贷款减值准备计提、特殊目的主体并表、交易账户与银行账户划分等均产生重要影响。他进一步指出,由于银行监管的出发点是保护存款人利益,更强调银行承担风险、吸收损失的能力,与会计制度相比,监管政策则表现得更为审慎,因此,巴塞尔委员会以及一些国家银行监管当局对 IAS39 实施对审慎银行监管可能带来的冲击给予了高度的关注。② 类似的观点也见于杨树润(2006)关于我国 2006 年发布的《企业会计准则》对银行资本监管影响的分析。他指出,从目标来看,会计部门趋向于建立对银行财务状况中性的评估,监管部门从审慎角度更趋向于保守的评估;从方法方面,会计部门要反映过去交易和事项的结果,强调回溯性方法,而监管部门则更关注未来,强调前瞻性方法。他认为,会计准则对银行监管的影响主要在资本计算、收入和损失判断、加权风险资产计算等方面。司振强(2007)在分析会计准则发展对金融稳定不利影响基础上,总结出银行会计监管与资本监管之间的分歧点:一是公允价值应用;二是套期会计处理;三是活期存款会计处理。

从上述梳理文献内容可知,2008 年国际金融危机之前,我国学者已清楚地认识到银行会计监管与资本监管之间的冲突及其影响。危机之后,随着 20 国集团和国际金融稳定理事会对该问题的持续关注,我国又涌现出一些相关研究文献。司振强(2009)对银行会计准则与

---

① 刘玉廷:《金融保险会计准则与监管规定的分离趋势与我国的改革成果》,《会计研究》2010 年第 4 期。

② 王胜邦:《国际会计准则 39 号与银行监管:关系与影响》,《国际金融研究》2005 年第 5 期。

金融监管的关系进行系统研究后指出,虽然会计准则与金融监管在某些方面存在差异(如信息披露内容、信息质量、审慎性等),但会计准则是金融监管的重要工具且两者具有统一性,因而两者是可以协调发展的。① 司振强(2010)还进一步阐述了会计准则与金融监管的协调途径:在尊重会计准则独立性基础上,金融监管全面介入会计准则制定过程,共同为维护金融稳定做出贡献。② 丁友刚(2009)和郑伟(2010)从贷款减值损失准备计提角度分析银行会计监管与资本监管冲突问题,前者详细阐述了在银行贷款减值核算方面我国银行监管机构与会计准则制定机构之间的内在冲突;后者认为,国际财务报告理事会(IASB)用预期损失模型替代已发生损失模型是屈从外部压力的妥协做法,会破坏会计准则独立性。③④ 作为我国会计准则制定部门负责人,刘玉廷(2010)也清楚地认识到金融会计准则与监管规定之间的差异性,建议两者应加速分离,他还总结了我国在分离工作上取得的成果,如贷款减值与监管拨备分离、所有者权益会计与监管资本分离等。⑤ 作为银行监管部门负责人,郭利根(2010)提出了对会计准则改革的基本观点:一是要严控公允价值应用范围;二是要消除贷款减值准备计提模型的亲周期性;三是要以风险为基础制定更严格的金融工具终止确认标准;四是要简化套期会计处理;五是要完善金融工具披露框架。此外,他建议会计准则改革应朝着持续提高透明度、反映社会性、更前瞻审慎、与监管规则有效融合的方向发展。⑥

近两年来,我国学术界对银行会计监管与资本监管冲突问题研究有一些新进展。佟玲、刘光友(2013)研究了会计准则与金融监管分

---

① 司振强:《会计准则与金融监管的协调发展研究》,博士学位论文,东北财经大学,2009 年。
② 司振强:《后危机时代银行监管与会计准则协调研究》,《金融会计》2010 年第 3 期。
③ 丁友刚:《贷款拨备、会计透明与银行稳健》,《会计研究》2009 年第 6 期。
④ 郑伟:《预期损失模型缺陷与会计监管独立性问题研究》,《会计研究》2010 年第 5 期。
⑤ 刘玉廷:《金融保险会计准则与监管规定的分离趋势与我国的改革成果》,《会计研究》2010 年第 4 期。
⑥ 郭利根:《银行监管视角下会计准则的改革与发展》,《金融会计》2010 年第 9 期。

离的理论基础，认为这遵从了会计产权的"自然有序机制"，可以有效地减少宏观金融监管当局公共会计产权主体诉求对个体微观会计资源的"妨害"，降低制度运行的内生交易费用，其本质是一种提高资源配置效率的帕累托改进制度安排选择。[①] 俞伯阳（2014）研究近两年备受关注的顺周期性问题，他认为，鉴于会计准则与金融监管目标存在本质差异，巴塞尔委员会与国际财务报告准则理事会提出的逆周期资本缓冲与预期损失模型无法从根本上解决顺周期问题，只有将两者分离，才能从根本上矫正资本监管下银行信贷的顺周期问题。[②]

与国际相关文献研究路径相似，我国学者首先聚焦于会计准则引入公允价值计量金融工具产生的银行监管资本核算问题，之后进一步分析这一问题产生的根源，从而认识到两者的目标冲突是导致每一次公允价值在金融工具应用拓展均引发激烈冲突的根本原因；2008年国际金融危机证实银行会计监管与资本监管冲突会产生实质的破坏性（顺周期性），也引发了我国学者关于两者应协调还是"脱钩"的讨论，但与国际相关文献类似，有支持继续协调的，有赞成彻底"脱钩"的，并未形成一致意见。

## 第二节　我国商业银行会计监管制度的应用及影响

本书的主题是商业银行会计监管与资本监管冲突问题，主要关注商业银行会计监管与资本监管目标冲突情况下相关会计监管规范应用对资本监管产生的影响，因而以下关于我国商业银行会计监管规范应用及影响的分析重点关注对商业银行资本监管产生较大影响的方面，如公允价值应用、资产减值应用、金融工具分类和表外项目等。

---

① 佟玲、刘光友：《会计准则与金融监管规则分离的有效性》《郑州大学学报》（哲学社会科学版）2013年第9期。

② 俞伯阳：《资本监管下商业银行顺周期性矫正》，《东北财经大学学报》2014年第6期。

本书对我国商业银行会计监管规范应用及其影响的分析，主要依据16家上市商业银行的相关数据，它们的资产总额在中国商业银行总资产中占90%以上[1]，能比较全面地反映我国商业银行会计监管规范应用对资本监管的影响。本书分析过程中如使用静态数据，则以16家上市商业银行2014年年末的财务报表数据为基础；如使用期间数据，则以16家商业银行2007—2014年年末的财务报表数据为基础，因为《企业会计准则2006》于2007年开始在我国上市公司范围内实施；在16家商业银行期间数据中，农业银行和光大银行上市时间是2010年，缺失部分数据，可能对本书分析产生一定影响。我国16家商业银行基本情况见表6-3，排序按照这些商业银行的上市时间确定。

表6-3　　　　我国16家上市商业银行名单　　　　单位：亿元

| 序号 | 名称 | 上市时间 | 总市值 |
| --- | --- | --- | --- |
| 1 | 平安银行 | 1991年4月 | 1531.30 |
| 2 | 浦发银行 | 1999年11月 | 3572.91 |
| 3 | 民生银行 | 2000年12月 | 3371.25 |
| 4 | 招商银行 | 2002年4月 | 4103.27 |
| 5 | 华夏银行 | 2003年9月 | 1093.13 |
| 6 | 中国银行 | 2006年7月 | 10038.62 |
| 7 | 工商银行 | 2006年10月 | 15325.47 |
| 8 | 兴业银行 | 2007年2月 | 2983.60 |
| 9 | 交通银行 | 2007年5月 | 4180.99 |
| 10 | 中信银行 | 2007年4月 | 2980.13 |
| 11 | 南京银行 | 2007年7月 | 543.94 |
| 12 | 宁波银行 | 2007年7月 | 523.35 |
| 13 | 建设银行 | 2007年9月 | 12100.53 |
| 14 | 北京银行 | 2007年9月 | 1271.02 |

---

[1] 成洁：《中国资本充足率监管与商业银行风险承担——理论与经验研究》，博士学位论文，浙江大学，2013年，第47页。

续表

| 序号 | 名称 | 上市时间 | 总市值 |
|---|---|---|---|
| 15 | 农业银行 | 2010 年 7 月 | 10393.71 |
| 16 | 光大银行 | 2010 年 8 月 | 1762.47 |
| 16 家商业银行市值合计 | | | 75775.69 |

注：截止时间：2016 年 4 月 5 日。

## 一 公允价值会计规范应用对商业银行的影响

本书第五章分析发现，与公允价值会计相关的会计监管规范是 2008 年国际金融危机期间最受关注的问题，其根本原因是在金融危机期间公允价值会计应用给商业银行资本监管带来了巨大的压力。美国国会还特别要求美国证券交易委员会（SEC）对公允价值会计应用对美国金融行业的影响展开专项研究，并依据研究结果确定是否应从商业银行会计监管规范中删除公允价值会计规范[1]，可见，公允价值会计对商业银行资本监管的影响程度之大。本书分析公允价值应用对我国商业银行的影响参考了 SEC 这一专项研究报告的研究方法。另外，桑德斯（2010，2011）以总资产超过 1000 亿美元的美国大型商业银行数据为基础，研究公允价值会计对金融机构的影响，所使用的方法简单有效。本书也予以借鉴和模仿。[2][3]

公允价值应用对商业银行资产负债表的影响。商业银行资产负债表项目多数为金融资产和金融负债，分析公允价值应用对其资产负债表的影响，要从 16 家上市商业银行的具体会计实务中收集使用公允价值情况的证据。

依据我国现行金融工具会计处理规范，金融工具初始计量均需使用公允价值，后续计量是否继续使用取决于其分类情况；交易性金融

---

[1] SEC, *Report and Recommendations Pursuant to Section 133 of the Emergency Economic Stabilization Act of 2008: Study on Mark–to–Market Accounting*, Dec. 2008.

[2] Sanders, "Fair Value Accounting: Villain or Innocent Victim", Federal Reserve Bank of Boston, *Working Paper* No. QAU10–01, January 2010.

[3] Sanders, "Evaluating the Impact of Fair Value Accounting on Financial Institutions", Federal Reserve Bank of Boston, *Working Paper* No. QAU12–01, January 2011.

资产（包括衍生工具①）、交易性金融负债、可供出售金融资产的后续计量需采用公允价值；未归类为上述项目但商业银行选择按公允价值计量的金融工具项目（行使公允价值选择权的项目），这在实务中被称为"指定为以公允价值计量且其变动计入当期损益的金融资产"和"指定为以公允价值计量且其变动计入当期损益的金融负债"，其后续计量也需采用公允价值。商业银行因金融工具分类的原因而需要在后续计量中采用公允价值的金融工具与因行使选择权的原因而需要在后续计量中采用公允价值的金融工具，除金融工具重新分类和变更公允价值选择权情况之外，在持有期间均需要一直采用公允价值计量，可称为"持续性公允价值应用"。

依据我国现行金融工具会计处理规范②，归类为贷款和应收账款和可供出售金融资产的金融工具在发生减值时要将其账面价值减记至未来现金流量现值，这通常也被视同为公允价值应用；但该类公允价值应用仅适用于上述金融资产出现了发生减值的客观证据之时，因而可称为"偶然性公允价值应用"。

此外，依据我国现行相关会计处理规范，商业银行资产负债表上的投资性房地产和商誉等项目在会计核算或减值处理上也可能采用公允价值，但鉴于这些资产占比较小、使用公允价值的频率较低，本书不予关注。

1. 对资产的影响

本书分析公允价值应用对商业银行资产的影响，主要关注公允价值计量的资产金融占比、公允价值计量结果计入损益的金融资产占比、指定为公允价值计量的金融资产占比、持续公允价值计量的金融资产性质、持续公允价值计量金融资产的层次划分五个方面。本书认为，从上述五个方面入手分析我国商业银行公允价值应用情况，能比较全面地反映公允价值应用对资产项目的综合影响。本书分析所依据

---

① 财政部：《企业会计准则第 22 号——金融工具确认和计量》第七条至第十条，2006年。

② 财政部：《企业会计准则第 22 号——金融工具确认和计量》第四十条至第四十九条，2006年。

的数据主要是各商业银行采用公允价值计量的各项金融资产数据、全部金融资产数据和总资产数据,尽管这些数据可以很容易地从专业数据库中获取,但笔者查阅和对照后发现,由于会计准则执行差异性的客观存在,相同项目内包含的内容不尽相同。另外,本书分析所依据的一些数据无法从专业数据库中获取,如指定为公允价值计量资产情况、持续公允价值计量资产情况等,必须查阅相关财务报表附注。因此,为确保相关基础数据的真实性和准确性,以下数据均为手工取自16家上市商业银行2014年的合并资产负债表。

(1) 公允价值计量的金融资产占比。从表6-4列示的数据可知,我国上市商业银行资产总额中金融资产占比较高;金融资产占比最高的是北京银行,为99.28%;金融资产占比最低的是民生银行,为96.23%;最高值与最低值之差为3.05个百分点;16家商业银行金融资产占比的平均值为98.18%。本书在统计上市商业银行金融资产金额时采用如下方法:从各银行资产总额中扣减固定资产、在建工程、无形资产、商誉和其他资产5个项目的金额,得到该银行金融资产数据。在进一步查看详情后发现,我国商业银行的其他资产项目内容多为暂付款、预付款和应收款类资产,从性质上看,也属于金融资产;但为与国外学者相关研究的统计口径一致,本书将其他资产排除在金融资产范围之外。

本书将我国16家上市商业银行金融资产占比数据与美国银行控股公司进行比较。美国银行控股公司的相关数据摘自CEASA (2007)的研究报告。[①] 该报告对美国2691家银行控股公司2001—2005年财务报告数据进行统计,基于资产总额数据将这些银行划分为小型商业银行(资产总额小于10亿美元)、中型商业银行(资产总额10亿—100亿美元)、大型商业银行(资产总额100亿—1000亿美元)、特大型商业银行(资产总额超过1000亿美元)。在美国商业银行金融资产占比数据方面,该报告的统计结果是:特大型银行为89.50%、大型

---

① Center for Excellence in Accounting & Security Analysis (CEASA), *Fair Value Accounting in the Banking Industry*, May 2007.

表6-4　　　　　　　公允价值计量的金融资产占比　　　　单位：百万元、%

| 银行名称 | 公允价值计量金融资产 | 金融资产 | 资产总额 | 金融资产占比 | 公允价值计量的金融资产占比 | |
|---|---|---|---|---|---|---|
| | | | | | 金融资产 | 资产总额 |
| 平安银行 | 76858 | 2161553 | 2186459 | 98.86 | 3.56 | 3.52 |
| 浦发银行 | 269368 | 4140492 | 4195924 | 98.68 | 6.51 | 6.42 |
| 民生银行 | 190021 | 3863766 | 4015136 | 96.23 | 4.92 | 4.73 |
| 招商银行 | 328031 | 4675364 | 4731829 | 98.81 | 7.02 | 6.93 |
| 华夏银行 | 73507 | 1837567 | 1851628 | 99.24 | 4.00 | 3.97 |
| 中国银行 | 903180 | 14885275 | 15251382 | 97.60 | 6.07 | 5.92 |
| 工商银行 | 1558371 | 20150522 | 20609953 | 97.77 | 7.73 | 7.56 |
| 兴业银行 | 464872 | 4372644 | 4406399 | 99.23 | 10.63 | 10.55 |
| 交通银行 | 326374 | 6042821 | 6268299 | 96.40 | 5.40 | 5.21 |
| 中信银行 | 245007 | 4085829 | 4138815 | 98.72 | 6.00 | 5.92 |
| 南京银行 | 64388 | 568246 | 573150 | 99.14 | 11.33 | 11.23 |
| 宁波银行 | 130281 | 548287 | 554113 | 98.95 | 23.76 | 23.51 |
| 建设银行 | 1269955 | 16546012 | 16744130 | 98.82 | 7.68 | 7.58 |
| 北京银行 | 122513 | 1513509 | 1524437 | 99.28 | 8.09 | 8.04 |
| 农业银行 | 1349474 | 15751947 | 15974152 | 98.61 | 8.57 | 8.45 |
| 光大银行 | 143714 | 2692627 | 2737010 | 98.38 | 5.34 | 5.25 |
| 整体情况 | 7515914 | 103836461 | 105762816 | 98.18 | 7.24 | 7.11 |

银行为91.05%、中型银行为94.57%、小型银行为96.06%、均值为90.44%。美国联邦储备委员会2012年12月发布的美国商业银行金融资产占比的均值为91.2%[①]，略高于CEASA（2007）的统计结果。

将美国商业银行金融资产占比数据与我国上市商业银行进行比较，有两个明显发现：一是美国商业银行金融资产占比的均值（2005年90.44%、2012年91.2%）小于我国上市商业银行金融资产占比的均值（2014年98.18%）；二是美国商业银行金融资产占比存在越大银行越低、越小银行越高的特点，而我国上市商业银行的这一特征

---

① 美国联邦储备委员会发布的 H.8—Assets and Liabilities of Commercial Banks in US，发布日期为2012年12月28日。

并不明显。虽然本书并未检索到商业银行金融资产占比大小与金融稳定性之关系的权威文献，但从资本监管角度分析，金融资产占比越高的商业银行受经济周期波动影响就可能越大，金融监管部门应对顺周期性问题的难度也可能越艰巨。从这一角度观察，我国上市商业银行的顺周期问题可能更严重，更应引起金融监管部门重视。

从表6-4列示的数据可知，我国上市商业银行金融资产中应用公允价值计量的金融资产占比较低；应用公允价值计量的金融资产占比最高的是宁波银行，为23.51%；应用公允价值计量的金融资产占比最低的是平安银行，为3.52%；最高与最低值之差为19.99个百分点；16家上市商业银行应用公允价值计量的金融资产占比的平均值为7.11%。按照我国金融工具会计监管规范（《企业会计准则第22号——金融工具确认和计量》），上市商业银行资产负债表上的以公允价值计量且其变动计入当期损益的金融资产、衍生金融资产和可供出售金融资产三个项目要应用公允价值计量。但查阅商业银行财务报告的附注信息发现，少数银行（平安银行、浦发银行和兴业银行）将交易性贵金属也应用公允价值计量；一些银行（建设银行、北京银行、光大银行等）没有对可供出售金融资产全部应用公允价值计量。因此，本书在核算应用公允价值计量的金融资产金额时，将按公允价值计量的交易性贵金属纳入核算范围、将可供出售金融资产中未应用公允价值计量的项目排除在核算范围之外，确保相关数据反映商业银行在金融资产中应用公允价值的真实情况。

2008年年底，美国证券交易委员会（SEC）应美国国会要求对公允价值应用对美国金融机构影响展开研究，发布了一份研究报告。该报告指出，2008年第一季度末样本商业银行对31%资产应用公允价值计量，这些资产主要是投资债券、交易性金融资产和衍生金融资产。[①] 这一数据大大高于我国16家上市商业银行应用公允价值计量的金融资产占比的平均值（7.11%）。尽管数据统计口径（统计时间及

---

① SEC, *Report and Recommendations Pursuant to Section 133 of the Emergency Economic Stabilization Act of 2008: Study on Mark-to-Market Accounting*, Dec. 2008, p. 47.

其他方面）存在一些差异，但与美国商业银行相关数据比较，我国上市商业银行金融资产占比较高、应用公允价值计量的金融资产占比较低应该是不争的事实。尽管公允价值应用饱受争议，但学术界和实务界普遍认为，金融工具更多地应用公允价值能使财务报表更好地反映企业的风险状况。从这一角度分析，我国上市商业银行财务报告反映风险承担状况的程度可能远低于美国商业银行的财务报告，这一情况应引起我国金融监管部门关注。

（2）公允价值计量结果计入损益的金融资产占比。如表6-4所示，我国16家上市商业银行应用公允价值计量的金融资产占比的平均值为7.11%，即这些商业银行平均7.11%的资产在每一财务报表日均要按公允价值计量并与前一财务报告日的公允价值进行比较，确定它们是升值还是贬值及具体金额。但按照我国金融工具会计监管规范（《企业会计准则第22号——金融工具确认和计量》），这些资产公允价值计量的结果（升值和贬值的金额）并非全部计入当期损益，而是一部分计入当期损益、一部分计入所有者权益，还有一部分被其他金融工具价值的反方向变动所抵消。为更好地揭示商业银行公允价值应用对其资本监管的影响，依据计量结果对财务报表的不同影响将公允价值计量的金融资产进一步分类是必要的。

从表6-5列示的数据可知，我国上市商业银行公允价值计量结果计入当期损益金融资产占公允价值计量的金融资产比率的均值是23.15%、占金融资产比率的均值是1.68%、占资产总额比率的均值是1.65%；公允价值计量结果计入当期损益的金融资产占比最高的是平安银行，分别是98.06%、3.49%和3.45%；公允价值计量结果计入当期损益的金融资产占比最低的是光大银行，分别是3.80%、0.20%和0.20%。美国SEC（2008）报告列示的美国商业银行的相关数据是，公允价值计量结果计入当期损益的金融资产占资产总额比率是22%。[1] 这一数据远高于我国上市商业银行的相关比率（1.65%）。

---

[1] SEC, *Report and Recommendations Pursuant to Section 133 of the Emergency Economic Stabilization Act of* 2008: *Study on Mark – to – Market Accounting*, Dec. 2008, p.50.

表 6-5　　　　公允价值计量结果计入损益的金融资产占比

单位：百万元、%

| 银行名称 | 公允价值计量结果计入损益的金融资产 | 公允价值计量的金融资产 | 金融资产 | 资产总额 | 公允价值计量结果计入损益的金融资产占比 | | |
|---|---|---|---|---|---|---|---|
| | | | | | 公允价值计量金融资产 | 金融资产 | 资产总额 |
| 平安银行 | 75365 | 76858 | 2161553 | 2186459 | 98.06 | 3.49 | 3.45 |
| 浦发银行 | 47160 | 269368 | 4140492 | 4195924 | 17.51 | 1.14 | 1.12 |
| 民生银行 | 30444 | 190021 | 3863766 | 4015136 | 16.02 | 0.79 | 0.76 |
| 招商银行 | 40190 | 328031 | 4675364 | 4731829 | 12.25 | 0.86 | 0.85 |
| 华夏银行 | 9691 | 73507 | 1837567 | 1851628 | 13.18 | 0.53 | 0.52 |
| 中国银行 | 152495 | 903180 | 14885275 | 15251382 | 16.88 | 1.02 | 1.00 |
| 工商银行 | 370876 | 1558371 | 20150522 | 20609953 | 23.80 | 1.84 | 1.80 |
| 兴业银行 | 57120 | 464872 | 4372644 | 4406399 | 12.29 | 1.31 | 1.30 |
| 交通银行 | 116358 | 326374 | 6042821 | 6268299 | 35.65 | 1.93 | 1.86 |
| 中信银行 | 35735 | 245007 | 4085829 | 4138815 | 14.59 | 0.87 | 0.86 |
| 南京银行 | 9034 | 64388 | 568246 | 573150 | 14.03 | 1.59 | 1.58 |
| 宁波银行 | 10172 | 130281 | 548287 | 554113 | 7.81 | 1.86 | 1.84 |
| 建设银行 | 346004 | 1269955 | 16546012 | 16744130 | 27.25 | 2.09 | 2.07 |
| 北京银行 | 11874 | 122513 | 1513509 | 1524437 | 9.69 | 0.78 | 0.78 |
| 农业银行 | 421855 | 1349474 | 15751947 | 15974152 | 31.26 | 2.68 | 2.64 |
| 光大银行 | 5459 | 143714 | 2692627 | 2737010 | 3.80 | 0.20 | 0.20 |
| 整体情况 | 1739832 | 7515914 | 103836461 | 105762815.8 | 23.15 | 1.68 | 1.65 |

综合起来看，我国上市商业银行资产总额的 7.11% 应用公允价值计量，其中，1.65% 的公允价值计量结果计入当期损益、5.46% 的公允价值计量结果计入综合收益；美国商业银行资产总额的 31% 应用公允价值计量，其中，22% 的公允价值计量结果计入当期损益、9% 的

公允价值计量结果计入综合收益。从商业银行会计监管对资本监管的影响角度分析，应用公允价值的金融资产越多、公允价值计量结果计入当期损益的金融资产占比越大，会计监管对资本监管的影响就越直接、越迅速。反之，应用公允价值的金融资产越少、公允价值计量结果计入当期损益的金融资产占比越小，会计监管对资本监管的影响就越婉转、越迟缓。单从这一方面来看，我国上市商业银行会计监管对资本监管的影响没有美国商业银行显著。

（3）指定为公允价值计量的金融资产占比。按照我国金融工具会计监管规范（《企业会计准则第 22 号——金融工具确认和计量》），除交易性金融资产、衍生金融资产和可供出售金融资产要应用公允价值计量之外，商业银行也可以选择对一些符合条件的金融工具应用公允价值，它们被称为"指定为以公允价值计量且其变动计入当期损益的金融资产"（以下简称指定为公允价值计量的金融资产）。如商业银行对某一金融资产选择应用公允价值，该选择须满足如下条件：第一，该选择可以消除或明显减少由于该金融资产的计量基础不同所导致的相关利得或损失在确认或计量方面不一致的情况；第二，商业银行风险管理或投资策略的正式书面文件已载明，对该金融资产所在的金融资产组合或金融资产和金融负债组合以公允价值为基础进行管理、评价并向关键管理人员报告；第三，包含一项或多项嵌入衍生金融工具的混合工具，除非嵌入衍生金融工具不会对混合工具的现金流量产生重大改变，或者所嵌入的衍生金融工具明显不应当从相关混合工具中分拆。商业银行基于其风险管理和战略投资需要而行使公允价值选择权通常被视为拥有先进金融资产风险管理模式的具体表现。

从表 6-6 列示的数据可知，在 2014 年度 16 家上市商业银行中有 11 家行使了公允价值计量选择权、另外 5 家未行使公允价值计量选择权。在行使公允价值计量选择权的商业银行中，农业银行指定为以公允价值计量金融资产占其资产总额的比率最高，为 2.23%；光大银行占比最低，仅为 0.01%。16 家商业银行指定为以公允价值计量金融资产占资产总额比率的平均值为 0.91%；其中，农业银行、工商银行和建设银行 3 家特大型商业银行指定为以公允价值计量金融资产占比显著高于其他银行，分别为 2.23%、1.52% 和 1.41%，可能说明这些银行较好地掌握了金融工具公允价值计量技术、风险管理模式较先进的情况，可能也说明这些银行的财务报告反映其金融工具风险状况的程度也高于其他银行。

表 6-6　　　　指定为公允价值计量的金融资产占比　　单位：百万元、%

| 银行名称 | 指定为公允价值计量的金融资产 | 公允价值计量的金融资产 | 金融资产 | 资产总额 | 选择公允价值计量的金融资产占比 | | |
|---|---|---|---|---|---|---|---|
| | | | | | 公允价值计量金融资产 | 金融资产 | 资产总额 |
| 平安银行 | 0 | 76858 | 2161553 | 2186459 | 0 | 0 | 0 |
| 浦发银行 | 12121 | 269368 | 4140492 | 4195924 | 4.50 | 0.29 | 0.29 |
| 民生银行 | 1508 | 190021 | 3863766 | 4015136 | 0.79 | 0.04 | 0.04 |
| 招商银行 | 7168 | 328031 | 4675364 | 4731829 | 2.19 | 0.15 | 0.15 |
| 华夏银行 | 0 | 73507 | 1837567 | 1851628 | 0 | 0 | 0 |
| 中国银行 | 39558 | 903180 | 14885275 | 15251382 | 4.38 | 0.27 | 0.26 |
| 工商银行 | 312455 | 1558371 | 20150522 | 20609953 | 20.05 | 1.55 | 1.52 |
| 兴业银行 | 999 | 464872 | 4372644 | 4406399 | 0.21 | 0.02 | 0.02 |
| 交通银行 | 0 | 326374 | 6042821 | 6268299 | 0 | 0 | 0 |
| 中信银行 | 838 | 245007 | 4085829 | 4138815 | 0.34 | 0.02 | 0.02 |
| 南京银行 | 0 | 64388 | 568246 | 573150 | 0 | 0 | 0 |
| 宁波银行 | 26 | 64388 | 568246 | 573150 | 0.04 | 0 | 0 |
| 建设银行 | 236506 | 1269955 | 16546012 | 16744130 | 18.62 | 1.43 | 1.41 |
| 北京银行 | 0 | 122513 | 1513509 | 1524637 | 0 | 0 | 0 |
| 农业银行 | 356235 | 1349474 | 15751947 | 15974152 | 26.40 | 2.26 | 2.23 |
| 光大银行 | 187 | 143714 | 2692627 | 2737010 | 0.13 | 0.01 | 0.01 |
| 整体情况 | 967601 | 7450021 | 103856420 | 105781853.4 | 12.99 | 0.93 | 0.91 |

SEC（2008）研究报告统计的情况是，在 27 家样本商业银行中有 13 家行使了公允价值计量选择权、另外 14 家未行使这一选择权；27 家商业银行指定为以公允价值计量金融资产占资产总额比率的平均

值为4%；大型商业银行行使公允价值计量选择权的程度显著高于中小商业银行。① 比较美国商业银行与我国商业银行应用公允价值计量选择权的情况可知，从占资产总额比率角度观察，美国商业银行仍显著高于我国商业银行；但两者也存在一些相似之处，如部分银行行使这一选择权、部分银行放弃这一选择权，再如大型商业银行应用公允价值计量选择权的程度高于小型商业银行。

（4）公允价值计量的金融资产性质分析。表6-4、表6-5和表6-6列示了我国16家上市商业银行公允价值计量的金融资产占比、持续公允价值计量结果计入当期损益的金融资产占比、指定为公允价值计量的金融资产占比，这些数据从不同方面揭示了商业银行公允价值应用的情况。在此基础上，表6-7和表6-8进一步揭示各类应用公允价值金融资产情况及其具体内容。本书全面查阅16家上市商业银行的资产负债表，对应用公允价值的4类金融资产组（贵金属、以公允价值计量且其变动计入当期损益的金融资产、衍生金融资产、可供出售金融资产）金额及占比进行调查。

表6-7　4类公允价值计量的金融资产的金额及占比　　单位：百万元、%

| 银行名称 | 贵金属 | | 以公允价值计量且其变动计入当期损益的金融资产 | | 衍生金融资产 | | 可供出售金融资产 | | 公允价值计量的金融资产 |
| --- | --- | --- | --- | --- | --- | --- | --- | --- | --- |
| | 金额 | 占比 | 金额 | 占比 | 金额 | 占比 | 金额 | 占比 | 金额 |
| 平安银行 | 45254 | 58.88 | 25811 | 33.58 | 4300 | 5.59 | 1493 | 1.94 | 76858 |
| 浦发银行 | 11707 | 4.35 | 32841 | 12.19 | 2612 | 0.97 | 222208 | 82.49 | 269368 |
| 民生银行 | 0 | 0 | 27213 | 14.32 | 3231 | 1.70 | 159577 | 83.98 | 190021 |
| 招商银行 | 0 | 0 | 40190 | 12.25 | 9315 | 2.84 | 278526 | 84.91 | 328031 |
| 华夏银行 | 0 | 0 | 9066 | 12.41 | 625 | 0.86 | 63366 | 86.74 | 73057 |
| 中国银行 | 0 | 0 | 104528 | 11.57 | 47967 | 5.31 | 750685 | 83.12 | 903180 |

---

① SEC, *Report and Recommendations Pursuant to Section 133 of the Emergency Economic Stabilization Act of* 2008: *Study on Mark-to-Market Accounting*, Dec. 2008, p. 55.

第六章 我国商业银行会计监管制度应用对资本监管的影响及对策

续表

| 银行名称 | 贵金属 | | 以公允价值计量且其变动计入当期损益的金融资产 | | 衍生金融资产 | | 可供出售金融资产 | | 公允价值计量的金融资产 |
|---|---|---|---|---|---|---|---|---|---|
| | 金额 | 占比 | 金额 | 占比 | 金额 | 占比 | 金额 | 占比 | 金额 |
| 工商银行 | 0 | 0 | 346828 | 22.26 | 24048 | 1.54 | 1187495 | 76.20 | 1558371 |
| 兴业银行 | 7543 | 1.62 | 44435 | 9.56 | 5142 | 1.11 | 407752 | 87.71 | 464872 |
| 交通银行 | 0 | 0 | 105702 | 32.39 | 10656 | 3.26 | 210016 | 64.35 | 326374 |
| 中信银行 | 0 | 0 | 27509 | 11.23 | 8226 | 3.36 | 209272 | 85.41 | 245007 |
| 南京银行 | 0 | 0 | 8270 | 12.84 | 764 | 1.19 | 55355 | 85.97 | 64389 |
| 宁波银行 | 0 | 0 | 8879 | 6.82 | 1293 | 0.99 | 120109 | 92.19 | 130281 |
| 建设银行 | 0 | 0 | 332235 | 26.16 | 13769 | 1.08 | 923951 | 72.75 | 1269955 |
| 北京银行 | 0 | 0 | 13360 | 10.90 | 53 | 0.04 | 109100 | 89.05 | 122513 |
| 农业银行 | 0 | 0 | 414660 | 30.73 | 7195 | 0.53 | 927619 | 68.74 | 1349474 |
| 光大银行 | 15 | 0.01 | 4377 | 3.05 | 1082 | 0.75 | 138255 | 96.20 | 143714 |
| 合计 | 64519 | 0.86 | 1545904 | 20.57 | 140278 | 1.87 | 5764779 | 76.71 | 7515465 |

表6-8　　　　　持续公允价值计量的金融资产性质　　　　单位：百万元

| 银行名称 | 债券 | 股权 | 货币衍生 | 贵金属 | 利率衍生 | 贵金属衍生 | 其他衍生金融资产 | 其他投资 | 公允价值计量的金融资产 |
|---|---|---|---|---|---|---|---|---|---|
| 平安银行 | 26816 | 488 | 1921 | 45254 | 506 | 1873 | 0 | 0 | 76858 |
| 浦发银行 | 240454 | 1587 | 1881 | 11707 | 261 | 470 | 0 | 13028 | 269388 |
| 民生银行 | 183368 | 3422 | 1661 | 0 | 390 | 1180 | 0 | 0 | 190021 |
| 招商银行 | 316188 | 2211 | 8879 | 0 | 420 | 0 | 16 | 317 | 328031 |
| 华夏银行 | 72432 | 0 | 622 | 0 | 3 | 0 | 0 | 0 | 73057 |
| 中国银行 | 794423 | 42436 | 36632 | 0 | 4524 | 0 | 6811 | 18354 | 903180 |
| 工商银行 | 1383252 | 151071 | 19233 | 0 | 2410 | 0 | 2405 | 0 | 1558371 |
| 兴业银行 | 446745 | 5442 | 2383 | 7543 | 2159 | 597 | 3 | 0 | 464872 |
| 交通银行 | 312464 | 3254 | 9445 | 0 | 1211 | 0 | 0 | 0 | 326374 |
| 中信银行 | 234695 | 1637 | 6406 | 0 | 977 | 843 | 0 | 449 | 245007 |

续表

| 银行名称 | 债券 | 股权 | 货币衍生 | 贵金属 | 利率衍生 | 贵金属衍生 | 其他衍生金融资产 | 其他投资 | 公允价值计量的金融资产 |
|---|---|---|---|---|---|---|---|---|---|
| 南京银行 | 63625 | 450 | 314 | 0 | 0 | 0 | 0 | 0 | 64389 |
| 宁波银行 | 57644 | 71344 | 1048 | 0 | 245 | 0 | 0 | 0 | 130281 |
| 建设银行 | 1237871 | 18105 | 10825 | 0 | 1558 | 1386 | 0 | 210 | 1269955 |
| 北京银行 | 122050 | 0 | 39 | 0 | 14 | 0 | 0 | 410 | 122513 |
| 农业银行 | 1068796 | 3716 | 5818 | 0 | 795 | 561 | 21 | 269767 | 1349474 |
| 光大银行 | 142439 | 6 | 751 | 15 | 331 | 0 | 0 | 172 | 143714 |
| 合计 | 6703262 | 305169 | 107858 | 64519 | 15804 | 6910 | 9256 | 302707 | 7515485 |
| 占比(%) | 89.19 | 4.06 | 1.44 | 0.86 | 0.21 | 0.09 | 0.12 | 4.03 | 100.00 |

依据2014年资产负债表信息，4家商业银行对交易性贵金属应用公允价值，其中，平安银行、浦发银行和兴业银行应用公允价值的贵金属金额较大，分别为452.54亿元、117.07亿元和75.43亿元，占其公允价值计量金融资产的比率分别为58.88%、4.35%和1.62%，这3家银行选择单独列示应用公允价值的贵金属资产；光大银行应用公允价值计量的贵金属金额较小，仅有1500万元，占其公允价值计量金融资产的0.01%，该银行未将贵金属资产单独列示，而是将其与以公允价值计量且其变动计入当期损益金融资产合并列报。依据相关商业银行的资产负债表可知，贵金属以黄金为主，但少数银行（如平安银行）也持有其他贵金属。从16家上市商业银行整体情况看，应用公允价值的贵金属占比较低（0.86%），不是应用公允价值金融资产中的主要项目。

依据2014年资产负债表信息，16家商业银行均持有以公允价值计量且其变动计入当期损益金融资产投资，具体包括交易性金融资产和指定为公允价值计量的金融资产两项内容。从整体上看，这一组金融资产占应用公允价值的金融资产比率为20.57%，其重要性仅次于归类为可供出售金融资产组，且呈现出规模越大银行持有比率越高的基本规律，如农业银行和交通银行的持有比率超过30%、建设银行和工商银行的持有比率均超过20%。这一资产组包含的具体投资产品种类繁多，最主要的项目是债券投资（包括政府债券、政策性银行债券、同业和其他金融机构债券和企业债券等），其次是权益工具、基金和信托、资产管理计划、贷款等其他常见投资产品，再次是贵金属合同、长期应付职工薪酬等非常见金融产品。

依据2014年资产负债表信息，16家商业银行均持有衍生金融资产投资，但占应用公允价值计量的金融资产比率较低，仅为1.87%。这一资产组包含的投资产品主要是货币衍生工具、利率衍生工具和贵金属衍生工具，也有少数银行持有商品衍生和信用衍生工具等其他产品。

依据2014年资产负债表信息，16家商业银行均重仓持有可供出售金融资产投资，占应用公允价值金融资产比率为76.71%，占比最高。若将持有该类投资占比严重偏离均值的平安银行（仅为1.94%）排除在外，在其他15家商业银行中存在越大银行持有该类投资比率越低、越小银行持有该类投资比率越高的现象。这一现象可能与本书研究的银行会计监管与资本监管冲突问题有直接关系，因为同一类投资产品如若银行将其归类为交易性金融资产，其公允价值变动要直接计入当期损益，从而对监管资本核算产生直接影响；如若银行归类为可供出售金融资产，其公允价值变动要计入当期总额收益，不会对监管资本核算产生直接影响。小型商业银行持有较大比率可供出售金融资产、较低比率交易性金融资产，其动因之一是规避可能产生的资本监管违规风险。可供出售金融资产包含的具体投资产品品种与"以公允价值计量且其变动计入当期损益的金融资产"比较少了许多，主要是债券和权益工具，少数银行还持有基金和结构化主体投资等其他投资产品。

表6-9列示了16家商业银行应用公允价值计量的金融资产中主要投资产品的分布情况。因衍生金融资产占比较低且其内容前文已做详细介绍，这里不再细分至具体投资产品；贵金属资产占比更低且内容单一（主要是黄金），也没有必要细分至具体投资产品；其他投资涵盖不属于债券投资和股权投资，也不属于衍生金融资产和贵金属投

资的其他投资，一些未具体表明投资产品名称的投资也列入其中。

从表6-9列示的数据可知，在我国16家商业银行应用公允价值的金融资产中，债券投资占有很高比重，约90%的应用公允价值计量的金融资产是债券资产；权益工具投资虽位居第二，但占比与债券相差悬殊，只有4%左右；衍生金融资产、贵金属和其他投资合计为约占6%。依据上述数据，本书初步判断，在当前我国商业银行会计监管与资本监管捆绑实施制度背景下，商业银行的顺周期问题可能更多地受到债券市场影响，而受股票市场影响程度可能较小。

表6-9　　应用公允价值的金融资产中的主要投资产品

单位：百万元、%

| 银行名称 | 债券 | 股权 | 衍生金融资产 | 贵金属 | 其他投资 | 公允价值计量的金融资产 |
| --- | --- | --- | --- | --- | --- | --- |
| 平安银行 | 26816 | 488 | 4300 | 45254 | 0 | 76858 |
| 浦发银行 | 240454 | 1587 | 2612 | 11707 | 13028 | 269388 |
| 民生银行 | 183368 | 3422 | 3231 | 0 | 0 | 190021 |
| 招商银行 | 316188 | 2211 | 9315 | 0 | 317 | 328031 |
| 华夏银行 | 72432 | 0 | 625 | 0 | 0 | 73057 |
| 中国银行 | 794423 | 42436 | 47967 | 0 | 18354 | 903180 |
| 工商银行 | 1383252 | 151071 | 24048 | 0 | 0 | 1558371 |
| 兴业银行 | 446745 | 5442 | 5142 | 7543 | 0 | 464872 |
| 交通银行 | 312464 | 3254 | 10656 | 0 | 0 | 326374 |
| 中信银行 | 234695 | 1637 | 8226 | 0 | 449 | 245007 |
| 南京银行 | 63625 | 450 | 314 | 0 | 0 | 64389 |
| 宁波银行 | 57644 | 71344 | 1293 | 0 | 0 | 130281 |
| 建设银行 | 1237871 | 18105 | 13769 | 0 | 210 | 1269955 |
| 北京银行 | 122050 | 0 | 53 | 0 | 410 | 122513 |
| 农业银行 | 1068796 | 3716 | 7195 | 0 | 269767 | 1349474 |
| 光大银行 | 142439 | 6 | 1082 | 15 | 172 | 143714 |
| 合计 | 6703262 | 305169 | 139828 | 64519 | 302707 | 7515485 |
| 占比 | 89.19 | 4.06 | 1.86 | 0.86 | 4.03 | 100 |

第六章　我国商业银行会计监管制度应用对资本监管的影响及对策 / 275

（5）持续公允价值计量金融资产的层次划分情况。表6-4至表6-9列示了16家上市商业银行公允价值计量的金融资产、公允价值计量结果计入损益的金融资产和指定为公允价值计量的金融资产与金融资产、资产总额的占比情况，以及各类公允价值计量的金融资产的占比情况，还有各类公允价值计量的金融资产内容、性质及比例情况。在会计监管与资本监管捆绑实施背景下，这些数据有利于本书评估公允价值计量的金融资产的会计核算数据变化对这些银行监管资本核算可能产生的影响。为进一步评估这些影响的持续性问题，有必要对持续公允价值计量的金融资产及其计量所依据参数的层次进行详细调查和分析。

如前文所述，虽然我国16家上市商业银行对贵金属、以公允价值计量且其变动计入当期损益的金融资产、衍生金融资产和可供出售金融资产4类金融资产应用公允价值计量，但计量结果却计入不同财务报表项目之中，致使不同类别金融资产的计量结果对银行监管资本核算产生不同影响。除类别差异导致的不同影响之外，商业银行对金融资产应用公允价值的持续性以及所用估值参数的层次也会对监管资本核算产生差异化的影响。

在公允价值应用的持续性方面，本书查阅16家上市商业银行的财务报告发现，除贵金属之外，其他3类应用公允价值计量的金融资产均被列为持续公允价值计量的金融资产，占资产总额的7%。每一财务报告日这部分金融资产均要应用公允价值并将计量结果计入损益或权益，从而对监管资本核算产生持续性影响。

公允价值计量结果所属的层次，由对公允价值计量整体而言具有重要意义的估值参数所属的最低层次决定。第一层次是相同资产在活跃市场上未经调整的报价；第二层次是除第一层次估值参数之外相关资产直接或间接可观察的估值参数；第三层次是相关资产的不可观察估值参数。依据表6-10统计数据可知，在16家商业银行持续公允价值计量的金融资产中，第一层次的占4.43%、第二层次的占84.31%、第三层次的占11.26%。SEC（2008）研究报告对美国样本商业银行的相关统计结果是，第一层次占11%、第二层次占82%、第

表6-10　　持续公允价值计量的金融资产的层次划分情况

单位：百万元、%

| 银行名称 | 第一层次 | 第二层次 | 第三层次 | 持续公允价值计量的金融资产 | 不同层次计量的金融资产占比 | | |
|---|---|---|---|---|---|---|---|
| | | | | | 第一层次 | 第二层次 | 第三层次 |
| 平安银行 | 4 | 31116 | 484 | 31604 | 0.01 | 98.46 | 1.53 |
| 宁波银行 | 0 | 251111 | 6550 | 257661 | 0 | 97.46 | 2.54 |
| 浦发银行 | 0 | 189969 | 52 | 190021 | 0 | 99.97 | 0.03 |
| 华夏银行 | 34470 | 292688 | 893 | 328031 | 10.51 | 89.23 | 0.27 |
| 民生银行 | 0 | 73507 | 0 | 73507 | 0 | 100.00 | 0 |
| 招商银行 | 71988 | 800765 | 30427 | 903180 | 7.97 | 88.66 | 3.37 |
| 南京银行 | 91664 | 1311605 | 155102 | 1558371 | 5.88 | 84.17 | 9.95 |
| 兴业银行 | 5098 | 306052 | 146179 | 457329 | 1.11 | 66.92 | 31.96 |
| 北京银行 | 37912 | 287406 | 1056 | 326347 | 11.62 | 88.07 | 0.32 |
| 农业银行 | 24998 | 219863 | 146 | 245007 | 10.20 | 89.74 | 0.06 |
| 交通银行 | 18 | 60250 | 4120 | 64388 | 0.03 | 93.57 | 6.40 |
| 工商银行 | 0 | 130281 | 0 | 130281 | 0 | 100.00 | 0 |
| 光大银行 | 40454 | 1046899 | 182602 | 1269955 | 3.19 | 82.44 | 14.38 |
| 建设银行 | 0 | 122513 | 0 | 122513 | 0 | 100.00 | 0 |
| 中国银行 | 23500 | 1014805 | 311169 | 1349474 | 1.74 | 75.20 | 23.06 |
| 中信银行 | 6 | 143506 | 202 | 143714 | 0.00 | 99.86 | 0.14 |
| 整体情况 | 330112 | 6282336 | 838982 | 7451383 | 4.43 | 84.31 | 11.26 |

三层次占7%。[1]比较我国和美国的相关数据可知，在持续公允价值计量金融资产中，第二层次的公允价值计量占比最高，第一层次和第三层次的占比较低，这是两者的相同之处；不同之处在于，美国商业银行第一层次公允价值计量占11%，而我国的仅有4.43%，但我国商业银行第三层次公允价值计量占11.26%，高于美国的7%。从商

---

[1] SEC, *Report and Recommendations Pursuant to Section 133 of the Emergency Economic Stabilization Act of* 2008: *Study on Mark-to-Market Accounting*, Dec. 2008, p. 62.

业银行会计监管对资本监管的影响角度观察，第一层次和第二层次公允价值计量金融资产占比越高，会计监管数据对监管资本核算的影响可能越大；第三层次公允价值计量金融资产占比越高，会计监管数据对监管资本核算的影响可能越小。这是因为，第一层次和第二层次公允价值计量所依据的估值参数均直接或间接来源于市场可观察数据，第三层次公允价值计量所依据的估值参数则是银行内部的估计数据；市场可观察数据的周期波动性较强，导致相关金融资产的公允价值计量结果波动性大，从而对监管资本核算产生较大影响；内部估计数据的周期性波动性弱，相应的金融资产的公允价值计量结果波动性小，对监管资本核算产生的影响较小。我国商业银行第一层次和第二层次公允价值计量占比之和接近90%，这表明在持续公允价值计量金融资产方面，会计监管对资本监管的影响应该是非常显著的。

2. 对负债的影响

按照《企业会计准则第22号——金融工具确认和计量》，商业银行要对归类为交易性金融负债和衍生金融负债的项目应用公允价值计量，也可以对其他符合条件的金融负债应用公允价值计量（"指定为公允价值计量且其变动计入当期损益的金融负债"）。本书详细查阅16家商业银行的2014年财务报告，收集金融负债应用公允价值计量的具体情况，整理出公允价值计量的金融负债、指定为公允价值计量的金融负债和公允价值计量金融负债的层次划分等相关信息，见表6-11至表6-13，以这些数据为基础分析金融负债应用公允价值计量对监管资本可能产生的影响。

（1）公允价值计量的金融负债占比。从表6-11列示的数据可知，16家商业银行中公允价值计量的金融负债占比最高的是光大银行，为6.11%；最低的是北京银行，为0；均值为1.98%。剔除光大银行这个极端值之外，在公允价值计量的金融负债占比方面，我国上市商业银行中存在大型商业银行占比较高、小型商业银行占比较低的现象。SEC（2008）研究报告的相关统计数据是，样本商业银行公允价值计量的金融负债占比平均为11%，其中，交易性金融负债和衍生金融负债占58%，指定为公允价值计量的金融负债占42%。① 与美国商业银行比较，我国商业银行公允价值计量的金融负债占比较低。

表6-11　　　　　　　公允价值计量的金融负债占比　　　　单位：百万元、%

| 银行名称 | 公允价值计量的金融负债 | 负债合计 | 公允价值计量的金融负债占比 |
|---|---|---|---|
| 平安银行 | 6921 | 2055510 | 0.34 |
| 浦发银行 | 3615 | 3885669 | 0.09 |
| 民生银行 | 2579 | 3767380 | 0.07 |
| 招商银行 | 23615 | 4416769 | 0.53 |
| 华夏银行 | 556 | 371221 | 0.15 |
| 中国银行 | 371221 | 14067954 | 2.64 |
| 工商银行 | 613576 | 19072649 | 3.22 |
| 兴业银行 | 6401 | 4145303 | 0.15 |
| 交通银行 | 36234 | 5794694 | 0.63 |
| 中信银行 | 7920 | 3871469 | 0.20 |
| 南京银行 | 677 | 540366 | 0.13 |
| 宁波银行 | 2575 | 519948 | 0.50 |
| 建设银行 | 308382 | 15491767 | 1.99 |
| 北京银行 | 31 | 1428293 | 0 |
| 农业银行 | 379733 | 14941533 | 2.54 |
| 光大银行 | 156237 | 2557527 | 6.11 |
| 整体情况 | 1920273 | 96928052 | 1.98 |

（2）指定为公允价值计量的金融负债占比。从表6-12列示的数据可知，16家上市商业银行公允价值计量的金融负债中，8家有指定为公允价值计量的金融负债，另外8家没有；但从整体上看，指定为公允价值计量的金融负债占公允价值计量的金融负债比率为74.32%，占负债总额比率为1.5%；SEC（2008）研究报告的相关统计数据是

---

① SEC, *Report and Recommendations Pursuant to Section 133 of the Emergency Economic Stabilization Act of 2008: Study on Mark-to-Market Accounting*, Dec. 2008, p.66.

第六章 我国商业银行会计监管制度应用对资本监管的影响及对策 / 279

43%。① 在这一方面,我国商业银行高于美国商业银行。

表6-12　　　　　指定为公允价值计量的金融负债占比　　　单位:百万元

| 银行名称 | 指定为公允价值计量的金融负债 | 公允价值计量的金融负债 | 负债合计 | 指定为公允价值计量的金融负债占比(%) | |
|---|---|---|---|---|---|
| | | | | 公允价值计量的金融负债 | 负债合计 |
| 平安银行 | 0 | 6921 | 2055510 | 0 | 0 |
| 浦发银行 | 0 | 3615 | 3885669 | 0 | 0 |
| 民生银行 | 0 | 2579 | 3767380 | 0 | 0 |
| 招商银行 | 12362 | 23615 | 4416769 | 52.35 | 0.28 |
| 华夏银行 | 0 | 556 | 1738717 | 0 | 0 |
| 中国银行 | 13000 | 371221 | 14067954 | 3.50 | 0.09 |
| 工商银行 | 589385 | 613576 | 19072649 | 96.06 | 3.09 |
| 兴业银行 | 201 | 6401 | 4145303 | 3.14 | 0.00 |
| 交通银行 | 13402 | 36234 | 5794694 | 36.99 | 0.23 |
| 中信银行 | 0 | 7920 | 3871469 | 0 | 0 |
| 南京银行 | 0 | 677 | 540366 | 0 | 0 |
| 宁波银行 | 0 | 2575 | 519948 | 0 | 0 |
| 建设银行 | 296009 | 308382 | 15491767 | 95.99 | 1.91 |
| 北京银行 | 0 | 31 | 1428293 | 0 | 0 |
| 农业银行 | 347282 | 379733 | 14941533 | 91.45 | 2.30 |
| 光大银行 | 155456 | 156237 | 2557527 | 99.50 | 6.10 |
| 整体情况 | 1427097 | 1920273 | 98295548 | 74.32 | 1.50 |

(3)公允价值计量的金融负债的层级划分情况。与金融资产公允价值计量的层次划分一致,金融负债的公允价值计量也分为三个层次:第一层次是相同负债在活跃市场上未经调整的报价;第二层次是除第一层次估值参数之外相关负债直接或间接可观察的估值参数;第

---

① SEC, *Report and Recommendations Pursuant to Section 133 of the Emergency Economic Stabilization Act of* 2008: *Study on Mark–to–Market Accounting*, Dec. 2008, p. 71.

三层次是相关负债的不可观察估值参数。从表 6-13 列示的数据可知，整体上看，在 16 家上市商业银行公允价值计量的金融负债中，第二层次计量占比最高（72.49%），其次为第三层次（26.55%），最后是第一层次（0.96%）。SEC（2008）研究报告的相关统计数据显示，第二层次占比最高（84%），其次是第一层次（11%），最后是第三层次（5%）。① 可见，无论在美国还是我国公允价值计量的金融负债中第二层次计量占主流。

表 6-13　　公允价值计量的金融负债的层次划分情况　单位：百万元、%

| 银行名称 | 第一层次 | 第二层次 | 第三层次 | 公允价值计量的金融负债 | 不同层次公允价值计量的金融负债占比 | | |
|---|---|---|---|---|---|---|---|
| | | | | | 第一层次 | 第二层次 | 第三层次 |
| 平安银行 | 4259 | 2662 | 0 | 6921 | 61.54 | 38.46 | 0 |
| 浦发银行 | 0 | 3615 | 0 | 3615 | 0 | 100.00 | 0 |
| 民生银行 | 0 | 2579 | 0 | 2579 | 0 | 100.00 | 0 |
| 招商银行 | 30 | 20975 | 2610 | 23615 | 0.13 | 88.82 | 11.05 |
| 华夏银行 | 0 | 556 | 0 | 556 | 0 | 100.00 | 0 |
| 中国银行 | 8191 | 363030 | 0 | 371221 | 2.21 | 97.79 | 0 |
| 工商银行 | 25 | 611472 | 2079 | 613576 | 0 | 99.66 | 0.34 |
| 兴业银行 | 0 | 6401 | 0 | 6401 | 0 | 100.00 | 0 |
| 交通银行 | 5347 | 30887 | 0 | 36234 | 14.76 | 85.24 | 0 |
| 中信银行 | 574 | 7336 | 10 | 7920 | 7.25 | 92.63 | 0.13 |
| 南京银行 | 0 | 677 | 0 | 677 | 0 | 100 | 0 |
| 宁波银行 | 0 | 2575 | 0 | 2575 | 0 | 100 | 0 |
| 建设银行 | 0 | 306277 | 2105 | 308382 | 0 | 99.32 | 0.68 |
| 北京银行 | 0 | 31 | 0 | 31 | 0 | 100.00 | 0 |
| 农业银行 | 0 | 32155 | 347578 | 379733 | 0 | 8.47 | 91.53 |
| 光大银行 | 0 | 760 | 155477 | 156237 | 0 | 0.49 | 99.51 |
| 整体情况 | 18426 | 1391988 | 509859 | 1920273 | 0.96 | 72.49 | 26.55 |

---

① SEC, *Report and Recommendations Pursuant to Section 133 of the Emergency Economic Stabilization Act of* 2008: *Study on Mark - to - Market Accounting*, Dec. 2008, p. 75.

### 3. 对所有者权益的影响

前文分析了我国16家上市商业银行应用公允价值计量的金融资产和金融负债的可能影响，了解到前者占7.11%、后者占1.98%。整体上看，上市商业银行金融资产在资产总额中所占比率较高（98%），公允价值计量的金融资产占比较低（7%），这说明公允价值计量会计监管规范对这些银行的财务报告影响很小；而公允价值计量的金融负债在负债总额中的占比更低（1.98%），说明这一会计监管规范的影响更小。为全面了解公允价值会计监管规范的潜在影响，本书进一步分析它对所有者权益的影响。

如前文所述，在应用公允价值计量的金融资产中，交易性金融资产、指定为公允价值计量的金融资产和衍生金融资产的计量结果直接计入当期损益，不会影响所有者权益；而可供出售金融资产应用公允价值计量的结果则计入其他综合收益，在相应资产出售时再从其他综合收益转入损益，因此会阶段性地影响所有者权益。在应用公允价值计量的金融负债中，所有的计量结果均要计入当期损益。可见，分析金融工具公允价值应用对所有者权益的影响应主要关注可供出售金融资产。

从表6-14统计的数据可知，在2014年度16家上市商业银行均披露了可供出售金融资产公允价值变动收益，合计为1397.39亿元，占所有者权益比率的均值为1.89%。所有者权益是商业银行监管资本核算的基础项目，从可供出售金融资产公允价值变动损益占比可知，公允价值计量对资本监管的影响是显著的。

### 二 金融资产减值会计应用对商业银行的影响

依据《企业会计准则第22号——金融工具确认和计量》，企业应当在资产负债表日对以公允价值计量且其变动计入当期损益的金融资产以外的金融资产的账面价值进行检查，有客观证据表明该金融资产发生减值的，应当计提减值损失。对商业银行而言，每年可能需要应用减值会计的金融资产主要包括可供出售金融资产、持有至到期投资、贷款和应收账款。如果可供出售金融资产发生减值，在确认减值损失时，应当将原计入所有者权益的公允价值下降形成的累计损失一并转出,计入减值损失;如果持有至到期投资、贷款和应收账款发生减值的,应当将其账面价值与预计未来现金流量现值之间的差额计入减值损失。[①]

表 6-14　可供出售金融资产公允价值计量对所有者权益的影响

单位:百万元、%

| 银行名称 | 可供出售金融资产的公允价值变动损益 | 所有者权益合计 | 可供出售金融资产的公允价值变动损益占所有者权益的比率 |
|---|---|---|---|
| 平安银行 | 595 | 130949 | 0.45 |
| 浦发银行 | 6073 | 263285 | 2.31 |
| 民生银行 | 2450 | 247756 | 0.99 |
| 招商银行 | 7414 | 315060 | 2.35 |
| 华夏银行 | 1931 | 102099 | 1.89 |
| 中国银行 | 8430 | 1183428 | 0.71 |
| 工商银行 | 34188 | 1537304 | 2.22 |
| 兴业银行 | 6637 | 261096 | 2.54 |
| 交通银行 | 5059 | 473606 | 1.07 |
| 中信银行 | 5213 | 267346 | 1.95 |
| 南京银行 | 1576 | 32784 | 4.81 |
| 宁波银行 | 1035 | 34164 | 3.03 |
| 建设银行 | 25491 | 1252363 | 2.04 |
| 北京银行 | 3652 | 96144 | 3.80 |
| 农业银行 | 25890 | 1032619 | 2.51 |
| 光大银行 | 4105 | 179483 | 2.29 |
| 整体情况 | 139739 | 7409486 | 1.89 |

为分析金融资产减值会计规范对资本监管的影响,本书手工查阅 16 家上市商业银行 2014 年财务报表中的资产减值损失项目数据,剔除了其中的非金融资产减值损失(如工商银行确认了 1.23 亿元固定资

---

① 财政部:《企业会计准则第 22 号——金融工具确认和计量》第四十条至第四十九条,2006 年。

产减值损失、农业银行确认了0.34亿元的固定资产和无形资产减值损失),并依据金融资产减值项目金额大小进行归类整理,划分为发放贷款和垫资、应收账款类投资、持有至到期投资、可供出售金融资产和其他金融资产五类金融资产减值损失。其他金融资产减值损失包含的内容较多,如同业存款、拆出资金、应收融资租赁款、买入返售金融资产、长期应收款、表外项目和抵债资产等项目的减值损失,可能也包括本书未识别出的固定资产和无形资产减值,但鉴于本书已将金额较大的非金融资产减值剔除在外,未被识别的少量非金融资产减值金额很小,不会对本书分析产生实质性影响。另外,在持有至到期投资和可供出售金融资产两类金融资产项目中,部分银行在2014年度不仅没有计提减值损失,还转回了以前年度的减值损失,这种情况本书使用负号表示。

从表6-15可知,16家上市商业银行在2014年度共计计提金融资产减值损失4009.83亿元,其中发放贷款和垫资类资产计提的金额为3823.69亿元,占95.36%;其次是应收账款类投资,金额为83.72亿元,占2.09%;持有至到期投资和可供出售金融资产计提的减值损失较少,合计占比不足1%。这些数据说明,分析金融资产减值会计规范对资本监管的影响应主要聚焦于发放贷款和垫资项目。

表6-15　上市商业银行主要金融资产计提减值损失情况　单位:百万元

| 银行名称 | 发放贷款和垫资 | 应收款项类投资 | 持有至到期投资 | 可供出售金融资产 | 其他金融资产 | 资产减值损失合计 |
|---|---|---|---|---|---|---|
| 平安银行 | 14614 | 350 | 1 | 0 | 46 | 15011 |
| 浦发银行 | 21919 | 1354 | 0 | 0 | 920 | 24193 |
| 民生银行 | 19928 | 943 | 0 | 0 | 261 | 21132 |
| 招商银行 | 31254 | 35 | 0 | 0 | 392 | 31681 |
| 华夏银行 | 5225 | 1062 | 0 | 0 | -11 | 6276 |
| 中国银行 | 46606 | 0 | -29 | 577 | 1227 | 48381 |
| 工商银行 | 56267 | 0 | 3 | 163 | 173 | 56606 |
| 兴业银行 | 20 | 4 | 0 | 2 | 3 | 29 |
| 交通银行 | 20439 | 1971 | 0 | -24 | 480 | 22866 |

续表

| 银行名称 | 发放贷款和垫资 | 应收款项类投资 | 持有至到期投资 | 可供出售金融资产 | 其他金融资产 | 资产减值损失合计 |
|---|---|---|---|---|---|---|
| 中信银行 | 22074 | 0 | 0 | 0 | 1599 | 23673 |
| 南京银行 | 2561 | 682 | 0 | -2 | 4 | 3245 |
| 宁波银行 | 2420 | 100 | 0 | 0 | 0 | 2520 |
| 建设银行 | 59264 | 196 | 281 | 359 | 1811 | 61911 |
| 北京银行 | 4734 | 607 | -22 | -10 | 4 | 5313 |
| 农业银行 | 65063 | 861 | 279 | -37 | 1771 | 67937 |
| 光大银行 | 9981 | 207 | -252 | -13 | 286 | 10209 |
| 整体情况 | 382369 | 8372 | 261 | 1015 | 8966 | 400983 |
| 占比（%） | 95.36 | 2.09 | 0.07 | 0.25 | 2.24 | 100.00 |

为进一步分析金融资产减值损失的整体影响，表6-16统计了它与上市商业银行营业收入和营业支出的比率，并将公允价值变动损益对营业收入影响与这些比率进行对比。金融资产减值损失和公允价值变动损益是直接影响商业银行当期损益的项目，反映了银行会计监管对资本监管的直接影响，因而是本书研究关注的重点。

从表6-16可知，2014年，除平安银行和建设银行确认了公允价值变动损益之外，其他14家商业银行均确认了公允价值变动收益；从整体上看，公允价值变动损益项目贡献了161.58亿元，占营业收入的0.48%，整体影响较小。

从表6-16可知，在2014年16家上市商业银行确认的金融资产减值损失占营业收入的平均比率为12.03%、占营业支出的平均比率为25.35%，即整体上看，上市商业银行2014年确认的金融资产减值损失消耗掉了12.03%的营业收入，也是商业银行营业支出的最重要项目之一。

从表6-16可知，在商业银行会计监管直接影响资本监管的项目中，金融资产减值损失的影响是重大的、显著的，而公允价值变动损益的影响是很小的、微不足道的，前者是12.03%，后者是0.48%，两者绝对值的倍数为25。

表 6-16　　公允价值变动损益和资产减值损失的影响　单位：百万元、%

| 银行名称 | 公允价值变动损益 | 金融资产减值损失 | 营业收入合计 | 公允价值变动损益占营业收入比率 | 金融资产减值损失占营业收入比率 | 金融资产减值损失占营业支出比例 |
|---|---|---|---|---|---|---|
| 平安银行 | （10） | 15011 | 73407 | 0.01 | 20.45 | 46.69 |
| 浦发银行 | 2262 | 24193 | 123181 | 1.84 | 19.64 | 39.38 |
| 民生银行 | 1258 | 21132 | 135469 | 0.93 | 15.60 | 27.81 |
| 招商银行 | 308 | 31681 | 165863 | 0.19 | 19.10 | 34.03 |
| 华夏银行 | 182 | 6276 | 54885 | 0.33 | 11.43 | 20.25 |
| 中国银行 | 2684 | 48381 | 456531 | 0.59 | 10.60 | 21.46 |
| 工商银行 | 680 | 56606 | 658892 | 0.10 | 8.59 | 18.96 |
| 兴业银行 | 264 | 29 | 124898 | 0.21 | 0.02 | 40.03 |
| 交通银行 | 4063 | 22866 | 177401 | 2.29 | 12.89 | 24.44 |
| 中信银行 | 1061 | 23673 | 124716 | 0.85 | 18.98 | 33.67 |
| 南京银行 | 130 | 3245 | 15992 | 0.81 | 20.29 | 36.14 |
| 宁波银行 | 148 | 2520 | 15357 | 0.96 | 16.41 | 30.27 |
| 建设银行 | （263） | 61911 | 570470 | 0.05 | 10.85 | 22.66 |
| 北京银行 | 230 | 5313 | 36878 | 0.62 | 14.41 | 31.15 |
| 农业银行 | 1861 | 67937 | 520858 | 0.36 | 13.04 | 23.45 |
| 光大银行 | 1300 | 10209 | 78531 | 1.66 | 13.00 | 25.45 |
| 整体情况 | 16158 | 400983 | 3333129 | 0.48 | 12.03 | 25.35 |

注：公允价值变动损益所在列数字带括号的表示该银行确认公元价值变动损益。

# 第三节　我国银行会计监管制度应用对监管资本核算的影响

## 一　会计监管制度应用影响的核心一级资本项目

分析商业银行会计监管应用对监管资本核算的影响，首先要明确分析角度。本书从资本监管机构角度对这一问题展开分析。银监会（2012）颁布的《商业银行资本管理办法（试行）》明确指出，商业银行资本应抵御其所面临的风险，包括个体风险和系统性风险。① 风险一般是与损失直接关联的，因此，银监会（2012）关于商业银行资本性质界定的通俗化描述是：商业银行资本是用来吸收损失的，正因为如此，商誉等资产被剔除在资本核算范围之外，因为它们在商业银行面临风险或破产清算时不具有吸收损失的功能。

在明确了分析角度之后，还要明确分析范围。根据银监会（2012）颁布的《商业银行资本管理办法（试行）》，商业银行应核算的各类资本充足率指标包括资本充足率一级资本充足率和核心一级资本充足率；核心一级资本包括实收资本或普通股、资本公积、盈余公积、一般风险准备、未分配利润和少数股东资本可计入部分。② 鉴于核心一级资本充足率核算的内容均为财务报表项目，同时它也是最重要的资本充足率指标，本书关于商业银行会计监管对资本监管影响的分析局限于核心一级资本的范围之内。

表 6-17 将商业银行财务报表的商业银行所有者权益项目、《商业银行资本管理办法（试行）》规定的核心一级资本项目和从核心一级资本中全额扣除项目、会计监管规范应用可能影响的项目等进行列表比较。鉴于实收资本和少数股东权益项目的会计核算没有任何弹性，本书将它们排除在会计监管规范应用可能影响的项目范围之外。另外，虽然《商业银行资本管理办法（试行）》（2012）所界定的核心一级资本项目未包含其他综合收益，但银监会后来发布的《关于商业银行资本构成信息披露的监管要求》（2013）却将其他综合收益纳入核心一级资本之内，且多数上市商业银行的资本充足率报告或类似文件也一般将其他综合收益纳入核心一级资本核算范围之内，因此，本书关于会计监管规范应用对核心一级资本项目影响的分析也包括其他综合收益项目。

《商业银行资本管理办法（试行）》规定的核心一级资本核算办法与《巴塞尔协议Ⅲ》实质上趋同，它是一个基于有形普通股权益的资本核算模式，即《巴塞尔协议Ⅲ》所称的"普通权益股份一级资

---

① 证监会：《商业银行资本管理办法（试行）》第三条，2012 年。
② 同上。

本",它反映大多数公允价值和金融资产减值等会计监管规范应用的影响(如以公允价值计量且其变动计入损益的金融资产、衍生金融资产、可供出售金融资产的公允价值变动损益与贷款和应收账款的减值损失),但仍将"自身信用变化导致其负债公允价值变化带来的未实现损益"过滤在外。

表6-17 会计监管制度应用影响的核心一级资本项目

| 商业银行所有者权益项目 | 核心一级资本项目 | 会计监管规范应用可能影响的项目 | 从核心一级资本中全额扣除项目 |
| --- | --- | --- | --- |
| 实收资本 | 股本 | — | 商誉 |
| 其他权益工具 | — | — | 其他无形资产(土地使用权除外) |
| 资本公积 | 资本公积 | 资本公积 | 由经营亏损引起的净递延税资产 |
| 其他综合收益 | 其他综合收益 | 其他综合收益 | 贷款损失准备缺口 |
| 盈余公积 | 盈余公积 | 盈余公积 | 资产证券化销售利得 |
| 一般风险准备 | 一般风险准备 | 一般风险准备 | 确定受益类养老金资产净额 |
| 未分配利润 | 未分配利润 | 未分配利润 | 直接或间接持有的本银行股票 |
| 少数股东权益 | 少数股东权益 | — | 对未按公允价值计量的项目进行套期形成的现金流量储备 |
| — | — | — | 自身信用变化导致其负债公允价值变化带来的未实现损益 |

## 二 会计监管制度应用影响核心一级资本的方式

会计监管规范对核心一级资本的影响是多层面的,本书从质量和数量两个方面进行分析。

(一)会计监管规范应用对核心一级资本质量的影响

资本的最主要功能是吸收损失,吸收损失能力的大小是判断其质量高低的重要依据。在风险发生时,如果某一项资本能吸收与其账面金额相同的损失,则其质量就高。而另一项资本仅能吸收小于其账面金额的损失则其质量就低。能吸收损失的金额与其账面金额之比越低,则该资本质量越差。按照风险发生时损失吸收能力标准,以公允价值计量并列报的金融资产通常会更准确地反映其变现金额,具有更强的损失吸收能力,因此,以这些金融资产为基础核算的监管资本通常质量会更高。从这一角度分析,第三层次公允价值计量和金融资产减值等会计监管规范应用会对核心一级资本质量产生一些影响。因为在这两种会计规范应用过程中商业银行管理层有很大的弹性空间,可能致使流入监管资本的部分资本要素不具备吸收损失的功能,从而影响监管资本质量。

1. 第三层次公允价值计量应用对核心一级资本质量的影响

依据《企业会计准则第39号——公允价值计量》,商业银行对金融工具应用公允价值计量时要依据所使用参数的性质进行层次划分,使用市场参数且不加调整的计量为第一层次公允价值计量,使用市场参数但进行适度调整的计量为第二层次公允价值计量,使用估计判断数据等非市场参数的计量为第三层次公允价值计量。该准则规定,在可获得的情况下,商业银行应用公允价值计量时要优先使用市场参数,只有在市场参数无法获得时,才能使用估计判断数据。由于估计判断偏差、模型不当或者存在盈余管理动机等原因,第三层次公允价值计量结果会偏离资产的真实市场价值。如果商业银行在第三层次公允价值计量时高估了资产价值,则对其核心一级资本质量产生负面影响。

表6-18列示了我国16家上市商业银行2014年财务报告中的第三层次公允价值计量的金融资产和核心一级资本数据以及两者的比率。我们发现,第三层次公允价值计量的金融资产主要集中在农业银行、建设银行、工商银行、兴业银行、中国银行、浦发银行和南京银行,其他商业银行第三层次公允价值计量的金融资产均较少,宁波银行和北京银行没有第三层次公允价值计量的金融资产。在第三层次公允价值计量金融资产占核心一级资本比率方面,兴业银行最高,为59.31%;其次是农业银行,为31.55%;再次为建设银行、南京银行和工商银行,分别为14.76%、12.64%和10.43%;整体情况占11.83%。

依据《企业会计准则第39号——公允价值计量》,商业银行只有在无法获得可观察市场参数情况下,才能依据自己估计判断数据进行

第六章 我国商业银行会计监管制度应用对资本监管的影响及对策 / 289

第三层次公允价值计量,结合持有较多第三层次金融资产的商业银行多为大型商业银行的情况,本书推断这些第三层次公允价值计量的金融资产可能主要是各类结构复杂的外国金融资产。依据 2008 年国际金融危机的经验教训,尽管这类金融资产占比较低,但仍会对商业银行核心一级资本产生较大影响。

表 6-18 第三层次公允价值计量应用对核心一级资本的影响

单位:百万元、%

| 银行名称 | 第三层级公允价值计量的金融资产 | 核心一级资本 | 第三层次公允价值计量的金融资产占核心一级资本的比率 |
| --- | --- | --- | --- |
| 平安银行 | 484 | 119241 | 0.41 |
| 浦发银行 | 6550 | 240443 | 2.72 |
| 民生银行 | 52 | 245686 | 0.02 |
| 招商银行 | 893 | 301977 | 0.30 |
| 华夏银行 | 0 | 101987 | 0 |
| 中国银行 | 30427 | 1054389 | 2.89 |
| 工商银行 | 155102 | 1486733 | 10.43 |
| 兴业银行 | 146179 | 246484 | 59.31 |
| 交通银行 | 1056 | 470456 | 0.22 |
| 中信银行 | 146 | 262786 | 0.06 |
| 南京银行 | 4120 | 32597 | 12.64 |
| 宁波银行 | 0 | 33995 | 0 |
| 建设银行 | 182602 | 1236790 | 14.76 |
| 北京银行 | 0 | 96050 | 0 |
| 农业银行 | 311169 | 986206 | 31.55 |
| 光大银行 | 202 | 177271 | 0.11 |
| 整体情况 | 838982 | 7093091 | 11.83 |

本书认为,第三层次公允价值计量的金融资产可能对核心一级资本产生影响是基于这样的假设:因使用估计判断数据进行估值,这些资产的价值可能被高估,高估金额流入核心一级资本之后,只会增加

其数量但不会增强其吸收损失的能力,因而最终会降低核心一级资本的质量。尽管本书无法获得我国上市商业银行第三层次公允价值计量的金融资产中被高估情况的数据,但可以依据其占比情况做出估计和判断。依据表 6-18 的统计数据和比率,若第三层级公允价值计量的金融资产被高估 10%,则兴业银行的核心一级资本质量下降约 6 个百分点,农业银行的核心一级资本质量下降约 3 个百分点,上市商业银行整体的核心一级资本质量下降约 1 个百分点。

第三层次公允价值计量的金融资产对核心一级资本的影响取决于这类资产的规模以及其价值被高估的程度。从本书依据高估 10% 基础的相应数据判断,我国上市商业银行第三层次公允价值计量的金融资产对核心一级资本质量的影响不大。但从 2008 年国际金融危机期间美国商业银行相关数据可知,在经济或金融危机期间,第三层次公允价值计量的金融资产可能会对商业银行核心一级资本质量产生较大影响;在这期间,由于次贷和结构性金融资产的交易市场萎缩或消失,先前进行第一层次和第二层次公允价值计量的金融资产被迫调整为第三层次,致使第三层次公允价值计量的金融资产大幅度增加;例如,在 2007 年第一至第三季度间美国主要商业银行第三层次公允价值计量的金融资产均显著增加,最高增幅接近 70%。[1] 这一情况可能说明,越是在经济或金融危机期间第三层次公允价值计量金融资产对核心一级资本质量的影响就越大,这一情况应该引起我国金融监管部门的高度关注。

2. 金融资产减值应用对核心一级资本质量的影响

本书认为,第三层级公允价值计量的金融资产可能影响商业银行的核心一级资本质量,因为这些金融资产的价值往往被高估;相反,本书认为,金融资产减值会计应用可能影响核心一级资本质量,因为商业银行可能会低估或推迟确认金融资产的减值损失。

依据《企业会计准则第 22 号——金融工具确认和计量》,商业银行应当在资产负债表日对公允价值计量且其变动计入当期损益的金融

---

[1] International Monetary Fund, *Global Financial Stability Report*, April 2008.

资产以外的金融资产的账面价值进行检查，有客观证据表明该金融资产发生减值的，应当计提减值准备。① 依据本章表 6-4 和表 6-5 的统计，我国 16 家上市商业银行金融资产占资产总额比率的均值为 98.18%，公允价值计量且其变动计入当期损益的金融资产占资产总额比率的均值为 1.65%。这说明，上市商业银行平均占资产总额 96.53% 的金融资产都要在资产负债表日进行减值测试，因而对每一商业银行而言，需要进行减值判断的金融资产数额十分巨大，金融资产减值会计应用的范围也十分广泛。

商业银行的金融资产减值损失是其营业收入的最重要扣减项目之一，但同第三层次公允价值计量一样，这一项目的确认时间和金额均主要依据银行管理层的估计判断数据。如果商业银行推迟某一金融资产减值损失确认的时间或低估某一金融资产减值损失的金额，则流入核心一级资本的各类留存收益项目就可能被虚增，核心一级资本质量也可能受到影响。

Dushyantkumar（2011）发现了美国商业银行在 2008 年国际金融危机期间为缓解监管资本压力而推迟确认金融资产减值损失的证据；笔者把美国商业银行 2007—2008 年披露的季度减值损失数据与 ABX、CMBX 等市场信用指数所体现的金融资产减值情况进行比较后发现，出于避免监管检查和投资者起诉的考虑，商业银行一般会推迟确认相应的减值损失，同时，越是监管检查严格、持有复杂工具多、金融杠杆倍数高的商业银行，越会推迟确认其金融资产减值损失。② 除推迟确认减值损失的证据之外，戴维（David，2008）发现了个别金融机构计提金融资产减值损失不足的证据；笔者对雷曼兄弟的商业抵押支持证券投资组合的减值情况进行调查，发现所计提的减值损失远远小

---

① 财政部《企业会计准则第 22 号——金融工具确认和计量》第四十条至第四十九条，2006 年。

② Dushyantkumar Vyas, "The Timeliness of Accounting Write-downs by U. S. Financial Institutions During the Financial Crisis of 2007-2008", *Journal of Accounting Research*, Vol. 49 No. 3 June 2011.

于该类证券市场信用指数下跌所体现的资产减值水平。①

尽管本书不涉及我国上市商业银行推迟确认金融资产减值损失或低估其金额情况的分析,但我们判断这一情况在我国也可能存在。

表6-19统计了我国16家上市商业银行2014年度金融资产减值损失和核心一级资本数据及其对比情况;平安银行计提的金融资产减值损失占其核心一级资本的比率最高,为12.59%;兴业银行最低,为0.01%;整体平均情况为5.56%。上述数据说明,在2014年度我国上市商业银行所计提的金融资产减值损失并未对其核心一级资本产生重要影响。但是,从美国商业银行2008年国际金融危机期间经历的情况可知,特殊时期,金融资产减值会对银行核心一级资本产生致命的打击。表6-19和图6-1的数据充分说明,经济或金融危机期间金融资产减值损失,尤其是贷款减值损失,对商业银行核心一级资本的影响是重大的,最多可侵蚀掉30%的核心一级资本,这种影响远远超过备受关注的公允价值会计应用对核心一级资本的影响,这一现象应引起我国金融监管部门的高度关注。

表6-19　　　金融资产减值损失对核心一级资本的影响

单位:百万元、%

| 银行名称 | 金融资产减值损失 | 核心一级资本 | 金融资产减值损失占核心一级资本的比率 |
| --- | --- | --- | --- |
| 平安银行 | 15011 | 119241 | 12.59 |
| 浦发银行 | 24193 | 240443 | 10.06 |
| 民生银行 | 21132 | 245686 | 8.60 |
| 招商银行 | 31681 | 301977 | 10.49 |
| 华夏银行 | 6276 | 101987 | 6.15 |
| 中国银行 | 48381 | 1054389 | 4.59 |
| 工商银行 | 56606 | 1486733 | 3.81 |

---

① "Accounting Ingenuity", Ira W. Sohn Investment Research Conference Speech by David Einhorn, May 21, 2008.

续表

| 银行名称 | 金融资产减值损失 | 核心一级资本 | 金融资产减值损失占核心一级资本的比率 |
|---|---|---|---|
| 兴业银行 | 29 | 246484 | 0.01 |
| 交通银行 | 22866 | 470456 | 4.86 |
| 中信银行 | 23673 | 262786 | 9.01 |
| 南京银行 | 3245 | 32597 | 9.95 |
| 宁波银行 | 2520 | 33995 | 7.41 |
| 建设银行 | 61911 | 1236790 | 5.01 |
| 北京银行 | 5313 | 96050 | 5.53 |
| 农业银行 | 67937 | 986206 | 6.89 |
| 光大银行 | 10209 | 177271 | 5.76 |
| 整体情况 | 400983 | 7093091 | 5.65 |

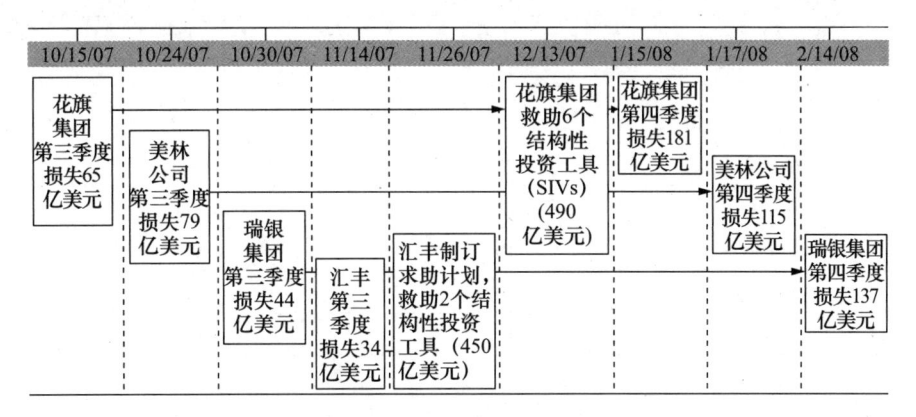

图 6-1  美国主要金融机构金融危机期间披露资产减值损失

资料来源：《全球金融稳定报告》，2008 年 4 月。①

（二）会计监管制度应用对核心一级资本数量的影响

现代金融工具会计监管制度发展的基本规律是：越来越多地要求

---

① International Monetary Found, *Global Financial Stability Report*, April 2008.

商业银行以市场价值和接近市场价值的数据列报其持有的金融工具情况，无论是公允价值会计还是资产减值会计均体现了这种发展规律。但是由于这些会计监管规范不仅给商业银行预留了很多弹性空间，而且很多情况下还需要依据估计判断数据，致使相关应用结果不仅会影响核心一级资本的质量，而且也影响其数量。

表 6-20　美国主要商业银行公允价值和贷款减值损失对核心一级资本的影响（2008 年 12 月 31 日）[①]　　单位:%

| 银行名称 | 贷款减值损失对核心一级资本的影响 | 公允价值应用对核心一级资本的影响 |
|---|---|---|
| JPMorgan Chase | -15.7 | -0.1 |
| Citigroup | -24.5 | -2.6 |
| Bank of America | -20.8 | -3.9 |
| Wells Fargo | -20.6 | -2.8 |
| PNC | -8.6 | -1.9 |
| US Bancorp | -12.9 | -2.5 |
| Bank of NY Mellon | -1.0 | -11 |
| Suntrust | -14.6 | -0.6 |
| State Street | 0.0 | -1.3 |
| Capital One | -25.9 | -0.1 |
| BB&T | -11.4 | -1.0 |
| Regions | -16.7 | -0.4 |
| Fifth Third | -30.4 | -1.0 |
| KeyCorp | -15.7 | -0.1 |

从会计监管规范应用对核心一级资本数量影响的角度观察，公允价值会计和资产减值会计规范应用均是重点关注的项目，但它们对核心一级资本影响的方向可能不同。

表 6-21 统计了会计监管制度应用结果流入核心一级监管资本的

---

[①] Sanders Shaffer, "Fair Value Accounting: Villain or Innocent Victim", Federal Reserve Bank of Boston, *Working Paper* No. QAU10-01, 2010.

项目、金额及其影响。从整体情况看，在公允价值变动损益、可供出售金融资产公允价值变动损益和金融资产减值损失3个项目中，前两个项目分别对核心一级资本产生0.23%和1.97%的正面影响，而后一个项目则产生-5.65%的负面影响，3个项目的综合影响仍是负面的，为-3.46%。也就是说，仅从数量上考察，在2014年度我国16家上市商业银行会计监管制度应用导致它们的核心一级资本平均损失3.46%。

表6-21　　　公允价值变动损益和资产减值损失的影响　单位：百万元、%

| 银行名称 | 公允价值变动损益 | 金融资产减值损失 | 可供出售金融资产公允价值变动损益 | 核心一级资本 | 公允价值变动损益对一级资本的影响 | 金融资产减值损失对一级核心资本的影响 | 可供出售金融资产公允价值变动损益对核心一级资本的影响 | 三项合计影响 |
|---|---|---|---|---|---|---|---|---|
| 平安银行 | (10) | 15011 | 595 | 119241 | -0.01 | -12.59 | 0.50 | -12.10 |
| 浦发银行 | 2262 | 24193 | 6073 | 240443 | 0.94 | -10.06 | 2.53 | -6.60 |
| 民生银行 | 1258 | 21132 | 2450 | 245686 | 0.51 | -8.60 | 1.00 | -7.09 |
| 招商银行 | 308 | 31681 | 7414 | 301977 | 0.10 | -10.49 | 2.46 | -7.93 |
| 华夏银行 | 182 | 6276 | 1931 | 101987 | 0.18 | -6.15 | 1.89 | -4.08 |
| 中国银行 | 2684 | 48381 | 8430 | 1054389 | 0.25 | -4.59 | 0.80 | -3.53 |
| 工商银行 | 680 | 56606 | 34188 | 1486733 | 0.05 | -3.81 | 2.30 | -1.46 |
| 兴业银行 | 264 | 29 | 6637 | 246484 | 0.11 | -0.01 | 2.69 | 2.79 |
| 交通银行 | 4063 | 22866 | 5059 | 470456 | 0.86 | -4.86 | 1.08 | -2.92 |
| 中信银行 | 1061 | 23673 | 5213 | 262786 | 0.40 | -9.01 | 1.98 | -6.62 |
| 南京银行 | 130 | 3245 | 1576 | 32597 | 0.40 | -9.95 | 4.83 | -4.72 |
| 宁波银行 | 148 | 2520 | 1035 | 33995 | 0.44 | -7.41 | 3.04 | -3.93 |
| 建设银行 | (263) | 61911 | 25491 | 1236790 | -0.02 | -5.01 | 2.06 | -2.97 |
| 北京银行 | 230 | 5313 | 3652 | 96050 | 0.24 | -5.53 | 3.80 | -1.49 |
| 农业银行 | 1861 | 67937 | 25890 | 986206 | 0.19 | -6.89 | 2.63 | -4.07 |
| 光大银行 | 1300 | 10209 | 4105 | 177271 | 0.73 | -5.76 | 2.32 | -2.71 |
| 整体情况 | 16158 | 400983 | 139739 | 7093091 | 0.23 | -5.65 | 1.97 | -3.46 |

## 第四节 完善我国商业银行会计监管制度与资本监管政策的建议

本章前几节首先分析了我国商业银行会计监管与资本监管制度，发现目标冲突问题也客观存在，已引起学术界、实务界及相关监管机构关注；其次梳理了我国上市商业银行实施会计监管制度的情况，获得了公允价值和金融资产减值等主要会计监管制度应用影响的主要资产负债项目及其影响的程度；最后考察了这些会计监管制度应用影响核心一级资本的内容和程度。上述内容为本书聚焦我国相关问题研究奠定了基础。

### 一 我国商业银行监管环境

（一）我国商业银行监管的国际环境

近年来，我国商业银行在国际化竞争环境中逐步发展壮大起来，已在全球商业银行业中占有较大份额，例如，2014年英国《银行家》杂志报告的全球银行20强中，我国商业银行占有5席。出于全球化竞争需要，我国政府相关部门较早加入相关国际行业组织，并积极引入国际化的监管制度。例如，银监会不同阶段发布的资本监管政策均以巴塞尔委员会的资本监管制度为基础；财政部不同阶段发布的会计监管制度也实现了与《国际财务报告准则》实质趋同。这样，在国内营业商业银行要执行与国际标准实质趋同的会计监管制度和资本监管政策，全球营业商业银行出于国外融资和国际监管需要会直接执行国际标准的会计监管制度和资本监管政策或同时执行国内和国际两种制度。因此，我国商业银行的会计监管与资本监管环境是国际化的，它们受到国际监管制度变迁的直接影响。

（二）我国商业银行监管的国内环境

在我国，银监会是商业银行的监管机构，它制定商业银行资本监管政策；证监会是上市公司（或资本市场）的监管机构，它制定上市公司的信息披露制度，包括按照《企业会计准则》等相关会计监管制度编制定期财务报告;财政部是会计监管规范的制定机构,它制定和发布全国各类企业适用的会计准则,这些准则适用于商业银行。在我国制度框架内,上述三个部门均为国务院下属部门,它们之间的协调和沟通顺畅高效,能及时解决各类制度冲突问题。

## 二 我国商业银行的会计监管状况

本章第二节聚焦我国商业银行会计监管规范的应用及影响,以我国 16 家上市商业银行 2014 年财务报表相关数据为基础,分析了公允价值会计和金融资产减值会计的应用情况以及影响,其重点是了解应用这些会计监管规范进行核算的金融工具的规模、性质及核算结果去向(核算结果是计入损益还是计入权益),为本书分析我国商业银行会计监管对资本监管影响问题提供基础数据支撑。本章第二节分析得出关于我国上市商业银行会计监管规范应用情况的主要结论如下:

在金融资产方面:①资产总额中金融资产占比较高(98.18%);②资产总额中应用公允价值计量的金融资产占比较低(7.11%);③资产总额中应用公允价值且将计量结果计入当期损益的金融资产占比更低(1.65%);④资产总额中指定为公允价值计量的金融资产占比微不足道(0.01%);⑤从金融资产分类角度观察,公允价值计量的金融资产中可供出售金融资产占比最高(76.71%),其次为公允价值计量且其变动计入损益的金融资产(20.57%);⑥从金融资产性质角度观察,公允价值计量的金融资产中债券投资占比最高(89.19%),其次为股权投资(4.06%),再次是衍生品投资(1.86%);⑦从公允价值计量层次观察,持续公允价值计量资产中,第一层次占4.43%,第二层次占84.31%,第三层次占11.26%。

在金融负债方面:①负债总额中公允价值计量的金融负债占比很低(1.98%);②公允价值计量的金融负债中指定为公允价值计量的金融负债占比较高(74.32%);③公允价值计量的金融负债中,第一层次占0.96%,第二层次占72.49%,第三层次占26.55%。

在影响所有者权益方面,可供出售金融资产的公允价值变动损益占所有者权益的1.89%,即对所有者权益的影响不足2%。

在影响当期损益方面:①公允价值变动损益对营业收入产生正面

影响，占 0.48%；②金融资产减值损失对营业收入产生负面影响，占 12.08%。

### 三 商业银行会计监管制度和资本监管政策发展趋势

（一）商业银行会计监管制度发展趋势

商业银行会计监管制度主要是与金融工具相关的《国际财务报告准则》。本书第二章梳理了《国际财务报告准则》和美国公认会计原则体系中《金融工具会计准则》的发展历程和主要内容，第五章介绍了 2008 年国际金融危机以来国际各方所采取的应对措施。从这些梳理和介绍的内容中可以总结出与金融工具相关会计监管制度的发展规律和发展趋势。金融工具具有市场敏感性，应该使用基于市场价格的计量属性，这是全球投资者和主要会计监管制度发布者早在 20 世纪 90 年代就已达成共识。尽管金融工具公允价值信息披露要求较早开始贯彻实施，但金融工具公允价值计量和报告要求的推进却十分艰难坎坷。所有金融工具均按公允价值计量并将计量结果计入当期损益的初衷，在金融行业和金融监管机构干预下，扭曲为仅对市价可获得的金融资产按公允价值计量且计量结果要依据它们分类情况计入损益或权益。尽管困难重重，但拓展公允价值在金融工具领域应用范围的脚步从未停止，后续衍生金融工具按公允价值计量、公允价值选择权的推出以及独立公允价值计量准则的发布都是很好的例证。2008 年国际金融危机期间，公允价值会计饱受诟病，相关各方也出台的很多应对措施，但从国际会计准则理事会和美国会计准则委员会发布的最终文件来看，公允价值在金融工具领域应用不仅没有收缩反而有所拓展。这说明，公允价值计量在金融工具领域应用不断拓展的基本趋势并没有改变。

（二）商业银行资本监管政策发展趋势

商业银行会计监管制度的发展趋势是越来越多地应用公允价值计量，因为它们主要持有和管理各类金融工具，而金融工具价值和收益具有很强的市场敏感性，公允价值应用能使商业银行财务报告与市场关联起来，使其反映市场情况变化，客观、及时地报告商业银行所持各类金融工具的市场价值情况。商业银行资本监管政策最初仅聚焦信用风险，但后来也开始关注和重视市场风险问题了。例如，1988年巴塞尔委员会发布的资本监管政策仅依据信用标准对资产进行五级划分，2004年修订的资本监管政策则开始引入市场风险指标但仍要求将公允价值计量的未实现利得或损失过滤在外，2011年再修订的资本监管政策则要求将公允价值计量的未实现利得或损失纳入资本核算之中。很明显，资本监管政策也越来越多地关注资产市场风险问题，因为某一资产吸收损失的能力事实上就是其市场变现价值，即会计监管制度的公允价值，从这一角度观察，银行会计监管与资本监管未来发展趋势是一脉相承的。

**四 我国应对商业银行会计监管与资本监管冲突的策略**

本书第二章至第五章分别阐述了商业银行会计监管与资本监管的历史沿革、目标定位、冲突根源、两者捆绑实施问题及其冲突化解策略，这些分析基于美国和欧盟商业银行会计监管与资本监管经历和数据并重点关注2008年国际金融危机背景下相关问题的暴露、讨论、应对策略及后续影响的资料，提炼出了西方发达经济体处理商业银行会计监管与资本监管冲突问题的基本经验和教训。本书第六章关注我国商业银行会计监管与资本监管问题的背景情况。尽管我国已深度融入全球经济，相关监管制度也与世界主流实质性趋同，但我国政治框架和制度体系与欧美等发达国家存在一些差异，使我们在应对商业银行会计监管与资本监管冲突问题上有更多的政策选择空间。

为什么对上市商业银行既实施会计监管又进行资本监管？因为它们既承担了市场义务又承担了社会义务，在经济社会中发挥着多重功能，具有其他营利组织无法比拟的特征；会计监管和资本监管为什么会有冲突？因为前者致力于信息透明，认为在信息对称环境下市场资源配置功能会达到最优，后者聚焦于金融稳定，极力避免系统性风险发生并不惜在必要时启动政府救助，因而前者是中立者、后者是利益相关者；会计监管与资本监管捆绑实施会产生哪些破坏性？它的破坏性有很多，最重要的是，破坏市场信息透明度而引发的市场信心涣散，也会扭曲银行投资决策并滋生操纵甚至欺诈。因此，这一问题受到国际各方高度关注。

## (一) 协调为主

应该如何化解商业银行会计监管与资本监管冲突,从而避免由此引发的各种破坏性呢?关于这一问题的讨论从 2008 年开始引起高度关注,但在 2010 年后逐渐淡出,其后会计监管与资本监管的关系保持先前模式,未形成涉及两者关系调整的权威文件。可见,在金融危机期间,曾经备受关注的会计监管与资本监管"脱钩"模式讨论仅限于学术层面,没有产生实质性影响。

商业银行的会计监管与资本监管有可能彻底"脱钩"吗?本书认为,难度极大、可能性极小,主要原因有二:首先,会计监管制度体系在降低市场信息不对称问题上发挥的作用无可替代,且已被市场参与者充分认可和普遍接受,成为市场有效运行的最重要制度保障体系之一;如果商业银行执行独立的会计监管制度或者资本核算完全脱离财务报告数据,则一直持续关注财务报告信息和资本监管信息的商业银行投资者就失去了常用的信息获取渠道,也失去了长期使用的投资价值评估基础,因此可能引发局部市场混乱。其次,作为利益相关者,商业银行监管机构天生具有纵容和容忍商业银行问题的秉性,如果允许会计监管与资本监管"脱钩",当下已经普遍存在的监管容忍问题会进一步恶化,导致监管失效,引发严重经济问题甚至经济危机,20 世纪 80 年代,美国储贷行业监管机构实施会计监管与资本监管"脱钩"引发的全国性危机就是例证。

我国商业银行会计监管制度和资本监管政策与国际主流趋同。在欧美等发达国家持续保持银行会计监管与资本监管捆绑实施的情况下,我国不可能以特立独行的方式将两者彻底"脱钩";我国商业银行业发展路径不同于欧美等发达国家,长期以来,国家一直承担商业银行的最终担保人,因此,未发生影响较大的银行挤兑或倒闭事件,商业银行出于规避资本监管风险而进行财务报告数据舞弊的动机不明显,捆绑实施在商业银行业产生的破坏性也不突出;不同于欧美等发达国家通过议会协调不同监管机构矛盾冲突问题的方式,我国证券和金融监管机构在国务院统一指挥下实施监管工作,协调途径通畅、协调工作高效;我国上市商业银行应用公允价值计量的金融工具金额较少、影响较小，会计监管未对金融监管造成实质性影响。基于以上原因，本书认为，我国化解商业银行会计监管与资本监管冲突问题要以协调方式为主，即保持当下资本监管核算基于财务报告数据并通过监管调整或审慎过滤剔除不合格资本项目的模式。

（二）披露先行

虽然我国商业银行会计监管与资本监管捆绑实施的破坏性问题并不突出，但必须认识到，随着我国银行业迅速发展，银行数量和体量迅速增大，所有制形式也进一步复杂化，在银行业国内外竞争日益加剧情况下，商业银行为追求高收益而介入高风险投资的情况会越来越多，经营恶化引发的挤兑或倒闭事件有可能会发生；存款保险制度的推出也清晰地传递了监管机构将逐渐引入市场机制处理银行经营问题的信号；在这种情况下，会计监管与资本监管捆绑实施的破坏性问题有可能会恶化。

另外，从我国16家上市商业银行会计监管制度执行情况可知，虽然金融资产在资产总额中占比高达98.18%，但应用公允价值计量的仅为7.11%，公允价值计量结果计入损益的只有1.65%，行使公允价值选择权的仅为0.01%。美国商业银行的相关数据分别为90.44%、31%、22%、4%。对比这两组数据可知，我国商业银行持有金融资产的比率对美国商业银行高，但应用公允价值计量的程度和力度却低很多。这至少可以说明我国商业银行财务报告与市场对接的程度较低，反映真实市场价值的能力不足。在我国商业银行国内外竞争环境越来越激烈、商业银行数量和体量不断增大、市场化制度建设逐步完善情况下，资本监管压力和风险可能会凸显，导致会计监管与资本监管捆绑实施的破坏性加剧。而从当前我国商业银行会计监管制度执行情况推断，会计监管制度不仅无法抑制捆绑实施的破坏性问题，而且可能还为监管套利或监管容忍提供了便利的渠道和充足的空间，这一问题应引起监管机构重视。

基于上述分析，本书认为，我国商业银行会计监管与资本监管的破坏性问题虽然现在不突出但潜在的问题可能比较严重，应该尽早采取措施，予以妥善解决。本书认为，可以在披露方面寻求突破。艾伦

(2008)、赫兹（2009）、FASB（2010）提出"双重列报"和马库斯（2009）提出的"按融资方式估值"为本书的披露制度设计提供了借鉴和参看。"双重列报"模式要求将金融工具的公允价值与摊余成本同时在财务报告中予以列示，因为商业银行及其监管机构一直认为摊余成本优于公允价值，而投资者和市场监管者及会计准则制定机构却一直认为公允价值优于摊余成本，如果将两者同时报告则双方需求均能得到满足，会计监管与资本监管捆绑实施的破坏性问题可能得到缓解。"按融资方式估值"模式要求金融资产的计量属性选择基于其融资方式而不是商业模式，因为危机期间倒闭银行问题的根源是无法对到期债务进行滚动融资，也无法以正常市场价格出售资产所引发的流动性危机，而不是债务人违约；如果对短期融资支持的金融资产按公允价值计量、对长期融资支持的金融资产按摊余成本计量，则金融危机期间公允价值会计的顺周期问题可能会得到解决。虽然"双重列报"因将公允价值应用拓展至贷款资产之原因而被否决，"按融资方式估值"因金融资产与其融资方式匹配难度大而未引起关注，但如果将它们的基本理念以附注披露要求的形式确定下来，则不仅会被广泛接受和认可，而且也会在解决会计监管与资本监管捆绑实施破坏性及降低公允价值顺周期问题上发挥积极作用。事实上，财务报告附注的金融工具公允价值信息披露要求一直比财务报告中的公允价值计量和列报要求推进的顺利。例如，美国财务会计准则委员会在1990年发布要求在附注中披露所有金融工具公允价值信息时未遭遇阻力，但在1991年发布要求在财务报告中计量和报告部分金融资产公允价值信息时却遭遇前所未有的压力。这是因为，附注信息披露要求执行成本低（如不需审计）、人们关注度低、影响小，也与附注信息不影响监管资本核算有直接关系。但毫无疑问，附注披露信息是重要的信息传递渠道，在降低信息不对称、化解监管冲突和破坏性方面均能发挥重要作用，因此，越来越受到投资者和监管机构重视。

表6-22列示了将金融资产的摊余成本、公允价值、融资方式等信息汇总披露的基本形式，还进一步把公允价值和摊余成本之间的累计调整金额以及信用损失金额纳入汇总表中。这种汇总信息披露可能

## 第六章 我国商业银行会计监管制度应用对资本监管的影响及对策 / 303

解决以下若干问题：一是解决信息使用者信息需求多样化的问题，投资者不仅可以获得公允价值信息，而且还可以通过相关的累计调整金额判断管理层的投资管理能力，监管机构进行资本核算也可以随意选择所需要的信息而不必进行审慎过滤；二是解决金融资产混合计量产生的信息内涵混乱问题；三是解决了摊余成本掩饰经营缺陷的问题；四是缓解部分顺周期问题，将资产基础价值变动（信用损失）和其他价值因素变动分离，便于投资者识别问题实质，从而抑制"羊群效应"发生，融资方式信息也为投资者评估流动性需求提供了方便；五是摊余成本和公允价值并列披露也会在一定程度上解决管理层监管套利和盈余管理问题。

表6-22　　　　　　　　金融资产相关信息披露汇总

| 金融资产 | 摊余成本 | 公允价值 | 信用损失 | 公允价值和摊余成本之间的累计调整 | 融资支持方式 |
|---|---|---|---|---|---|
| 持有至到期债券 | 120 | 110 | 5 | -10 | 10期债券 |
| 可供出售债券 | 200 | 205 | 0 | 5 | 6个月大额定期存单 |
| 合计 | 320 | 315 | 5 | -5 | — |

注：截止日期：2014年12月31日。

我国上市商业银行资产总额中金融资产占比较高但应用公允价值计量金融资产占比很低，因而对资本监管的影响较小，但是，随着我国商业银行进一步融入世界金融行业和我国会计监管制度与国际标准持续趋同，应用公允价值计量金融资产占比会持续提高，对资本监管的影响合会加大，鉴于我国证券和金融监管机构在国务院统一指挥下实施监管工作，协调途径通畅、协调工作高效，应该建立"协调为主、披露先行"为核心的应对策略，运用科学有效的披露手段，化解商业银行会计监管与资本监管捆绑实施可能产生的潜在破坏性问题。

# 参考文献

1. 财政部会计准则委员会:《资产减值会计》,大连出版社 2005 年版。
2. 曾宝华:《中国证券市场的惩戒机制失效的具体表现与原因分析》,《华东经济管理》2007 年第 8 期。
3. 常勋:《公允价值计量研究》,《财会月刊》2004 年第 1 期。
4. 成洁:《中国资本充足率监管与商业银行风险承担——理论与经验研究》,博士学位论文,浙江大学,2013 年。
5. 丁友刚:《贷款拨备、会计透明与银行稳健》,《会计研究》2009 年第 6 期。
6. 葛家澍:《关于会计计量的新属性——公允价值》,《上海会计》2001 年第 1 期。
7. 郭利根:《银行监管视角下会计准则的改革与发展》,《金融会计》2010 年第 9 期。
8. 国际会计准则理事会:《国际财务报告准则 2004》,中国财政经济出版社 2005 年版。
9. 李连三:《银行资本监管研究》,中国金融出版社 2010 年版。
10. 刘玉廷:《金融保险会计准则与监管规定加快分离》,《上海证券报》2010 年 1 月 21 日。
11. 刘玉廷:《金融保险会计准则与监管规定的分离趋势与我国的改革成果》,《会计研究》2010 年第 4 期。
12. 司振强:《会计准则与金融监管的协调发展研究》,博士学位论文,东北财经大学,2009 年。
13. 司振强:《后危机时代银行监管与会计准则协调研究》,《金融会计》2010 年第 3 期。
14. 宋海、任兆璋：《金融监管理论与制度》，华南理工大学出版社 2006 年版。
15. 孙旭：《美国证券市场信息披露制度研究》，博士学位论文，吉林大学，2008 年。
16. 王胜邦：《国际会计准则 39 号与银行监管：关系与影响》，《国际金融研究》2005 年第 5 期。
17. 谢诗芬：《公允价值：国际会计前沿问题研究》，湖南人民出版社 2004 年版。
18. 于永生：《IASB 与 FASB 公允价值计量项目研究》，立信会计出版社 2007 年版。
19. 于永生：《公允价值级次：逻辑理念、实务应用及标准制定》，《审计与经济研究》2009 年第 4 期。
20. 于永生、卢桂荣：《次贷危机背景下的公允价值会计问题研究》，立信会计出版社 2010 年版。
21. 于永生：《商业银行会计制度对资本监管影响》，《财经论丛》2017 年第 5 期。
22. ［美］詹姆士·R. 巴茨等：《反思银行监管》，黄毅、张晓朴译，中国金融出版社 2008 年版。
23. 证监会：《商业银行资本管理办法（试行）》，2012 年 6 月 8 日。
24. 藏惠萍：《美国金融监管制度的历史演进》，经济管理出版社 2007 年版。
25. Acharya, Viral V., Philipp Schnabl and Gustavo Suarez, "Securitization Without Risk Transfer", 2010, http://ssrn.com/abstract=1364525.
26. Adair Turner, "Banks are Different: Should Accounting Reflect that Fact?", Speech at the Institute of Chartered Accountants in England and Wales, 2010.
27. Adrian, Tobias and Hyun Shin, "The Changing Nature of Financial Intermediation and the Financial Crisis of 2007–2009", *Annual Review of Economics*, Vol. 2, 2010.

28. Alan Greenspan, "A Letter from Federal Reserve Chairmen to SEC Chairman Richard Breeden", 1990.
29. Allen N. Berger, Richard J. Herring and Giorgio P. Szego, "The Role of Capital in Financial Institutions", *Working Paper*, 95 – 01, Wharton, 1995.
30. Andrei Shleifer and Robert Vishny, "Fire Sales in Finance and Macroeconomics", *Journal of Economic Perspectives*, Vol. 25, No. 1, 2011.
31. Andrew G. Haldane, "Fair Value Foul Weather", Bank of England, 2010.
32. Arnold Schilder, "Dynamics in Accounting and Auditing in Relation to Banking Supervision", *Working Paper*, 2004.
33. ASB, *Interpretation* 406 (R), *Consolidation of Variable Interest Entities, an Interpretation of ARB*51, 2003.
34. Badertscher, Brad A., Jeffrey J. Burks and Peter D. Easton, "A Convenient Scapegoat: Fair Value Accounting by Commercial Banks during the Financial Crises", *The Accounting Review*, Vol. 87, No. 2, 2012.
35. Basel Committee on Banking Supervision, *International Convergence of Capital Measurement and Capital Standards*, 1988.
36. Basel Committee on Banking Supervision, *Report to G7 Finance Ministers and Central Bank Governors on International Accounting Standards*, 2000.
37. Basel Committee on Bank Supervision, *International Convergence of Capital Measurement and Capital Standards*, Instruction, 2004.
38. Basle Committee on Banking Supervision, *Basle Committee on Bank Supervision, International Convergence on Capital Measurement and Capital Standards, a Revised Framework*, Comprehensive Version, 2006.
39. Basel Committee on Banking Supervision, *Report on Special Purpose Entities*, 2009.
40. Basel Committee on Banking Supervision, *Basel Ⅲ – A global Regulatory Framework for More Resilient Banks and Banking System*, Part 1

*Minimum Capital Requirements and Buffers*, 2010（Rev 2011）.

41. Beatty, A. , "The Effects of Fair Value Accounting on Investment Portfolio Management: How Fair Is It?", *Review of Federal Reserve Bank of St. Louis*, 1995（January / February）.

42. Bhat, Gauri, Richard Frankel and Xiumin Martin, "Panacea, Pandora's Box, or Placebo: Feedback in Bank Holdings of Mortgage – Backed Securities and Fair Value Accounting", *Journal of Accounting and Economics*, Vol. 52, Issues 2 – 3, 2011.

43. Bischof, Jannis, Ulf Brüggemann and Holger Daske, "Fair Value Reclassification of Financial Assets during the Financial Crisis", *SSRN Working Paper* Series, No. 1628843, 2011.

44. Blankespoor, Elizabeth, Thomas J. Linsmeier, Kathy Petroni and Catherine Shakespeare, "Fair Value Accounting for Financial Instruments: Does it Improve the Association between Bank Leverage and Credit Risk?", *SSRN Working Paper Series*, No. 1565653, 2011.

45. Bowen, Robert M. , Urooj Khan and Shiva Rajgopal, "The Economic Consequences of Relaxing Fair Value Accounting and Impairment Rules on Banks during the Financial Crisis of 2008 – 2009", *Working Paper*, 2012.

46. Brad A. Badertscher, "A Convenient Scapegoat: Fair Value Accounting by Commercial Banks during the Financial Crisis", *The Accounting Review*, Vol. 87, No. 1, 2012.

47. Brent Ambrose, "Does Regulatory Capital Arbitrage, Reputation or Asymmetric Information Drive Securitization", *Journal of Financial Service Research*, Vol. 28, 2005.

48. Brunnermeier, Markus and Lasse H. Pedersen, "Market Liquidity and Funding Liquidity", *Review of Financial Studies*, Vol. 22, 2009.

49. Calomiris Charles, "Modern Banking", in Joel Mokyr eds. , *The Oxford Encyclopedia of Economic History*, 2003.

50. Cantrell, Brett, John McInnis and Christopher Yust, "Predicting Credit

Losses: Loan Fair Values versus Historical Costs", *SSRN Working Paper* No. 1807081, 2011.

51. Chester S. Spatt, "Regulatory Conflict: Market Integrity vs. Financial Stability", *University of Pittsburgh Law Review*, 2010.

52. Christian Laux, "Financial Instruments, Financial Reporting, and Financial Stability", *Working Paper*, 2011.

53. Commissioner McCreevy Urges Easing Accounting Rules for Banks, 2008, http://www.iasplus.com/restruct/euro 2008.htm.

54. Daniel K. Tarullo, *Banking on Basel: The Future of International Financial Regulation*, Washingtong D. C.: Peperson Institute for International Economics, 2008.

55. David Jones, "Emerging Problems with the Basel Capital Accord: Regulatory Capital Arbitrage and Related Issues", *Journal of Banking & Finance*, Vol. 24, 2000.

56. David Van Hoose, *The Industry Organization of Banking*, Springer – Verlag Berlin Heidelberg, 2010.

57. Dechow, Patricia M. and Catherine Shakespeare, "Do Managers Time Securitization Transactions to Obtain Accounting Benefits?", *The Accounting Review*, Vol. 84, No. 1, 2009.

58. Dechow, Patricia M., Linda A. Myers and Catherine Shakespeare, "Fair Value Accounting and Gains from Asset Securitizations: A Convenient Earnings Management Tool with Compensation Side – Benefits", *Journal of Accounting and Economics*, Vol. 49: 2 – 25, 2010.

59. Donald G. Simonson, "Banking Lessons from the Past: The 1938 Regulatory Agreement Interpreted", *Journal of Financial Services Research*, 1993.

60. Doron Nissim and Stephen Penman, "Fair Value Accounting in the Banking Industry", 2007, http://academiccommons.columbia.edu/catalog/ac%3A125367.

61. Dushyantkumar Vyas, "The Timeliness of Accounting Write – downs by

U. S. Financial Institutions during the Financial Crisis of 2007 – 2008", *Journal of Accounting Research*, Vol. 49, No. 3, 2011.

62. EFRAG, *Endorsement of Existing International Accounting Standards and Related Interpretations*, 2002.

63. EFRAG, *Exposure Draft Financial Instruments: Classification and Measurement*, 2009.

64. Eliana Balla and Andrew McKenna, "Dynamic Provisioning: A Countercyclical Tool for Loan Loss Reserves", *Economic Quarterly*, Vol. 95, No. 4, 2009.

65. Ellul, Andrew, Pab Jotikasthira and Christian T. Lundblad, "Regulatory Pressure and Fire Sales in the Corporate Bond Market", 2010, http://ssrn.com/abstract = 1362182.

66. EU Committee of European Securities Regulators, *Fair Value Measurement and Related Disclosures of Financial Instruments in Illiquid Markets*, 2008.

67. European Central Bank, *Fair Value Accounting and Financial Volatility*, 2004.

68. European Commission, *Exposure Draft Financial Instruments (IAS39): Classification and Measurement*, 2009.

69. European Commission, *Exposure Draft Financial Instruments "Classification and Measurement" – Comments on Near Final Draft*, 2009.

70. European Commission, *Further Issues Related to IAS39*, 2008.

71. FASB, *SFAS107 Disclosures about Fair Value of Financial Instruments*, 1991.

72. FASB, *SFAS114 Accounting by Creditors for Impairment of a Loan*, 1993.

73. FASB, *SFAS115 Accounting for Certain Investments in Debt and Equity Securities*, 1993.

74. FASB, *SFAS 140 Accounting for Transfers and Servicing of Financial Assets and Extinguishments of Liabilities*, Summary, 2000.

75. FASB, *Interpretation No. 46 (R), Consolidation of Variable Interest Entities*, 2003.
76. FASB, *SFAS159 Fair Value Option for Financial Assets and Financial Liabilities*, 2007.
77. FASB, *SFAS 167 Consolidation of Variable Interest Entities*, 2009.
78. ASB, *Proposed Accounting Standards Update, Accounting for Financial Instruments and Revisions to the Accounting for Derivative Instruments and Hedging Activities*, 2010.
79. FASB, *Proposed Accounting Standards Update, Financial Instruments—Credit Losses*, 2012.
80. FDIC, *Learning Banks*, 2013, http://www.fdic.gov.
81. Federal Deposit Insurance Corporation Improvement Act of 1991, Public Law No. 102-242, Title 12, Chapter 16.
82. Federal Deposit Insurance Corporation, *History of the Eighties - Lessons for the Future*, Vol. 1: *An Examination of the Banking Crises of the 1980s and Early 1990s*, 1997.
83. Francesco Guerrera and Jennifer Hughes, "AIG Urges 'Fair Value' Rethink", *Financial Times*, March 13, 2008.
84. Franklin Allen and Richard Herring, "Banking Regulation Versus Securities Market Regulation", *Working Paper*, Financial Institution Center, 2001.
85. Franklin Allen and Douglas Gale, "Capital Adequacy Regulation: In Search of a Rationale", *Working Paper*, Financial Institution Center, 2002.
86. Frank Allen and Elena Carletti, "Mark-to-Market Accounting and Liquidity Pricing", *Journal of Accounting and Economics*, Vol. 45, 2008.
87. Frans de Weert, *Bank and Insurance Capital Management*, Wiley, 2011.
88. G20 Summit, *Washington Summit - Declaration of the Summit on Fi-*

nancial Markets and the World Economy, 2008.

89. G20 Summit, London Summit – Global Plan Annex: Declaration on Strengthening the Financial System, 2009.

90. Gabriel Jimenez, Steven Ongena, "Macroprudential Policy, Countercyclical Bank Capital Buffers and Credit Supply: Evidence from the Spanish Dynamic Provisioning Experiments", SSRN Electronic Journal, 2013.

91. Gauri Bhat, Richard Frankel, Xiumin Martin, Panacea, "Pandora's Box, or Placebo: Feedback in Bank Mortgage – backed Security Holdings and Fair Value Accounting", Journal of Accounting and Economics, Vol. 52, 2011.

92. Gundi Jeffrey, "Reading Tea Leaves of Europe's Discontent", The Bottom Line News, August 2011.

93. Guoxiang Song, "The Benefits of Decoupling Financial Reporting from Bank Capital Regulation", 2011, http://ssrn.com/abstract = 1955453.

94. Harry and Luc Laeven, "Accounting Discretion of Banks During a Financial Crisis", IMF Working Paper, International Monetary Fund, 2009.

95. He, Zhigou, In Gu Kang and Arvind Krishnamurthy, "Balance Sheet Adjustments in the 2008 Crisis", IMF Economic Review, 58 (1), 2010.

96. Heidi Mandanis Schooner, Michael W. Taylor, Global Bank Regulation Principles and Policies, Elsevier, 2010.

97. Herring, R. and A. Santomero, "What is Optimal Financial Regulation?", The New Financial Architecture, Banking Regulation in the 21$^{st}$ Century, edited by Benton E. Gup, Quorus Books, Westport, Connecticut, 2000.

98. Huizinga, Harry and Luc Laeven, "Accounting Discretion of Banks During a Financial Crisis", 2009, SSRN Working Paper Series, No. 1434359.

99. IASB, *SIC Interpretation*, *SIC - 12*, *Consolidation - Special Purpose Entities*, 1998.

100. IASB, *Framework for preparing Financial Statements*, 2001.

101. IASB, *International Accounting Standard* No. 39 (*IAS39*), *Financial Instruments: Recognition and Measurement*, 2004.

102. IASB, *International Accounting Standards 32, Financial Instruments: Presentation*, 2005.

103. IASB, *International Financial Reporting Standard* No. 7 *Financial Instruments: Disclosure*, 2005.

104. IASB, *Press Release*, *IASB Amendments Permit Reclassification of Financial Instruments*, 2008.

105. IASB Expert Advisory Panel, *Measuring and Disclosing the Fair Value of Financial Instruments in Markets that are no Longer Active*, 2008.

106. IASB, *Supplement to ED/2009/12 Financial Instruments: Amortised Cost and Impairment*, Background, 2011.

107. IASB, *International Financial Reporting Standards* No. 13, *Fair Value Measurement*, 2011.

108. IASB, *IFRS 10*, *Consolidated Financial Statements*, 2011.

109. International Monetary Fund, *Global Financial Stability Report*, 2008.

110. Isabel Argimón, "Prudential Filters, Portfolio Composition and Capital Ratios in European Banks", *Working Paper*, 2015.

111. Jack Dorminey, Barbara Apostolou and Nicholas G. Apostolou, "Regulatory Capital at Risk under Accounting Rule Changes", *Journal of Banking & Finance*, 2010.

112. Jalal Soroosh and Jack T. Ciesielski, "Accounting for Special Purpose Entities Revised: FASB Interpretation 46 (R)", *The CPA Journal*, 2004.

113. Jeffrey Ng and Sugata Roychoudhury, "Do Loan Reserves Behave Like Capital? Evidence from Recent Bank Failures", *Review of Accounting Studies*, Vol. 19, Issue 3, 2014.

114. Jesús Saurina, "Dynamic Provisioning, the Experience of Spain", *The World Bank Group*, 2009.

115. Jesús Saurina, "Loan Loss Provision in Spain – A Working Macroprudential Tool", *Banco de Esoanña, Estabilidad Financiera*, 2009.

116. Jiménez, Gabriel and Jesús Saurina, "Credit Cycles, Credit Risk, and Prudential Regulation", *International Journal of Central Banking*, Vol. 2, No. 2. 2006.

117. John W. Hill and Robert W. Ingram, "Selection of GAAP and RAP in the Savings and Loan Industry", *The Accounting Review*, Vol. LXIV, No. 4, 1989.

118. Jonathan M. Edwards, "FDICIA V. DODD – Frank: Unlearned Lessons about Regulatory Forbearance", *Harvard Business Law Review*, Vol. 1, 2011.

119. KPMG, *Focus on Transparency, Trends in the Presentation of Financial Statements and Disclosure of Information by European Banks*, 2009.

120. Larry D. Wall and Pamela P. Peterson, "Banks' Responses to Binding Regulatory Capital Requirements", *Economic Review*, Federal Reserve Bank of Atlanta, 1996.

121. Larry D. Wall and Timothy W. Koch, "Bank Loan – Loss Accounting: A Review of Theoretical and Empirical Evidence", *Economic Review*, Federal Reserve Bank of Atlanta, 2000.

122. Laux, C., "Financial instruments, Financial Reporting, and Financial Stability", *Accounting and Business Research*, Vol. 42, 2012.

123. Leslie Hodder, Mark Kohlbeck, Mary Lea Mcanally, "Accounting Choices and Risk Management: SFAS 115 and U.S Bank Holding Companies", *Contemporary Accounting Research*, Vol. 19, 2002.

124. Leslie D. Hodder, Patrick E. Hopkins, "Accounting Slack and Banks' Response to Proposed Fair Value Accounting for Loans", *Accounting, Organizations and Society*, Vol. 39, Issue 2, 2014.

125. Levitt, Arthur, "The Number Games", Speech Presented at the New

York University Center for Law and Business, 1998.
126. Marie. Leone, "Could Bank Rules End the Fair Value Debate?", No. 12, 2008, http://www.CFO.com.
127. Markus Brunnermeier, Andrew Crocket, Charles Goodhart, Avinas D. Persand and Hyun Shin, "The Fundamental Principles of Financial Regulation", *International Center for Monetary and Banking Studies*, 2009.
128. Mary E. Barth, Wyane R. Landsman and James M. Wahlen, "Fair Value Accounting: Effects on Banks Earning Volatility, Regulatory Capital and Value of Contractual Cash Flows", *Journal of Bank & Finance*, Vol. 19, 1995.
129. Mary E. Barth and Katherine Schipper, "Financial Reporting Transparency", *Journal of Accounting, Auditing & Finance*, Vol. 23, Issue 2, 2008.
130. Mian, Atif, Amir Sufi and Francesco Trebbi, "The Political Economy of the U.S. Mortgage Default Crisis", *American Economic Review*, Vol. 100, No. 5, 2010.
131. Patricia Jackson and Dabid Lodge, "Fair Value Accounting, Capital Standards, Expected Loss Provisioning and Financial Stability", *Financial Stability Review*, 2000.
132. Peter Fiecher, "Reclassification of Financial Assets under IAS 39: Impact on European Banks' Financial Statements", 2011, http://ssrn.com/abstract=1527107.
133. Philip Goeth, "Basel III – Design and Potential Impact", 2010.
134. Rachel, "Companies Set to Defy EU Accounting Rule Delay", *Financial Times*, No. 25, 2009.
135. Robert C. Pozen, "Is It Fair to Blame Fair Value Accounting for the Financial Crisis?", *Harvard Business Review*, 2009.
136. Robert H. Herz, "Remarks of Robert H. Herz, Chairman, Financial Accounting Standards Board", AICPA National Conference on Current

SEC and PCAOB Developments, 2009.

137. Robert H. Herz, "Accounting Standards and Bank Regulation", *International Journal of Disclosure and Governance*, Vol. 7, 2010.

138. Salam, Ahmad W., "Congress, Regulators, RAP, and the Savings and Loan Debacle", *CPA Journal*, 1991.

139. Sanders Shaffer, "Fair Value Accounting: Villain or Innocent Victim", *Working Paper*, Federal Reserve Bank of Boston, No. QAU10 – 01, 2010.

140. Sanders Shaffer, "Evaluating the Impact of Fair Value Accounting on Financial Institutions: Implications for Accounting Standards Setting and Bank Supervision", 2011, http://ssrn.com/abstract=2006381.

141. Santiago Fernandez de Lis, Jorge Martinez Pages and Jesús Saurina, "Credit Growth, Problem Loans and Credit Risk Provisioning in Spain", *BIS Paper*, No. 1, 2000.

142. Scholes, Myron S., G. Peter Wilson and Mark A. Wolfson, "Tax Planning, Regulatory Capital Planning, and Financial Reporting Strategy for Commercial Banks", *Review of Financial Studies*, Vol. 3, No. 4, 1990.

143. SEC and FASB, *SEC Office of the Chief Accountant and FASB Staff Clarification on Fair Value Accounting*, 2008.

144. SEC (a), *Report and Recommendations Pursuant to Section 133 of the Emergency Economic Stabilization Act of 2008: Study on Mark – to – Market Accounting*, 2008.

145. SEC (b), *Sample Letter Sent to Public Companies on MD&A Disclosure Regarding the Application of SFAS 157*, 2008.

146. Stephen G. Ryan, "Accounting in and for the Subprime Crisis", *Working Paper*, Stern School of Business, New York University, 2008.

147. Summit of European G8 Members (2008) "Statement", October 4, 2008.

148. Susan Schmidi Bies, "Fair Value Accounting", *Federal Reserve Bulletin*, 2005.
149. The Editorial, "Profession Applauds IFRS 9 as EC Postpones Endorsement", *The Accountant*, 2009.
150. The Emergency Economic Stabilization Act of 2008, Section 132 – 133.
151. Thomas R. Weirich and Lynn E. Turner, "What's New in Derivative Regulation", *The Journal of Corporate Accounting and Finance*, Autumn, 2008.
152. Timothy Curry and Lynn Shibut, "The Cost of the Savings and Loan Crisis: Truth and Consequences", *FDIC Banking Review*, 2002.
153. United State Congress, *Letter to U.S Securities and Exchange Chairman Christopher Cox*, September 30 2008.
154. Victor L. Bernard and Robert C. Merton, "Mark – to – Market Accounting for UB Banks and Thrifts: Lessons from the Danish Experience", *Working Paper*, No. 702, The University of Michigan, 1992.

# 后　记

　　本书是笔者承担的国家社会科学基金项目"商业银行会计监管与资本监管冲突根源及化解策略研究"（11BJY018）的结题成果。

　　对这一课题的最初研究来自笔者对公允价值会计问题的长期关注和思考。2008年国际金融危机中公允价值、贷款减值等会计问题受到前所未有的关注，甚至成为20国集团峰会持续讨论的重要议题，这促使笔者对相关问题展开更深入、更系统的研究。随着研究的深入，笔者认识到：商业银行受会计监管与资本监管双重约束但两者的目标定位存在冲突，商业银行执行这些目标冲突但捆绑在一起的制度组合对金融市场产生负面效应，这是公允价值、贷款减值等会计问题在金融危机期间备受关注的根源。

　　本书是一项跨学科研究，涉及会计、金融和政府管制等相关理论。在研究中，浙江财经大学王俊豪教授给予了诸多思想上和理论上的指导。另外，笔者也拜读了王俊豪教授出版和发表的相关专著和论文，这些文献为本书提供了重要支撑。

　　本书的出版得到了浙江财经大学中国政府管制研究院和浙江省政府管制与公共政策研究中心的资助，研究院丰富的图书与数据资料、良好的学术氛围以及各种学术活动为本书的写作提供了重要支撑。

　　中国社会科学出版社卢小生编审为本书的出版给予了大力支持，在此一并表示感谢！

于永生　卢桂荣<br>
2018年7月